웃고 있는 예수

종교의 거짓말과 철학적 지혜

티모시 프리크·피터 갠디 지음
유승종 옮김

어문학사

THE LAUGHING JESUS
Copyright ⓒ YEAR by Timothy Freke and Peter Gandy
All rights reserved

Korean translation copyright ⓒ 2009 by Amunhaksa
Korean translation rights arranged with Susan Mears Literary Agency
through EYA(Eric Yang Agency)

이 책의 한국어판 저작권은 EYA(Eric Yang Agency)를 통한
Susan Mears Literary Agency 사와의 독점계약으로 한국어 판권을
'도서출판 어문학사'가 소유합니다.
저작권법에 의하여 한국 내에서 보호를 받는 저작물이므로
무단전재와 복제를 금합니다.

역자서문

이 책의 저자들을 알게 된 것은 국내에 처음 소개된 『예수는 신화다』(원제 : The Jesus Mysteries)라는 책을 통해서였다. 이 책을 읽으면서 매우 놀라지 않을 수 없었던 것은, 무언가 오랫동안 궁금하게 생각했던 것들이 일시에 해소되는 희열을 느꼈기 때문이었다. 아니 충격적이었다는 느낌이 정확할 것 같다. 이러한 생각은 저자들의 책을 더 읽고 싶다는 충동을 일으켰고, 책을 읽으면서 점차 그들의 이야기가 막연한 상상이 아닌, 믿을 만한 증거에 근거하고 있으며, 또한 철저하게 근거를 제시하고 있다는 것을 확인할 수 있었다. 이 책보다 전에 출간된 『The Jesus Mysteries』, 『Jesus And The Lost Goddess』를 보면 주註가 책의 3분의 1을 차지한다. 물론 주가 많다고 해서 책의 신뢰성이 높아지는 것은 아니겠지만 저자들이 자신들의 주장을 입증하기 위해 다양한 책들을 섭렵했고, 자신들의 논거를 분명히 제시하고 있다는 점은 그들의 주장을 신뢰하게 해준다. 문제는, 역자인 나 자신이 동양철학을 전공했기 때문에 이해하는 데 많은 문제가 있지 않을까 걱정했다는 점이었다. 하지만 읽으면서 느낀 점은 고대세계에 관한 한 동양과 서양, 종교와 철학 사이에는 그렇게 큰 차이가 없다는 것이었고, 이 점이 번역을

 웃고 있는 예수

할 수 있는 용기를 주었다.

　저자들 책의 주제인 영지주의靈知主義(Gnosticism. 영지는 '앎'이라는 의미로 삶 자체가 깨달음의 과정이라는 것을 주장한다)라는 말은 생소한 말일 수 있으나, 그 내용은 동양사상에 조금이라도 관심이 있는 사람에게는 전혀 생소한 내용이 아니다. 우리는 동양과 서양의 종교가 다르다는 생각을 갖고 있지만, 그들의 책을 보면 서양의 고대, 그리고 그러한 전통적 요소를 담고 있는 영지주의 기독교는 동양의 종교와 전혀 다른 것이 아니다. 오히려 놀라울 정도로 같다는 것을 알 수 있다. 예를 들어, 1945년에 이집트 나그 함마디라는 곳에서 발견된 영지주의 문헌에 들어 있는 예수의 이야기는 우리가 알고 있는 기독교의 이야기가 아니라 불교의 주장과 일치한다. 그 문헌에서 예수가 하는 이야기를 보면, 자신 역시 우리와 같은 한 인간이고, 인성이 곧 신성이며, 그 자신이 우리에게 주려는 가르침은 구원이 아니라 깨달음이라는 것이다. 불교에서 부처가 자신 역시 한 인간이며, 인성이 곧 불성이며, 그의 가르침의 목적이 깨달음에 있다고 말한 것과 무슨 차이를 찾을 수 있는가? 우리는 상식적으로 서양의 신神은 외재적이며, 인격적인 존재인 반면, 동양에서 말하는 불성佛性, 도道와 같은 존재는 내재적이며, 비인격적이라고 알고 있다. 그러나 영지주의의 주장을 보면, 궁극적 실재의 의미는 동서양 종교 모두 동일한 의미를 갖고 있음을 알 수 있다. 유교에서도 보면, 맹자가 주장한 천天은 영지주의에서 말하는 신神과 같은 의미

역자서문

이다. 맹자가 인성을 알면 천을 안다고 말한 것처럼, 영지주의에서도 나를 알면 신을 아는 것이라고 하였다. 이처럼 종교에서 말하는 궁극적 실재인 신神, 불성佛性, 도道, 천天은 동일한 의미를 갖는다. 그럼에도 불구하고 현재 우리가 알고 있는 종교들은 서로 많이 다른데, 저자들의 책을 읽음으로써 왜 이렇게 달라지게 되었는지 그 궁금증을 풀 수 있게 된다.

『웃고 있는 예수』(The Laughing Jesus)는 앞의 책들을 근거로 하여, 한층 더 대중적인 내용으로 종교의 문제점과 그 극복 방안을 밝힌 책이다. 이 책은 종교의 거짓말과 철학적(영지주의적) 지혜(Religious Lies and Gnostic Wisdom)라는 부제를 달고 있다.

1부의 내용은 이제는 벗어나야 할 종교의 거짓말들을 지적하고 이 거짓으로부터 발생한 종교가 서양에 어떠한 해악을 끼쳤는지, 그리고 그러한 분석을 통해 무엇이 잘못된 것인지를 설명하고 있다. 2부에서는 이러한 문제들을 어떻게 해결할 수 있을 것인지 자신들의 생각을 영지주의의 주장에 근거해서 설명하고 있다.

1부의 주장들을 보면, 도대체 과연 종교라는 것이 인간에게 필요한가 하는 의구심이 들 정도지만, 이 책의 전체적인 내용을 보면, 종교 자체가 무의미하다거나 없어져야 한다는 것을 말하는 것이 아님을 알 수 있다. 단지 문제의 핵심은 '근본주의'적 태도에 있다고 말한다. 자신만이 진리를 독점하고 있다는 오만한 생각이 인류의 역사에 일어나지 말았어야 할 참혹하고 잔인한 학살 행위를 일

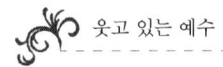

으켰으며, 무지에 근거한 이런 오만은 현재도 여전히 인류를 분열시키고 서로에게 폭력을 조장하는 역할을 하고 있다는 것이다. 이러한 문제를 해결하기 위해서, 영지주의가 이미 주장했던 '우리는 하나'라는 것을 자각하고 '위대한 사랑'을 실천함으로써, 무지와 탐욕으로부터 벗어나자고 말한다.

저자들도 지적하듯이 가장 위험한 생각은 자신만이 옳고, 나 이외의 모든 사람은 틀렸다는 독단이다. 동양과 서양의 종교에서 공통적으로 나타나는 것은, 절대적 진리는 항상 인간의 인식 한계를 벗어난 것으로 묘사된다는 점이다. 이것은 진리가 어느 누구에게 독점될 수 있는 것이 아니라, 다가갈수록 멀어지는 지평선처럼, 인간이 지속적으로 자신의 한계를 벗어나도록 독려하는 의미를 갖고 있다. 인간은 이러한 노력을 통해서 끝나지 않은 진화를 계속해 나가야 한다. 우리는 아직 완성된 존재가 아니며, 무한히 진화해 나가야만 하는 존재이다.

올해는 찰스 다윈이 탄생한 지 200년이 되고, 그의 저서인『종의 기원』이 출간된 지 150년이 되는 해다. 그의 주장은 당시 기독교인들에게 적잖은 충격을 주었다. 그의 주장은 신이 이 세상을 '무로부터 창조'했다는 전통적인 기독교의 세계관을 뒤엎는 주장이었고, 자연계에 대한 합리적 이해의 출발을 알리는 신호탄과 같은 의미를 지니고 있었기 때문이다. 하나의 책이 세상을 보는 시각을 완전히 바꿀 수 있다는 것은 놀라운 일이기도 하지만, 그것은 그동안

역자서문

우리의 생각이 그만큼 무지했다는 것을 말하며, 동시에 인식의 한계를 벗어나 발전해 나가고 있음을 보여주는 것이기도 하다. 이러한 변화된 세계관은 많은 사람들로 하여금 신 중심적인 세계관을 벗어나서 자연계와 인간 그 자체의 의미에 대해 고민하지 않을 수 없게 만들었다. 다윈이 과학적인 세계관에 영향을 준 것처럼, 저자의 책들은 서양의 종교사와 종교 이해에 지대한 영향을 주는 책이다. 우리가 당연한 것으로 믿었던 것에 대해 그렇지 않다는 것을 많은 역사적 자료를 통해 입증하고, 그 사실 관계를 명확하게 설명하고 있다. 이들이 지적하는 점은 초기 기독교에서 발생한 문제의 중심에는 영지주의와 문자주의 간의 대립과 갈등이 있었다는 것이다. 그들은 지금까지 가려졌던 영지주의에 대해 놀라운 사실을 말해줄 뿐만 아니라, 전통적인 기독교에 대한 이해를 완전히 뒤엎는 주장과 함께 새로운 비전을 제시한다.

우리는 어쩌면 여러 가지 이유로 인해 바로 눈앞에서 전개되고 있는 사실을 직시하지 못하고 있는지 모르겠다. 조금만 뒤로 물러서서 일어나고 있는 일을 직시하면 사실이 무엇인지 보임에도 불구하고, 우리는 최면에 빠져있는 것처럼 아무 생각 없이 관성에 젖어 너무나 당연한 것을 놓치고 있는 것은 아닌가 하는 생각이 든다. 이 책의 저자들이 하는 이야기도 그러한 것이다.

진화해 나가는 우리 자신을 이해하는 방법은 합리적 사고에 바탕을 둔 과학과 인문학적 지식이다. 우리 역시 육체적인 존재이므로 과학적인 분석을 통해 육체적인 존재의 기원을 찾아 볼 수 있으며, 인문학적인 지식을 통해 인간의 의미를 궁구해 볼 수 있다. 인간은 끊임없이 인간 자신과 세계에 대한 지식을 확장시켜 왔다. 이전에는 도저히 알 수 없었던 사실들도 이제는 확연하게 밝혀진 것도 있으며, 그만큼 과거에는 상상조차 할 수 없었던 것이 현실화된 세계에 살고 있다. 이러한 모든 것은, 과거에만 집착하는 생활 태도가 아니라, 새로운 세계를 꿈꾸는 자유로운 사고에서 기인하는 것이다. 그러므로 어떠한 이유에서든지, 그것이 정치 권력이든 권력화된 종교이든, 자유로운 사고를 막아서는 안 된다. 다양한 문화 속에서 인간은 발전해 왔다. 다양한 문화와 그러한 다양성을 낳는 서로 다른 의식을 나와 다르기 때문에 억압한다면, 인간 자신과 문화는 퇴보할 수밖에 없다. 그러한 사실은 서양의 중세에서 확실하게 볼 수 있다. 독단과 독선은 우리가 가장 경계해야 할 요소다. 독단과 독선은 항상 인류 사회에 재앙을 가져 왔다. 이제는 이러한 사고에서 벗어나야 할 때다. 다양성을 당연한 것으로 받아들여야 한다.

인간은 다양한 옷을 입고 살았고, 살고 있으며, 앞으로도 그럴지 모른다. 우리는 자신과 다른 옷을 입었다고 다른 사람을 비난하지 않는다. 옷은 그 사람이 살고 있는 문화 속에서 나온 것이다. 동일한 문화, 동일한 나라에 살더라도 시대적인 변화에 따라 옷 모양은 달라진다. 종교 역시 옷과 같은 것이라 생각한다. 어떠한 옷을 입었는지는 중요하지 않다. 입은 옷으로 사람을 판단하는 것이 아니라, 얼마나 그 사람이 모범적인 삶을 살고 있는가가 판단의 기준이 되어야 하듯, 어떤 종교를 믿느냐가 중요한 것이 아니라 어떠한 삶을 살고 있는가가 더 중요한 것이다. 그렇다고 종교가 무의미한 것이라는 것은 아니다. 종교 역시 중요한 의미를 가지고 있지만, 그 종교가 우리 자신과 사회에 해악을 끼친다면, 무조건 믿을 것이 아니라 반성해 보아야 한다는 것이다.

산을 오르는 것을 생각해 보자. 하나의 산을 오르더라도 오르는 길은 무수히 많다. 그러나 어느 길로 올라가든지 꾸준히 오르다 보면, 더 이상 오를 곳이 없는 정상에 이르게 된다. 종교 역시 이와 같다. 자기가 오르는 길만이 유일한 길이요, 참된 길이라는 생각은 무지와 편견에서 비롯된 것이다. 아직 정상에 도달하지도 못한 사람이 자신의 길만이 참된 길이라고 주장할 수 있는 근거는 무엇인가? 나 자신이 믿는 종교만이 옳다고 주장하는 근거는 무엇일까? 분명치 않은 근거를 가지고 갈등을 일으킨다면, 무언가 잘못된 것이 아닌가? 한번 생각을 바꿔 보면, 이러한 갈등과 분란은 사라질 수 있다. 우리 모두는 하나라는 생각을 갖고, 이러한 생각에 근거해서, 산을 오르는 모든 사람들을 동일한 목적을 가진 동반자나 동지로 생각하는 것이다. 미몽迷夢의 삶에 빠져 삶의 의미에 무관심한 채로 사는 사람들, 또는 무지와 탐욕에 빠져 타인에게 고통을 주는 사람들에게 또 다른 세상이 있다는 것을 알려 주기 위해 공동으

로 노력해야 하지 않을까? 서로 다른 옷을 입고 다른 길로 산을 오르지만 산을 오르는 모든 사람들은 동반자요, 동지이다. 서로 헐뜯고 비방할 것이 아니라 서로의 길을 포기하지 말고 쉼 없이 올라가도록 격려해 주어야 한다. 이것이 영지주의가 주장하는 것이고, 모든 참된 종교가 공통으로 주장하는 것이라 생각한다.

끝으로, 이 책을 출간하는 데 어려운 사정이 있었음에도 출간을 결정한 어문학사 윤석전 사장님과 편집부에 감사를 드린다.

2009. 8. 30
역자 유승종

차 례

역자서문 3

제1부 • 필요 없는 것 (The Bathwater)

1. 영지주의자의 영성과 문자주의자의 종교   14
2. 종교의 해악   24
3. 신의 말씀?   49
4. 생존치 않았던 가장 유명한 사람   100
5. 무함마드 : 신비주의자에서 폭도로   149
6. 깨어나야 할 꿈   190

제2부 • 소중한 것 (The Baby)

7. 신세대 영지   224
8. 양극 없이 실재도 없다   255
9. 웃고 있는 예수   275
10. 깨달음의 길   296
11. 종교 없는 영성   325
12. 위대한 생각   362

철학적 연습 • 385

주 • 405

더 읽어야 할 책 • 432

색인 • 434

제1부

필요 없는 것

제1부 필요 없는 것(The Bathwater)

1. 영지주의자의 영성과 문자주의자의 종교

문자는 생명을 죽이지만 영성은 소생시킨다.
―바울, 에베소서(Paul, Letter to the Ephesians)[1]

깨어나라! '참된 삶'이라고 착각하고 있는 집단적인 혼수상태로부터 당신 자신을 깨어나게 하라. 우리가 서로 분리된 존재라는 환상에서 벗어나, 우리 모두가 하나라는 사실을 깨달아라. 비록 서로 격리된 개별적 존재로 보일지라도, 실제로는 일체만물과 하나가 될 수 있다고 꿈꾸는 하나의 의식이 있다. 이것이 우리 모두가 공유하고 있는 본성이다. 우리가 '삶'이라고 부르는 이 꿈을 즐길 수 있는 가장 간단한 비결은 우리 모두가 하나라는 것을 깨닫는 것이다. 왜냐하면 우리 모두가 하나라는 것을 알게 됨으로써 모든 것을 사랑하고 있는 자신을 발견할 수 있기 때문이다. 그러면 당신은 살아있는 모든 존재와 사랑에 빠질 것이다. 이것이 바로 초기 기독교인들의 메시지이며, 그들은 '웃고 있는 예수'라는 수수께끼 같은 모습으로 이 깨달음의 상태를 상징적으로 표현했

1. 영지주의자의 영성과 문자주의자의 종교

다.2

당신은 지금까지 웃고 있는 예수의 그림을 본 적이 있는가? 아마 없을 것이다. 왜냐하면 우리는 4세기경에 로마 교회에서 지어낸 기독교의 왜곡된 형상을 물려받았기 때문이다. 이것은 오로지 '슬픈 인간'인 예수에만 초점을 맞추었다. 우리 문화에 나타나는 지배적인 예수상은 십자가에서 고통스럽게 죽어가는 인간상이다. 그러나 초기의 기독교인들은 예수를 인간의 죄를 대신해서 고통 받았던 인간, 즉 역사에 실존했던 인간으로 보지 않았다. 그들은 예수를 상징적이고 교훈적인 이야기에 등장하는 신화적인 영웅으로 보았을 뿐이며, 이 이야기는 그들이 '영지靈知(gnosis)' 또는 '앎'이라고 불렀던, 깨달음의 경험으로 인도하는 영적인 여행을 보여주는 것이다.

초기 기독교인들은 만일 우리가 깨달음을 얻고, 사랑을 실천하는 삶을 산다면 삶이 얼마나 훌륭할 수 있는가를 알고, 이러한 삶에 고취된 사람들이었다. 그들은 새로운 세상을 꿈꾸었으며, 그 세상은 더 이상 시민과 노예, 남자와 여자, 이방인과 유대인을 구별하지 않는 세상이다. 그러나 이러한 규범을 따르지 않는 집단에 의해서 우연히 전체주의적인 조직이 탄생했으며, 이 조직은 천 년이 넘게 유럽을 철권 통치했다. 그 결과는 지상의 천국이 아니라 성스러운 로마 제국이었다. 꿈은 악몽이 되었다.

로마 교회는 동원할 수 있는 모든 방법을 동원해서 영지주의靈知

15

제1부 필요 없는 것(The Bathwater)

主義(서양 고대 미스테리아 종교에서 기원한 초기 기독교. 이에 대한 상세한 내용은 이들의 저서 『예수는 신화다』(원제 : The Jesus Mysteries, 승영조 역, 동아일보사, 2002)에서 볼 수 있음)의 가르침과 웃고 있는 예수의 이미지를 억압했다. 이 억압은 매우 성공적이어서 현재에 이르기까지 본래 기독교의 가르침이 깨달음이라는 것을 시사하는 것조차 이상한 것으로 보이게 만들었다. 그러나 20세기 중반에 이집트 나그 함마디 부근 동굴에서 발견된 초기 기독교의 경전들은 깨달음의 메시지를 강력하고 명료하게 선언하고 있다.

영지를 깨달은 사람들은 그들의 꿈으로부터 깨어남으로서 자유롭게 되었으며, 다시 그들의 참된 삶을 살 수 있게 되었다.[3]

깨어나는 것이 너의 임무인데 어떻게 잠들어 있을 수 있는가?[4]

너희는 잠들어 꿈꾸고 있다. 깨어나라.[5]

선하면서 실제적인 나의 가르침에 귀 기울여서, 너희들을 무겁게 짓누르고 있는 잠에서 깨어나라.[6]

사람들은 수많은 헛된 환상과 꾸며진 공허한 이야기에 사로잡혀 있으며, 이것들은 잠자는 자들이 악몽에 시달리듯 그들을 괴롭혔

1. 영지주의자의 영성과 문자주의자의 종교

다.

그러나 그들이 깨어났을 때, 이 모든 꿈들이 아무것도 아니라는 것을 알게 되었다. 그들이 실행한 방법은 마치 꿈에서 깨어나는 것처럼 무지를 던져버리는 것이다. 그들은 세상이 더 이상 실재적인 것이 아니며, 단지 꿈과 같다는 것을 알게 되었다. 그들은 영지를 마치 새벽과 같은 것으로 존중하고 평가했나. 반면에 그들이 무지한 상태에 있을 때는 마치 모든 사람이 잠들어 있는 것과 같다. 영지를 경험한다는 것은 잠에서 깨어나는 것과 같은 것이다.7

깨달음에 관한 이러한 가르침은 단지 기독교에 국한된 것이 아니다. 역사를 통해서 볼 때 모든 종교의 선각자들은 모든 존재의 하나 됨과 사랑을 깨달았다. 우리는 '영지적'이라는 술어를 보다 넓은 의미로, 모든 종교에서 깨달은 자를 지칭하는 '아는 자'라는 의미로 사용한다. 왜냐하면 그들의 다양한 문화에서 다양한 언어로 그들의 통찰을 달리 표현했을지라도, 그들 모두는 깨달음 혹은 영지의 경험에 대해 말하고 있기 때문이다.

가끔 절대적 권위를 가진 개인들이 깨달음을 추구하는 작은 공동체 형성을 고취시켰다. 그러나 역설적으로 그러한 성공적인 집단이 커질수록 그들은 점점 더 자신들이 반대하던 자들의 입장을 취하게 되었다. 자유로운 사고를 하며, 규범을 따르지 않는 자들의

제1부 필요 없는 것(The Bathwater)

느슨한 연합으로 시작한 것이, 시간이 지남에 따라 조직화되고, 권위주의적 종교로 타락하였다. 그리고 결국에는 초기의 메시지를 완전히 오해하게 되었다. 우리는 영지주의의 이 타락한 형태를 '문자주의'라 칭하기로 한다.

영지주의는 때때로 '영원한 철학'이라고 불려지는데, 그 이유는 이것이 모든 시대, 모든 문화에서 발견되기 때문이다. 그러나 영지주의자들이 모두 정확하게 동일한 것을 말하는 것은 아니다. 그들은 서로 다르게 말하기도 하지만 이것은 단지 그들의 가르침이 영지주의에 대한 동일한 경험을 다른 각도에서 가리키는 손가락과 같다는 것을 의미할 뿐이다. 불행하게도 대부분의 사람들은 가리키는 곳을 보지 못하고, 손가락에만 관심을 갖는다. 이것이 바로 문자주의자다. 문자주의자 종교는 그들이 믿는 종교의 창시자의 손가락을 하나의 참된 손가락이라고 숭배하기를 원하는 사람들의 모임에 지나지 않는다. 그러나 그들은 손가락이 가리키는 깨달음에 대한 이해가 없다.

이 책은 문자주의적 종교에 대한 저주 섞인 고발이며, 영지주의적 영성에 대한 열정적인 찬사다. 먼저 영지주의와 문자주의를 분명히 구분하는 것으로 시작하자.

1. 영지주의자의 영성과 문자주의자의 종교

영지주의	문자주의
영지주의는 우리 스스로 영지를 경험하고, 깨어나는 것이 중요하다고 가르친다.	문자주의는 맹목적으로 종교적인 독단을 믿는 것이 중요하다고 가르친다.
영지주의는 그들의 가르침을 깨달음의 경험을 가리키는 이정표로 해석한다.	문자주의는 그들의 가르침을 문자 그대로 진리 그 자체라고 생각한다.
영지주의는 깨어나는 방법을 전달하기 위해 상징적인 비유를 사용한다.	문자주의는 영지주의적 신화를 문자 그대로 기적적인 역사적 사실로 오해하며, 비합리적 미신에 몰두한다.
영지주의는 모든 책들이 인간의 말을 담고 있다는 것을 안다.	문자주의는 성경이 신의 말씀이라고 믿는다.
영지주의는 깨달음의 지혜가 표현되는 방법은 늘 변하는 인간 조건에 대응하기 위해 끊임없이 발전해야 한다는 것을 이해한다.	문자주의는 모든 시대에 적용되며, 절대적 권위를 가진 변치 않는 공인된 정경을 원한다.
영지주의는 우리 자신을 위해 사고하기를 바라며, 그래서 더욱 자각적이게 되고, 깨닫게 되기를 원한다.	문자주의는 그들이 믿는 바를 다른 사람도 그대로 믿기를 바라며, 그래서 그들의 신앙집단에 참여하기를 원한다.
영지주의는 삶 자체가 깨달음의 과정이라는 것을 이해한다.	문자주의는 그들만의 특별한 종교가 진리에 이르는 유일한 길이라는 것을 믿고, 그 밖의 모든 사람들은 악마의 꾐에 빠진 것이라고 비난한다.
영지주의는 분리의 환상으로부터 벗어나 하나 됨과 사랑을 깨닫게 한다.	문자주의는 우리와 그들이라는 세계, 즉 분리와 갈등의 세계, 선택받은 자와 저주 받은 자로 구분되는 세계에 우리를 잠들게 한다.
영지주의는 우리를 하나로 결합시킨다.	문자주의는 우리를 분열시킨다.

19

제1부 필요 없는 것(The Bathwater)

역사를 통해서 영지주의자들은, 문자주의 종교는 무지와 분열과 고통의 사악한 원천이라고 끊임없이 폭로해 왔다. 이 영지주의적 메시지가 오늘날만큼 문제가 되는 때는 없었다. 서구의 위대한 종교인 유대교, 기독교, 이슬람교는 전 세계의 평화를 위협하는 충돌을 일으키고 있다. 종교적 신화를 문자 그대로 받아들이는 것이 중동 지역에서 일어나는 문제의 뿌리이며, 이것이 바로 9·11과 지금까지 다른 잔악한 행위를 일으킨 뿌리 깊은 원인이다. 그러나 종교적 폭력이라는 점에서는 새로운 것이 없다. 현재의 갈등은 신을 위해 죽고 죽이는, 오래되고 소름끼치는 역사의 연속일 뿐이다.

자신들의 유희遊戲를 밝혀주기 위해 타오르는 횃불과 같았던 이교도에 의한 기독교인의 화형. 이교도에 대한 기독교인의 야수와 같은 복수. 기독교인의 유대인에 대한 잔혹한 박해. 이슬람 제국의 무력을 앞세운 확장과 인도에 가해진 피의 정복. 이슬람에 반대하는 기독교인의 야만적인 성전聖戰. 종교 재판의 공포. 신세계에서 일어난 원주민 대량학살. 마법사들에게 가해진 집단적 화형. 이 모든 것들이 신을 기쁘게 하기 위한 욕망 때문에 발생했다. 또한 이 모든 행위는 그러한 행위를 용서할 뿐만 아니라, 이것을 요구하는 성스러운 문서에 대한 언급만으로도 정당화되었다. 당연히 이러한 행위는 악이라고 생각되지 않았다. 왜냐하면 범죄자들은 나쁜 생각에 사로잡혀 있어 악을 악이라고 생각하지 못하기 때문이다.

1. 영지주의자의 영성과 문자주의자의 종교

소중한 것과 필요하지 않은 것

이제 이러한 광기와 문자주의 종교를 역사의 쓰레기통으로 던져 넣을 때가 되었다. 그러나 쓰고 남은 목욕물과 함께 아기를 버리지 않도록 주의해야 한다. 종교가 모두 나쁜 것은 아니다. 종교는 인간의 삶과 죽음의 미스테리를 이해하기 위한 진지한 갈망에 답해왔다. 또한 예술적 작품들, 장엄한 성당과 사원들, 초월적인 음악과 노래의 숭고한 작품들을 창조하도록, 모든 문화의 사람들을 고취시켰다. 종교는 그 중심에 영지주의적 영성이 있기 때문에 이러한 힘을 가지고 있다. 이 책에서 우리는 종교적 독단이 파괴한 파편 더미에서 영지주의의 가르침을 찾아내 보여주고자 한다. 그래서 시대에 맞지 않는 종교적 문자주의를 폐기하고, 깨달음의 영원한 지혜를 부활시켜 유지해 나가기를 원한다.

옛날 책에 대한 맹목적인 믿음을 중단하고, 대신에 문자주의자들이 일으킨 전쟁의 불협화음에 묻혀버려 듣지 못했던 이교도의 목소리를 들어보자. 잠시 모든 시대를 걸쳐 영지주의자들이 우리들에게 말했던 것이 진실이라고 상상해보자. 우리는 각기 고립된 존재로 보이지만, 본질적으로 우리 모두는 하나다. 당신 내면에서 자각되는 의식은 모든 존재에서 자각되는 바로 그 의식이다. 그리고 이것을 받아들인다면, 모든 것을 사랑하는 당신을 발견하게 될 것이다.

제1부 필요 없는 것(The Bathwater)

만일 우리가 실제로 깨어나기 시작하고, 그리고 하나 됨과 사랑에 대한 영지주의의 가르침에 따라 산다면 무엇이 일어날 것인가를 상상해보자. 우리가 진실로 이웃을 사랑하고, 적까지도 사랑할 수 있다면, 그것은 실제로 우리 자신의 보다 깊은 내면에 잠재되어 있는 자아의 표현이라는 것을 받아들일 것이다. 또한 유대교인, 기독교인, 이슬람교인으로 구분하는 차별이 없다는 것을 깨닫게 된다면, '우리' 대 '그들'이라는 대립은 존재하지 않게 된다. 단지 우리만이 존재할 뿐이다. 이 점이 바로 이 책을 쓰도록 우리를 고무시킨 영지주의의 주장이다.

1부 '필요 없는 것'에서는, 먼저 우리 체제에 존재하는 문자주의의 독소를 폐기시킬 수 있도록 종교적인 해독 작업을 할 것이다. 먼저 유대교, 기독교, 이슬람교의 성스럽다는 경전을 면밀히 살펴보고, 그 경전들이 결코 신성한 것이 아니라는 것을 입증해 보일 것이다. 사실 경전은 신에 의해 기록되거나 영감을 받은 것이 아니라, 인간에 의해 만들어진 것으로, 그것도 종종 사제의 옷을 입은 정치인들이나, 최악의 인간에 의해서 만들어진 것이다.

2부 '소중한 것'에서는 자유로운 현대의 언어를 사용하여, 닳아 빠진 종교적 허튼소리로부터 벗어나, 우리의 삶에 고대 영지주의의 가르침이 살아나게 할 것이다. 21세기에 맞게 깨달음의 무한한 지혜를 변용하여, 이 책을 읽는 지금, 바로 여기서 영지를 체험케

1. 영지주의자의 영성과 문자주의자의 종교

할 것이다. 그리고 여러분 스스로 영지주의의 예수는 왜 웃고 있는 가를 이해하고, 그것에 담겨 있는 의미를 깨닫게 되기를 바란다.

제1부 필요 없는 것(The Bathwater)

2. 종교의 해악

지구에는 두 종류의 사람이 있다.
뇌를 가지고 있으나 종교가 없는 사람,
그리고 종교는 있지만 뇌가 없는 사람이다.
―아불 알라 마리(Abu'l-Ala Ma'arri), 10세기 이슬람 시인[1]

'신은 위대하다!' (이슬람 사원의) 기도 시각을 알리는 사람이 세상을 깨우기 위해 외친다. 기도소리는 비행기가 지상으로 내려앉는 것처럼 당신의 머리에 울려 퍼진다. '알라 이외에 신은 없다.' 오! 알라의 성스럽고, 의기양양하며, 영광스러운 뜻에 따르는 궁극적인 복종이 주는 신성한 환희여! '복종'은 '이슬람'의 참된 의미다. 참된 무슬림은 그의 전 존재를 알라에 바친 사람이다. 그리고 위대한 '성전聖戰'(jihad)에 피를 뿌리는 것보다 더 위대한 복종은 없다. 무함마드를 위한 순교자가 된다면, 그에게 축복을 내릴 것이다. 이런 생각이 지옥의 불길이 당신을 뒤덮기 전에 마지막으로 떠오를 것이다. 죽을 운명의 불신자는 불 속에서 타죽게 될 것이

지만, 그러나 당신은 영광스럽게 변화할 것이다! 소음·비명·고통, 올 것이 왔다. '신은 위대하다!'

종교라는 악몽

9·11은 세상을 깨우는 경고였다. 우리는 종교의 악몽으로부터 깨어날 필요가 있다. 9·11의 공포를 야기하고, 이 야만적인 재해의 결과를 가져온 것은 이슬람의 문자주의자가 아니다. 유대교와 기독교의 문자주의자들이 그들의 믿음을 실천한 결과이기도 하다. 현재의 세계 위기를 일으킨 종교적인 광기를 살펴보자.

- 2001년 9월 11일, 이슬람 문자주의자들, 즉 사후에 72명의 처녀로 신에 의해 보상받는 것과 그의 가족들이 천국에 갈 수 있다는 것을 믿는 그들은, 뉴욕의 쌍둥이 빌딩에 비행기를 충돌시켜 수천 명의 사람들을 살해하고 순교했다.

- 이 이슬람 문자주의자들은, 신이 그들에게 이 땅을 남겼다고 선언한 성스러운 경전을 믿는 유대교의 문자주의자들이 팔레스타인을 점령한 것에 화가 나 있었다.

- 팔레스타인의 폭동은 이스라엘 수상이 예루살렘에 있는 알-아크사Al-Aqsa 모스크 주변을 거닐 때 일어났다. 이 장소는 이슬람 문자주의자들에게 신성한 장소였다. 바로 이곳은 어느 날 밤 무함마드가 하늘을 나는 말을 타고 천국으로 떠나면서 아브라함, 모세, 예수를 만나기 위해 멈추었던 곳이기 때문이다.

- 팔레스타인 폭동을 지지하기 위하여, 이슬람의 문자주의자들은 미국을 공격했다. 왜냐하면 미국의 기독교 문자주의자들이 이스라엘의 확장을 지원하기 때문이다. 이 기독교 문자주의자들은 유대인들이 '성스러운 땅'에 돌아올 때만, 이 세상의 종말을 가져오기 위해 그리스도가 재림할 것이라고 믿는다. 또한 그들은 이것이 곧 일어나기를 열렬히 희망한다.

- 이슬람 문자주의자들의 야만적인 공격에 대한 반발로, 기독교 문자주의자인 미국의 대통령은 신약성서의 '원수를 사랑하라', '너의 오른뺨을 내어주라'는 가르침을 무시하고, '문명세계'를 보호하기 위해 '십자군의 성전'을 선포했다. 대량 살상 무기로 무장한 미친 종교적 극단론자들의 사상으로 국민들을 위협하면서, 실제로 대량 살상 무기로 무장한 종교적 극단론자들은 성서의 '충격과 공포'를 풀어 놓았다.

2. 종교의 해악

- '지금의 적이 친구가 될 수 있기 때문에 악을 선으로 갚으라' 는 무함마드의 충고를 무시하는 이슬람 문자주의자들은 인터넷상에서 사람들의 목을 자르는 것을 보여주면서 반발하기 시작했다.

- 이것은 계속 진행되었다. 그러나 세계를 분열시키는 이 비극적 익살극 한가운데에서, 서로 다른 종교의 모든 문자주의자들은 이 끝나지 않는 고통을 견디도록 하는 놀랄만한 어떤 것에서 위안을 찾아냈다. 즉 그것은 그들이 신을 기쁘게 하고 있다는 확신이었다.

문자주의 종교는 21세기의 세계 평화에 가장 위협적인 존재다. 세계의 모든 분쟁 지역-발칸, 체첸, 사이프러스, 동티모르, 카슈미르, 인도네시아, 북아일랜드, 팔레스타인, 필리핀, 수단, 중동-에서 종교는 분쟁의 뿌리 깊은 원인이거나, 주요한 요소 중의 하나이기도 하다. 서구 사회에서는, '이슬람 근본주의자들이 위험하다'고 하지만, 모든 형태의 문제를 살펴보면, 위험한 것은 종교적인 근본주의자들이다. 그리고 '근본주의'는 몇 세기 동안 우리를 괴롭혀온 극단적인 종교적 문자주의자들의 새로운 이름에 지나지 않는다. 오늘날 신성의 이름으로 허락된 세계를 위협하는 폭력은 전혀 새로운 것이 아니다. 역사를 통해 보면 종교적인 테러는 일반적인

27

것이었다.

종교는 악마의 가장 위대한 업적이다

우리가 이전에 출간한 책인 『예수와 잃어버린 여신Jesus and The Lost Goddess, Harmony Books, 2001』에서, 종교는 악마의 가장 위대한 업적이라고 결론 내렸다. 물론 우리는 분명히 이 모든 혼돈을 조정하는 악의적인 존재, 즉 악마가 있다고 생각하지 않기 때문에 위의 표현은 다분히 상징적이고 도발적인 것이다. 우리의 논점은 매우 중요하다. 서구의 정신적 신화에서 악마는 분리시키는 존재이다. 그는 사랑으로 결합하는 것을 방해하며, 싸움을 일으켜 사람들을 분열시키는 모든 것을 상징한다. 사실, 문자주의 종교처럼 끔찍한 불화를 일으키는 것도 없다. 지금 현재도 그런 것처럼 이 악마적인 힘은 항상 세상에 존재해 왔다.

현재의 위기를 광신적인 무슬림의 탓으로 돌려 비난하는 것과, 서구가 기독교의 이름으로 역사상에서 저질렀던 참상을 잊는 것은 쉬울 것이다. 그러나 십자군 전쟁 당시 기독교도들이 유대인과 무슬림에게 가한 말할 수 없는 고통은 잊지 말도록 하자. 예루살렘이 십자군에 의해 함락되었을 때, 무슬림의 알-아크사Al-Aqsa 모스크에서만 7만 명 이상의 무슬림이 학살당했다. 그들은 또한 유대 교회

2. 종교의 해악

에서 수천 명의 유대인을 산 채로 불태워 죽였다. 기독교인인 연대기 저자는 '우리의 군대는 요리 단지에 어른들을 삶아 죽였으며, 어린 아이들을 쇠꼬챙이에 꿰어서 구워 죽였다'고 기록하였다.2

종교 재판에 의해 이교도라고 비난 받고, 산 채로 타 죽은 수천 명의 남자, 여자, 그리고 어린 아이들을 기억하자. 종교 재판관이 쉽게 이교도의 이나 혀를 뽑을 수 있도록 머리를 고정시키는 쇠로 된 고문의자에 앉아 있었던, 그리고 희생자의 항문이나 여성의 성기에 고문 도구를 넣을 수 있게 교활하게 고안된 의자에 앉아 있던 그들을 마음에 담아두자.

상상할 수 없는 야만성으로 스페인에 사는 수십만 명의 유대인과 무슬림들을 인종적으로 청소하기 위해, 가톨릭교회가 만든 종교 재판소를 잊지 말자. 종교 재판소는 단지 그들이 개신교라는 이유로 네덜란드에 거주하고 있던 삼백만 명을 죽이려고 계획했으나 다행히도 이 계획은 실패했다. 당시의 한 작가는 종교 재판소를, '그 이름만 들어도 유럽인들을 공포에 떨게 했던 무서운 모습을 한 광란의 괴물'이라고 선언했다.3

그러나 성스러운 종교 재판소의 고문에 전전긍긍했던 사람들은 유럽인들만이 아니었다. 콜럼버스가 그의 항해를 시작했을 때, 그는 돛에다 십자군의 붉은 십자가를 꿰매 달았다. 콜럼버스가 신세계를 발견하기는 했지만, 이것은 의도하지 않았던 것으로 행운이 따른 결과였다. 그는 실제로 무슬림 제국의 배후를 공격할 수 있는

제1부 필요 없는 것(The Bathwater)

새로운 뱃길을 찾기 위해 항해하고 있었다. 그가 그 대신에 아메리카를 발견했을 때, 그는 예루살렘을 탈환할 수 있을 정도의 충분한 금을 발견했다고 썼다. 신세계에서 스페인의 종교 재판소는 유럽에서 그렇게 효과적으로 수행했던 집단학살을 더 광범위하게 자행했다. 수십만, 아니면 아마 수백만이나 되는 순진무구한 토착민인 아메리카인들이 고통과 비탄 속에서 죽어갔다. 그들은 이 세상에 기독교인의 승리를 입증하는 영광스러운 증거로서 산 채로 태워지거나 고문당해 죽었다.

문자주의 기독교인들이 유대인들에게 자행한 잔혹한 종교적 박해를 기억하자. 기독교 역사를 보면, 유대인들은 성직자나 교황의 전적인 축복을 받은 광기 어린 폭도들에 의해 일상적으로 산 채로 불태워졌다. 19세기에도 여전히 바티칸이 강요하고 있던 정책, 즉 유대인들에게 노란 배지를 달고, 게토ghetto(중세 이후의 유럽 각 지역에서 유대인을 강제 격리하기 위해 설정한 유대인 거주 지역. 역주)에 살도록 강요한 것은 13세기에 가톨릭교회가 처음으로 한 일이다. 동유럽의 종교 재판소는 이교도를 불태우는 데 화덕을 사용했으며, 화덕에 넣기 전에 그들의 몸에 기름을 바르고 산 채로 구워 죽였다. 20세기에 와서 변한 것은 그 과정이 산업화됐다는 것뿐이다.

파시스트와 나치가 유대인들에게 굴욕감을 느끼게 하고, 모든 권리를 박탈하며, 그들을 게토에 몰아넣고, 불태워 죽이며 탄압하기 시작한 것은 단지 교회가 수 세기 동안 한 일을 다시 반복한 것에

2. 종교의 해악

지나지 않는다. 그들은 인종의 순수성을 지키는 법을 소개하면서, 그것은 단지 가톨릭교회 내에서 가장 존경받는 교단인 예수회the Jesuit의 지도를 따르는 것일 뿐이라고 주장했다. 이탈리아 파시스트 대의회의 한 사람은 다음과 같이 선언한다.

가톨릭교도로서 만일 우리가 반셈족주의자(반유대주의)가 된다고 해도, 이것은 교회가 과거 20세기 동안 공표한 가르침을 따르는 것에 지나지 않는다는 것을 안다면, 우리의 영혼은 편안해질 것이다.4

유대인을 절멸시키려던 나치 친위대원들도 그들의 벨트 버클에 '신이 우리와 함께하고 있다'라는 말을 새겨 넣었다는 것을 잊지 말자.

종교적 문자주의의 광기로 고통 받지 않은 사람들은 인간 존재가 다른 사람들에게 얼마나 많은 공포를 줄 수 있는지 이해하기 힘들 것이다. 그러나 종교적 광기에 사로잡힌 불행한 그들은 인간성에 반하는 이 참혹한 범죄행위를 매우 다른 방식으로 이해한다. 그들의 행위는 신이 요구한 것이며, 신성한 경전에 의해 정당화된 올바른 행위라는 것이다.

이교도를 불태워 죽이는 행위를 요한복음의 다음과 같은 말로 정당화 한다.

사람이 내 안에 거하지 아니하면, 가지처럼 밖에 버리워 말라지 나니 사람들이 이것을 모아다가 불에 던져 사르느니라.[5]

신약성서는 유대인 탄압을 합법화했으며, 또한 악마의 자식이자 사탄의 교회를 세운 유대인들은 그리스도를 죽인 책임이 있다는 것을 분명히 했다.[6] 유럽의 모든 개신교도들을 파괴하려는 계획과 토착 미국인들의 대량 살상은 구약성서에 의해 합법화되었으며, 구약성서는 선택받은 민족에게 신성하게 예정된 길을 방해하는 자들을 학살할 것을 명령했다. 신은 인종 청소를 승낙했다. 성서에서 그렇게 말하고 있다!

근본주의

우리가 2000년에 발간한 『예수와 잃어버린 여신』의 마지막장에서 이렇게 말했다.

상처받기 쉽고, 위협받기 쉬운 감정을 가진 기독교와 이슬람의 근본주의자들은 초조해지고, 쉽게 흥분함으로써 발생하는 문제를 신성하게 성화된 경전을 가지고 처리할 수 있었다. 종교에 대한 지지를 활성화시키기 위한 성스러운 논쟁 같은 것은 아무것도

2. 종교의 해악

없었다.—그리고 근본주의자들은 이것을 알고 있다.

우리의 책은 비행기가 쌍둥이 빌딩을 강타한 것처럼 서점가를 강타했다. 우리는 예언자가 아니다. 근래에 서양의 위대한 종교들이 붕괴하기 시작했다는 것이 눈에 띄게 분명해졌다. 왜냐하면 그들의 신앙이 점점 더 근본주의화 되고 있기 때문이다.

이슬람 근본주의자들은 충분히 이슬람적인 국가는 하나도 없다고 생각한다. 그들은 단순 절도에 대해 신체 절단의 벌을, 간통에 대해서는 공개적인 참수형을 내리며, 국가를 타락시킨 자에 대한 벌로 십자가형으로 신체의 부분을 절단하라는 샤리아sharia의 법을 시행하는 사우디아라비아조차도, 이슬람국가로서의 본분을 다하지 못한다고 생각한다.

어떤 기독교 근본주의자들은 그들 자신을 파시스트와 백인지상주의자들과 동일시하며, 유대인, 흑인, 동성애자들에 대한 대규모 학살을 옹호한다. 새롭게 태어난 기독교인인 티모시 맥베이Timothy McVeigh는 특히 기독교 문자주의의 이 추악한 요소를 가지고 있으며, 9·11 이전, 미국의 평화로운 시기에 가장 큰 민간인 폭탄 테러를 자행한 기록을 가지고 있다.

어떤 유대교 근본주의자들은 오직 메시아만이 새로운 유대 국가를 세울 수 있다고 믿기 때문에, 현대의 이스라엘 존재 그 자체가 신성모독이라고 비난한다. 그들은 여러 번 예루살렘에 있는 알-아

제1부 필요 없는 것(The Bathwater)

크사Al-Aqsa 모스크를 폭파하려고 하였다. 왜냐하면 그들은 폐허 위에 세 번째 사원을 세우기를 원했기 때문이다. 그들의 영웅은 금요 기도회에 아브라함의 궁전에 들어가 기관총으로 무슬림들을 쏜 유대 이주자들이다. 또 다른 유대교 근본주의자는 평화를 위해 팔레스타인 사람과 감히 유대의 신성한 땅 일부를 교환하려는 회담을 한 이스라엘의 수상을 사살했다.

모든 종교의 근본주의자들을 그렇게 극단적으로 만드는 원인은 그들만이 옳고, 자신들 이외의 사람들은 전부 틀렸다는 절대적인 확신이다. 그리고 그들의 그러한 확신은 자신들의 주장이 바로 신의 주장이라는 믿음으로부터 온다. 인간의 주장은 상대적이지만, 정의定義상 신의 주장은 절대적이다. 신과의 논쟁은 있을 수 없다. 신의 법은 집행되어야 한다. 논쟁은 끝났다. 이것이 파시즘처럼 근본주의가 있는 곳에 항상 전쟁이 발생하는 이유다.

서로 다른 신념을 가진 근본주의자들이 너무 많은 공통점을 가지고 있다는 것은 아이러니가 아닐 수 없다. 삶과 삶의 방법에 대한 그들의 비전은 동일한 욕구와 노이로제에 의해 추진된다. 그들이 미워하는 것, 즉 다른 사람들에게 있는 미움의 대상은 그들 자신이 가지고 있는 미움의 대상이 투사된 것이다. 만일 그들이 다른 문화에서 성장했더라면, 그들은 다른 신념의 근본주의자들이 되었을 것이다. 이러한 것은 9·11 이후 기독교 근본주의자들이, 쌍둥이 빌딩에 대한 공격은 여권주의feminism와 동성애에 관대한 미국

2. 종교의 해악

에 대한 신의 징벌이라고 선언했을 때 극적으로 입증되었다. 소위 기독교인이라 불리는 사람들이 그들 자신이 살고 있는 나라의 대다수의 자비로운 사람들보다 탈레반과 더 많은 공통점을 가지고 있다는 것이 분명해졌다.

미국의 종교적 우파 중에 가장 뛰어난 대변자인 텔레비전 전도사, 제리포웰Jerry Falwell과 팻 로버트슨Pat Robertson은 생중계되는 TV방송에서, 신은 미국에 화가 나 있기 때문에 9·11 테러를 허락했다고 선언했다. 포웰은 이렇게 말했다.

> 나는 이교도, 낙태찬성론자, 여권주의자, 게이와 레즈비언—미국을 세속화하려는 이들 모두의 얼굴을 손가락으로 가리키며, '너희들이 이 사건을 거들었다'라고 말했다.

포웰의 폭언이 끝날 즈음에, 로버트슨은, "그렇다, 나는 전적으로 동의한다"고 응답했다.7 만일 당신이 9·11 아침에 신이 어디에 있었는가를 궁금하게 생각했다면, 이제 알았을 것이다. 신은 미국의 관용에 화가 나 있기 때문에 대량 살상을 하려는 이슬람의 극단주의자들을 도와 그들의 비행기에 있었다!

근본주의자들은 현대 세계를 증오한다. 그러나 이것이 놀라운 일은 아니다. 문자주의자들은 항상 진보에 반대해 왔다. 교회는 신, 구약성서에 합법화되어 있다는 이유로 노예제도의 폐지에 반

제1부 필요 없는 것(The Bathwater)

대했으며, 여성이 아이를 낳을 때 고통을 받는 것으로 성서가 말하고 있다는 이유로 무통분만을 반대하였고, 죽고 사는 것은 신에 달려 있다는 이유로 예방접종을 반대하였다. 오늘날 가톨릭교회는 콘돔의 사용을 비난하는데, 이것은 수백만 사람들을 에이즈에 감염시키는 것으로, 전무후무한 최악의 하나로 기록되어야 할 고통을 피할 수 없게 하는 교리다.

그러나 근본주의자들이 현대가 제공하는 모든 것을 반대하는 것은 아니다. 아무튼, 모든 신념의 근본주의자들은 현대의 독이 든 사과로, 즉 치명적인 무기로 그들 자신을 완전히 무장하는 기쁨 이상의 것을 누린다. 탈레반들은 비디오기기, 테이프녹음기, 텔레비전을 혐오할 수 있다. 그러나 그들이 칼라슈니코프(러시아의 경기관총; AK-47의 통칭. 역주)를 어깨에 메고, 도요타 소형트럭 뒤에 탄 채로 전장을 향해 가는 것보다 더 좋아하는 것은 없다.

종교적 근본주의는 다른 점에서는 친절한 남자나 여자들이 개방성과 관대함을 적대시하도록 만들며, 신성에 의해 허용된 편협성에 복종하게 만드는 비합리적인 병적 현상이다. 근본주의는 사랑, 관용, 이해라는 참된 정신적 가치를 지지하는 사람들을 반대하는 독선적이고, 위험한 사람들을 만들어낸다. 근본주의자들은 특히 자신들이 반대하는 자들과 대화를 하려는 동료 신자들을 싫어한다. 힌두교의 근본주의자는 간디를 살해했으며, 이슬람 근본주의자는 말콤 X(미국의 흑인 인권 지도자. 역주)를 살해했고, 기독교 근본주의자는 존 레논(영국의 가수·작곡가; the Beatles의 멤버. 역주)을 살해했으며, 유대교 근본주의자는 라빈Yitzhak Rabin(이스라엘의 군인·정치가·수상; 노벨 평화상 수상. 역주)을 살해했다.

그러나 근본주의자들이 모두 괴물은 아니다. 그들은 종종 강한 종교적 신념으로 인해 지대한 관용과 자비를 베풀기도 한다. 그러나 그것은 '그들'이 아니라 '우리'에게 한한 것으로 엄격하게 제한되어 있다. 셰이크 아흐마드 야신Sheikh Ahmed Yassin은 이스라엘 군대가 휠체어에 앉아 있는 그를 암살하기 전까지, 그는 팔레스타인 테러리스트/해방운동(당신의 의견에 따라 선택하라) 단체인 하마스Hamas의 '정신적인' 지도자였으며, 자신들의 공동체의 학교와 사회의 프로그램을 책임지고 있는 더할 나위 없이 존경을 받는 인물이었다. 그러나 그조차 이스라엘 어린이 살해에 대한 책임을 벗어날 수 없다.

'근본주의'는 역사, 정신성, 실재의 본성에 대한 근본적인 오해로부터 비롯되는 것으로, 평범한 사람들에게 신성하다는 이유로 테러의 행위를 저지른다. 다음은 안와르 샤이크Anwar Shaikh라는 친절하고 사려 깊은 사람의 이야기다. 그는 70세가 되었을 때, 코란을 비판하는 책의 저자로 세상에 알려졌다. 이 용감한 작품 덕분에 그는 이슬람 근본주의자들에 의해 '살해해야 할' 배교자로 낙인찍혔다.[8] 그러나 인도와 파키스탄이 분리되던 1947년에는, 그 자신이 바로 종교적 광기에 빠진 젊은 이슬람 근본주의자였다. 그의 무

제1부 필요 없는 것(The Bathwater)

슬림 형제의 죽음에 대한 복수로 알라를 기쁘게 하려고, 그는 라호레Lahore 거리로 가서 죄 없는 3명의 시크교도를, 두 명은 곤봉으로, 한 명은 삽으로 마구 때려 살해했다. 그는 이렇게 말했다.

잘 알듯이 1947년에 우리는 광기에 휩싸였다. 광기. 나는 이것의 한 부분이었다. 내가 그들을 죽이려고 할 때, 내 머릿속에 떠오르는 것은 복수뿐이었다. 나는 이슬람의 천국에 가게 되었다는 것을 알았으며, 그곳에서 많은 미녀가 나를 기다리고 있다는 것을 믿었다. 알라는 부푼 가슴을 가진 70명의 처녀와 84년 동안 쓸 수 있는 충분한 정력을 줄 것이다. 젊은 사람이 원하는 것이 무엇일까? 당신이 아는 것처럼 나는 두려워하지 않았을 뿐만 아니라, 천국에서 섹스가 지속되기를 기대하였다. 당신은 이랬던 나를 믿지 않을 것이다. 그러나 나를 믿어라. 당시에 나는 이것을 믿었었다. 나는 젊었고, 감수성이 풍부했다. 나는 아직도 그렇듯이 무고한 세 사람을 죽였다고 계속 생각했다. 만일 그들이 거기에 있지 않았다면, 죽지 않았을 것이다. 나는 도대체 그들이 누구인지도 모른다. 그리고 나는 생각하기 시작했다. 이 모든 것은 종교 때문에 일어났다. 나는 코란을 읽는 것을 그만둔 적이 없다. 지금은 넓은 시각을 가지고 읽는다. 어느 날 나는 전에 수없이 읽었던 코란의 구절 '오! 믿는 자여, 예언자에 앞서 가지 마라. 그 앞에서 언성을 높이지 마라'는 구절을 읽었다. 그리고 나는 자신에게 왜라고 물었다. 왜 알라는 다른 사람 위에 한 사람을 세우는가? 그렇다. 한 번 그 이유를 묻기 시작하면 결코 멈출 수 없다. 이제 마법의 주문은 깨져 버린 것이다. 이제 어떠한 일이 일어날지라도 나는 인간적이고, 합리적인 신념을 가지고, 자신 있게 죽을 것이다. 그리고 만일 나의 작품이 내가 느끼는 종교적 증오와 광기로부터 12명이 안 되는 사람들을 벗어나게라도 한다면, 나는 비록 나에게 희생된 세 사람의 생명을 되돌릴 수 없을지라도, 나 자신은 부분적으로나마 속죄한 것으로 생각할 것이다. 나는 나 자신에 대해 걱정하지 않는다. 다른 사람들을 걱정할 뿐이다. 우리가 깨끗한 손을 가지고 서로에게 무엇을 하고 있는지 보라. 그들은 종교의 이름으로 핵무기를 사용해 모든 것을 파괴할 수 있다. 당신도 알다시피 그들은 그렇게 할 수 있다. 그들은 할 수 있을 것이다.[9]

아마겟돈

안와르 샤이크Anwar Shaikh의 호소에 가까운 경고에 주의할 필요가 있다. 왜냐하면 근본주의자들은 정말로 세계를 파괴할 수 있기 때문이다. 파키스탄의 이슬람 근본주의자들은 십 년 안에 그들이 군대를 장악하고, 핵무기를 통제하게 될 것이라고 호언장담한

제1부 필요 없는 것(The Bathwater)

다.10 그러나 우리는 근본주의자들이 핵무기 발사 버튼에 손을 올려놓는 것을 기다려서는 안 된다. 이미 기독교 근본주의자들의 신성한 임무는 세계의 종말, 즉 앞으로 닥칠 핵무기의 대량 살상을 돕는 것이라고 믿고 있고, 이것이 신의 위대한 계획이라고 진지하게 믿는 미국에서 실제로 수십 년 동안 이러한 시도가 있어 왔기 때문이다.

1980년 로널드 레이건은 대통령 후보 수락 연설하기 일주일 전에 한 리포터에게, '우리는 아마겟돈을 볼 세대가 될지 모르겠다'고 말했다. 제리 포웰Jerry Falwell은 어느 리포터에게, 레이건 대통령은 성서적 예언에 관해서 자기와 의견이 일치하며, 그가 '제리, 우리는 지금 아마겟돈을 향해 매우 빠르게 가고 있다'고 말했다고 하였다. 레이건의 국방장관인 와인버거는 하버드 대학의 학생들에게, "나는 계시의 책을 읽었다. 그래, 나는 세상에 종말이 온다는 것을 믿는다. —그리고 매일 그 시간이 다 되었다고 생각한다"고 말했다.11 당시에 와인버거는 펜타곤의 수장이었으며, 미국 핵무기 통제의 2인자였다. 그러한 악마적인 힘에 사로잡힌 그들의 믿음은, 그들 스스로 예언을 실현하기 위한 노력을 하게 하므로 세계의 종말에 대한 성서적인 경고의 심상치 않은 가능성을 보여준다.

최근의 한 보고에 따르면, 미국인 10명 중 4명은 지구는 불에 의해 파괴될 것이라는 성서의 언급을 핵전쟁을 예언한 것으로 믿는다고 한다.12 그러나 어떤 기독교 근본주의자들에 의하면, 전 세계에 흩어진 유대인들이 구약성서에 나타난 다윗의 왕국을 다시 세우지 않는 한 이 영광의 날은 오지 않을 것이라고 한다. 이 영광의 날이 다시 온다면, 예루살렘의 쾌적한 평원은 아마겟돈이라 불리는 선과 악의 마지막 대결전장이 될 것이며, 예수는 다시 모든 것을 매듭짓기 위해 올 것이다.

성서적 예언의 실현을 도우려는 욕구는 미국의 기독교 근본주의자들로 하여금, 다윗의 신비한 왕국을 재건하려는 유대교의 근본주의자들과 성스럽지 못한 결탁을 하게 하였다. 근본주의자인 기독교인들을 위해 다윗의 왕국을 새롭게 재건하는 것은 유대인들에 있어서 그렇게 중요한 일은 아니다. 종말의 날이 도래했을 때, 천국에 올라가는 자들은 오직 (물론 자신들의 교리에 부합하는 교파의) 기독교인들뿐이다. 그 나머지인 우리와 같은 유대인들은 개종하든지, 그렇지 않으면 불태워질 것이다.

기독교 근본주의자들은 점점 더 종말론적으로 변해 간다. 『뒤에 남겨짐Left Behind』이라는 책은, 우리가 (그리스도가 재림할 때) 그리스도와 공중에서 만나는 체험을 향해 나가고 있다는 근본주의자의 믿음을 선전하는 시리즈 중 하나이다. 이것은 다시 태어난 모든 기독교인들이 지상에서 천국으로 들어 올려지는 순간을 말한다. 이것은 공상과학의 B급 영화 각본처럼 들릴지 모르지만, 이 작가는 매우 진지하며, 미국에서 6백만 권 이상 팔려 나갔다. 황량하고 방사능이 남아 있는 지구 위에서 '온화한 예수'는 지옥이라 불리는

제1부 필요 없는 것(The Bathwater)

고문 캠프를 만들 것이다. '뒤에 남겨질' 정도로 불행한 우리는 영원히 고문을 받게 될 것이다. 이러한 입장에서 보면, 기독교 근본주의 정치가들이 지구 온난화 방지를 위한 협력의 중요성을 보지 못하는 것은 놀랄 만한 일이 아니다. 그들은 어떤 환경론자가 상상하는 것보다도 훨씬 더 지구가 뜨거워질 것이라고 믿는다!

특히 기독교가 2000년 동안이나 '종말이 가까워졌다'라고 주절거렸지만, 여전히 일어나지 않은 것과 같은 넌센스를 현시대에 인정할 수 있다는 것은 믿을 수 없는 일이다. 복음서에서 예수는 반복적으로 세상의 종말이 제자들의 일생 중에 일어날 것이라고 확실하게 말했다. 그러나 2000년이 지난 지금, 예수가 예언한 것은 어느 것도 발생하지 않았다.13 예수 자신이 틀렸다면, 이 예언을 계속 퍼트리는 것은 불합리하다. 그러나 그럼에도 근본주의자들은 이해하려고 하지 않는다. 그들은 옛날의 책에 대한 맹목적인 신앙에 빠져 기꺼이 이성을 포기하였다.

문자, 문학, 문자주의

근본주의는 다양한 형태로 나타나지만, 매우 단순한 하나의 관념으로 환원될 수 있다. 성스러운 경전은 오류가 없는 신의 말이다. '근본주의'라는 이름은 20세기 초 미국의 보수적 그룹의 목사들에 의해 저술된 '『근본The Fundamentals』'이라는 책의 발간에서 따온 것이다.14 이 책의 주요 주장은, 성서가 말한 것은 모두 진리이며, 역사적이며, 그리고 문자의 표현 그대로 일어난 사건이라는 것이다. 이러한 것을 믿지 않으면서 기독교인이 된다는 것은 불가능하다. 이러한 방식으로 보면, 근본주의는 분명히 새로운 것이 아니다. 이것은 성서를 보는 독창적인 방식으로 평가할 수 없기 때문이다.

기독교 문자주의자들은 수 세기 동안, 성서는 문자 그대로 진리라고 가르쳤다. 최근 200년 동안 교회는 허락된 것만을 생각하도록 하여 개인 생활의 거의 모든 것을 통제해 왔다. 그리고 이것을 '성스러운 경전'에 근거해서 정당화시켰다. 삶을 바라보는 모든 다른 방식들은 폭력적으로 탄압되었으므로 기독교적인 세계관 외에 선택할 것은 아무것도 없었다. 또한 '이 책의 모든 것은 진리다. 그것을 어떻게 아는가? 이 책에 그렇게 쓰여 있기 때문이다'라는 순환론적인 진술로부터 벗어날 수 있는 길은 없었다.

책의 발명에 앞서, 구술 문화의 전통들은 '중국의 속삭임Chinese Whispers'이라는 게임처럼, 그들의 말이 전달되는 과정에서 미묘한 변화가 일어났다. 변화는 인간 기억의 불완전함 때문에 피할 수 없는 것이다. 시대에 뒤떨어지고, 적절치 않고, 무의미한 것은 신중하게 탈락시켰으며, 새로운 것이 편입되었다. 그러나 기록의 발명과 함께 이 유동성은 사라졌다. 전통들이 '돌에 기록'되기 시작하

제1부 필요 없는 것(The Bathwater)

면서 그들은 불변의 것이 되었다.

인간들이 기록을 시작하자마자 신은 이제 세상에 대해 말하기 시작했다. 문자주의의 큰 사상이 등장했고, 신은 책을 쓰기 시작했다. 그는 때때로 모세나 무함마드 같은 비서를 이용하기도 했지만, 그럼에도 불구하고 자신이 쓴 말을 통해 그의 추종자들과 소통하는 것을 좋아했다. '성스러운 경전'이라는 새로운 장르가 만들어졌다. 성스러운 경전은 특별한 것으로 다른 문학 작품들에 적용되는 비평이 금지되었다.

사람들은 오랫동안 말이 힘이라는 것을 알고 있었다. 그러나 그들이 기록을 발명했을 때, 글로 써진 말이 영원히 힘을 지배할 수 있다는 것을 배웠다. 문자주의 종교는 기록된 말에 의해 고정되었다. 모세는 기록된 법을 가지고 산을 내려 왔다. 유대인들은 책의 민족으로 알려졌다. 기독교는 '태초에 말씀이 있었다. 그리고 말은 신과 함께하며 말은 신이다'라는 유명한 선언을 하였다. 무함마드는 문맹이었지만, 알라는 그에게 기록된 메시지를 주었으며, 그가 읽고 쓸 수 있게 가르쳤다.

이제 모든 종교에 신성한 경전이 필수적인 것이 되었고, 경전 보유가 빠르게 증가하였다. 사람들이 하나의 종교, 하나의 성스러운 경전을 가진 채, 외부와 단절된 밀폐된 문화 속에 사는 한 모든 것은 확실하다. 그러나 문화가 충돌하게 되면, 서로 모순되는 것을 말하는 다양한 많은 신들에 의해 고쳐진, 무수히 많은 성스러운 다

2. 종교의 해악

른 경전이 존재한다는 것이 금방 드러난다. 정의에 따르면, 이 종교들 중 하나만이 참된 종교일 수 있다. 그러나 어느 것인가?

사람들이 오직 그들의 특별한 책만을 읽을 것을 원하는 근본주의자들은 사람들이 그러한 질문을 하는 것을 금지한다. 이것은 수백 년 동안 문자주의자들이 사용한 오래된 책략이다. 로마 교회는 이교도의 도서관을 불태웠고, 자신들에게 도전하는 대담한 '이교도들'의 모든 작품들을 파괴했다. 성서가 모순투성이라는 것을 어느 누구도 발견하지 못하도록 사용했던 언어인 라틴어가 그 용도가 사라졌음에도 불구하고, 몇 세기 동안 로마 교회는 라틴어를 사용했다. 성서의 교회 해석이 의심받지 않도록, 성서를 성직자가 아닌 다른 사람이 읽는 것을 불법화하였다. 성서를 소지한 평신도는 처형당했다.

고문과 처형을 겁내지 않았던 용감한 개인들의 영웅적인 투쟁에 의해 성서가 대중적인 언어로 번역된 것은 종교개혁 이후의 일이다. 종교개혁의 근간은 남녀 모두가 그들의 언어로 성서를 읽을 수 있는 권리이다. 바로 그러한 결과를 교회가 두려워했던 것이다. 사람들이 그들 스스로 성서를 연구하게 되면서, 성서가 오류가 없는 신의 말이라는 주장은 점차 의심을 받게 되었다. 3세기에 걸쳐 철저한 연구가 진행되면서, 이제 성서는 실제로 다양한 출전에서 나온 것이고, 모순적이며, 고대 문학의 괴상한 작품이라는 것이 분명해졌다.

제1부 필요 없는 것(The Bathwater)

서양의 영혼 치료법

이제 기록된 말의 마법을 깨뜨릴 때가 되었다. 성스러운 문헌들은 바로 전달매체를 의미하는 것이지만, 문자주의는 전달매체를 메시지로 받아들였다. 소위 '성스러운 경전'은 너무나 오랫동안 우리를 속박해 온 위험한 기록물이다. 하나의 책에만 헌신하는 것은 또 다른 우상숭배일 뿐이다. 이 책들은 신의 말이 아니라 인간의 말이며, 종종 공공연한 정치적 의제를 주장하는 사람들의 말이기도 하다. 이제 문자주의의 악몽으로부터 깨어날 때이며, 이미 일부 기독교 교회 내에서조차도 많은 것이 용인되기 시작했다. 뉴어크Newark의 주교인 존 쉘비스 퐁John Shelby Spong은 이렇게 말했다.

나는 문자로 표현된 성서에 의해 자라고, 환상을 깨우친 자로서, 경전의 권위를 진지하게 생각해 보았다. 나의 성서에 대한 애착은 너무나 강렬했지만, 결국 성서가 문자기록에 근거한다는 모든 가능성을 부정하는 연구에 이르게 되었다. ─문자기록으로서의 성서는 유효하기보다는 훨씬 더 많은 문제점을 던져 주었다. 이것은 신을 존경할 수 없게 만들었으며, 숭배는 더욱더 할 수 없게 만들었다.15

문자주의자들은 성스러운 문헌이 우리의 가장 깊은 과거의 집단

2. 종교의 해악

적인 기억들이라고 한다. 그들은 이 문헌들이 우리가 누구고, 어디서 왔는지를 말해준다고 하며, 우리의 개인적인 기억들이 그 개인의 정체성을 나타내는 것처럼, 확실하게 우리의 집단적인 정체성을 나타낸다고 주장한다. 그러나 이제 당신이 아침에 깨어나는 순간을, 그리고 당신이 자신에 대해 안다고 생각하는 모든 것이 사실이 아니라고 상상해보라. 당신의 이름은 당신의 참된 이름이 아니다. 당신의 부모는 실제 당신의 부모가 아니다. 당신의 전체적인 정체성은 날조되었다. 바로 이것이 소위 성스러운 문헌이 만들어진 방법이다. 그것들은 성스러운 문헌들이 아니다. 그것들은 의도적으로 왜곡되었으며, 부정확하게 기억되었으며, 틀리게 해석되었다. 그들은 우리의 기억을 엉망진창으로 만들었으며, 막대한 폐해를 낳았다. 우리는 거대한 '거짓 기억 증후군'의 희생자들이며, 극도의 집단적 치유를 필요로 한다.

사람들은 그들의 삶을 더 이상 진전시킬 수 없기 때문에 치유를 시작한다. 그들은 종종 그들 자신의 현재 문제가 과거의 정신적 상처로부터 일어나는 것을 발견한다. 그리고 앞으로 나아가기 위해 그들은 우선 과거로 돌아가야 한다. 우리는 이와 동일한 것이 문화에도 적용된다는 것을 제안한다. 우리는 과거의 진실을 인정하고 그것에 대처해야 한다. 우리는 종교적 불관용의 무시무시한 역사를 가지고 있으며, 신의 이름으로 우리의 이웃에게 가장 극악한 고통을 주었다. 만일 우리가 과거의 실수로부터 교훈을 얻지 못한다

47

면, 우리 대부분은 분명히 그 잘못을 반복할 것이다.

  9·11 참사는 세상에 문자주의가 가득 차 있다는 것을 보여준다. 우리의 대응은 신이 쓴 책들에 들어있는 유해한 관념들에 대해 전면적인 공격을 개시하는 것이다. 현대의 역사가들과 고고학자들의 가장 최근의 발견들로 무장하고, 문자주의 종교의 바로 그 근거를 침식해 들어가야 한다. 다음에 이어지는 3장에서 유대교, 기독교, 이슬람교의 '성스러운 경전들'이 특별히 '성스러운' 책들이 아니라는 것을 입증할 것이다. 그들은 단지 책일 뿐이다.

3. 신의 말씀?

신의 책? 이것을 보라. 이것은 필기사의
부정한 펜에 의해 거짓말로 만들어진 것이다.
―예레미야서[1]

　　　　　　6천 년 전에 신은 6일 동안 세계를 창조하고 나서 하루를 쉬었다. 그는 흙과 숨으로 아담을 만들었고, 아담과 함께 할 이브를 아담의 갈비뼈로 만들었다. 신은 그들을 동산에 살도록 했으나, 어느 날 그들은 규칙을 어겨 그곳에서 쫓겨나게 되었다. 아담과 이브는 아이들을 갖게 되었으나 자식 중 하나가 그 자신의 형제를 죽였다. 바로 이 점이 신에 대해 연이어 일어나는 실망의 시작이다. 사실 인간은 그러한 나쁜 생각을 가진 존재이므로 신이 홍수를 일으켜 모두 죽였다. 그러나 노아와 그의 가족은 구제되어, 홍수가 끝났을 때 지상에 살게 되었다.
　기원전 2000년쯤에 노아의 후손인 아브라함은 가나안으로 이주해서 유대 민족의 최초의 족장이 되었다. 그러나 몇 세기 후에 유

제1부 필요 없는 것(The Bathwater)

대인들은 이집트의 포로가 되었다. 그리고 '출애급'이라 불리는 사건으로, 그들은 모세의 인도에 의해 이집트로부터 기적적으로 탈출하였다. 그 이후 그들은 신이 약속한 팔레스타인 땅에 정착하기 전에 40여 년간을 사막에서 방랑하였다. 그러나 불행하게도 이 땅은 이미 가나안 사람들이 차지하고 있었다. 그러나 유대인들은 신의 도움과 여호수아(모세가 죽기 전에 모세의 승계자로 지명되었다. 역주)의 지도로 그 땅을 차지하게 되었다.

유대인들은 사울 왕 치하에서 강력한 국가를 형성하기 시작했고, 그의 계승자 다윗 왕은 팔레스타인의 남, 북부를 포함하는 연합 군주국을 다스렸다. 다윗의 왕국은 북쪽으로는 갈릴리와 사마리아, 동쪽으로는 유프라테스 지역, 그리고 남쪽으로는 이집트까지 이르게 되었다. 다윗의 아들 솔로몬은 유대인들에게 그러한 큰 성공을 이루게 한 신을 위해 사치스러운 사원을 세웠다. 솔로몬은 실제로 매우 영리했지만, 슬프게도 그는 유대인들이 신으로부터 특별히 선택받았던 이유가 오로지 하나의 참된 신을 섬겨왔기 때문이라는 사실을 잊어버렸다. 다른 신을 섬기는 솔로몬에게 화가 난 신은 유대인들을 바빌로니아의 노예로 만드는 벌을 내렸다. 50년쯤 후에 신은 측은하게 여겨 유대인들이 다른 신을 위해 사원을 세웠던 예루살렘으로 되돌아오도록 했다. 그리고 여기서 알렉산더 대왕 시대가 이르기 전까지 행복한 번영을 이루며 살았다.

유대인들이 타나크Tanakh라 부르고, 기독교인들은 구약이라고

3. 신의 말씀?

부르는 성스러운 경전은 아담으로부터 알렉산더 대왕에 이르는 시기의 유대인들의 이야기이다. 메시지는 명료하다. 유대 국가는 수천 년 전의 역사까지 잘 기록한 대단한 고대국가라는 것이다. 이 주장은 유대의 달력으로 확인할 수 있다. 지금의 해를 유럽에서는 2004년이라고 쓰지만, 예루살렘에서는 터무니없이 5764년이라고 쓴다. 이 자료를 보면, 유대 역사의 시점이 이집트 피라미드보다 1300년이나 앞선 것으로 나타난다. 이러한 주장은 그 증거를 찾기 전까지는 매우 인상적이다.

이집트를 여행하는 사람들은 눈앞에 펼쳐진 인상적인 기념비와 거대한 건축물을 보게 될 것이다. 문서들, 조각품들, 그리고 공예품들은 실제로 수천 년을 지속해 온 정교한 문화가 존재했었다는 사실을 입증한다. 소위 '문명의 요람'이라 불리는 메소포타미아 지역도 마찬가지다. 그런데 그렇게까지 오랜 역사를 가진 팔레스타인 지역에서 발견되는 것은 무엇인가? 소수의 떠돌아다니는 유목민과 목자들의 전형적인 시시한 유물과 질그릇 조각 외에는 아무것도 없다.

때때로 팔레스타인 지역에는 자주 침입이 있었기 때문에 지상에 아무것도 남아 있지 않다고 주장되기도 한다. 그러나 지표 밑에서도 의미 있는 것은 아무것도 발견되지 않았다. 예루살렘을 중심으로 한 거대한 제국을 입증할 수 있는, 조각된 돌로 이루어진 건축물과 웅장한 궁전이나 사원들도 역시 발견되지 않았다. 만일 그러한

제1부 필요 없는 것(The Bathwater)

것들이 있다면, 막대한 돈을 벌어들이게 하는 성서 관광객들이 모여들고 있어야 하나, 전혀 그렇지 않다.

수 세기를 거치면서 아담과 이브 같은 이야기는 역사적 근거가 없는 신화라는 것이 분명해졌다. 그러면 타나크의 나머지 이야기는 어떠한가? 이것은 역사적인가? 그러나 증거는 없다. 차라리 타나크는 신화와 전설의 모음집이라는 것이 타당할 것이다. 공정하게 보면, 실제로 타나크 어디에서도 그 이야기가 역사적이라는 주장이 없다는 것을 알 수 있다. 사실 이 책 어디에서도 '역사'라는 말을 찾을 수 없다. 왜냐하면 '역사'라는 말은 히브리어에 존재하지도 않았기 때문이다. 우리는 단순히 당대에 존재하지 않았던 개념으로, 신화와는 동떨어진 현대적 역사 개념을 이 고대 문서에 투영시켜 왔다.

코펜하겐 대학 구약 연구소 교수인 토마스 톰슨은 이렇게 말한다.

오늘날 우리는 이스라엘의 역사를 가지고 있지 않다. 아담과 이브의 이야기뿐만 아니라, 홍수 이야기도 신화의 영역으로 사라졌다. 그래서 더 이상 족장 시대에 대해서 말할 수가 없다. 이러한 이미지들은 실제 역사적 과거를 설명하는 데 있어서 설 자리가 없다. 우리는 이러한 것들이 단순한 이야기라는 것을 알고 있으며, 그러한 이야기들은 이 이야기를 마치 역사적이라든가, 역사

3. 신의 말씀?

적 의미를 갖는 것으로 다룰 수 있게 하는 용기를 주지는 못한다. 연합한 부족국가나, 수도인 예루살렘이 존재했다는 증거는 없으며, 또한 서부 팔레스타인을 지배했던 지속적이고, 통일된 정치적 지배 권력이 있었다는 증거도 없다. 그러므로 전설에서 묘사된 크기의 제국은 말할 필요도 없다. 우리는 사울, 다윗, 솔로몬으로 일컬어진 왕들의 존재에 대해서도 입증할 수 있는 증거를 갖고 있지 않다. 또한 이 시대 초기, 예루살렘에 어떠한 사원이 존재했을 것이라는 증거 역시 가지고 있지 않다.[2]

텔아비브 대학 고고학 지도자인 이스라엘 핑켈스타인Israel Finkelstein, 그리고 공동 저자인 닐 실버만Neil Silberman은 성서를 오디세우스의 호머적인 모험담 혹은 로마를 건설한 것으로 알려진 아에네아스 이야기처럼 더 이상 역사적이지 않은 것으로 평가한다. 성서의 이야기는 너무 모순되고, 연대의 착오 등으로 가득 차 있어, 이것은 정확한 역사적 연대기라기보다는 역사적 소설로 간주되어야 한다.[3]

타나크의 유명인사 목록

타나크에 등장하는 영웅들이 역사적으로 실재했던 인물인지를 살펴보도록 하자.

아브라함

아브라함은 유대 민족의 위대한 족장으로 간주된다. 그는 또한 기독교와 이슬람의 중요한 인물이기도 하다. 그의 실존에 대한 증거로서 결정적인 것은, 자주 주장되는 것처럼 세 종교 모두 '아브라함의 자손들'이라는 생각이다. 성서 연대기에 따르면, 아브라함은 기원전 2100년경에 가나안으로 이주했다. 그러나 아브라함이 말하는 것처럼, 그가 우르의 칼데아로부터 왔다는 것은 불가능하다. 왜냐하면 칼데아는 기원전 1000년 이후에나 존재했기 때문이다. 이 자료 이전에 칼데아가 존재했다는 기록은 없다. 창세기에 아브라함의 아들 이삭이 팔레스타인 왕인 아브멜렉에게 도움을 청했다는 이야기가 있지만, 팔레스타인은 기원전 1200년 이전에는 존재하지 않았다. 그리고 비록 아브라함과 다른 족장의 이야기에 낙타가 자주 등장하기는 하지만, 낙타의 사육은 기원전 1000년이 지나서야 가능해진 것이다. 또한 타나크에서 '고무, 향유, 몰약'을 운송하는 수단으로 낙타 대상이 자주 언급되지만, 이것 역시 기원전 8세기에 이르러서야 널리 보급된 것이다.

모세

　모세가 실재했다는 증거는 없다. 비록 그가 이집트 왕족의 영향력 있는 인물로 묘사되기는 하지만, 이집트에는 그에 대한 기록이 없다. 또한 유대인들이 이집트에 포로로 붙잡혀 있었다거나, 모세의 지도 아래 이집트로부터 탈출했다는 사실을 입증할 만한 어떠한 증거도 없다. 이집트인들은 그들의 역사를 매우 상세하게 기록하였는데, 어디에도 유대인들이 포로로 잡혔었다는 언급은 없다. 이집트의 수십만이나 되는 기념비의 명문, 무덤의 명문, 그리고 파피루스는, 출애굽에 등장하는 이야기처럼, '60만이나 되는 남자가, 거기다 여성과 어린 아이'를 데리고 이집트 군대를 뚫고 탈출한 사실에 대해 완전히 침묵하고 있다.[4]

　많은 기적을 동반한 모세 이야기는 신화의 모든 특징을 가지고 있다. 모세 탄생 이야기는 사르곤 대왕, 아카드 왕의 탄생 신화를 개작한 것이고, 이 이야기는 기원전 6세기경부터 변형들이 나타나기 시작했다. 모세처럼, 어린 사르곤은 '풀로 만든 바구니에 넣어져' '강물에 던져졌고' 얼마 후에 세력이 있는 여성에 의해 구출된다. 유사한 그리스 이야기에서는 어린 디오니소스가 상자에 넣어져 나일 강에 버려진다고 한다. 아마 이러한 이야기는 모두 다, 상자에 넣어져 나일 강에 버려졌다는 오시리스의 이야기로부터 기원하는 것으로 생각된다.

여호수아

타나크에 따르면, 여호수아는 가나안의 '약속의 땅'을 파괴적 침략을 통해 빼앗은 위대한 장군이다. 그러나 이러한 이야기가 실재했다는 증거는 없다. 실제로 이집트로부터 탈출한 유대인들이 가나안을 침공한다는 것은 역사적으로 불가능한 일이다. 출애굽이 일어났다고 여겨지는 가나안 지역은 기원전 14세기부터 12세기까지는 이집트에 속해 있었다. 그러므로 유대인들은 어떤 경우에도 이집트 지배로부터 벗어날 수 없었을 것이다. 그것은 단지 이집트의 한 지역에서 다른 지역으로 옮겨간 것에 불과한 것이다. 유대인이 약속의 땅을 침략했다는 것을 말하는 「여호수아서」에는, 그 당시 가나안 지역에 살았던 수많은 이집트인에 대한 언급이 없다.[5]

1999년 텔아비브 대학 고고학연구소의 헤르조그Ze'ev Herzog 교수는 이스라엘 신문 하레츠Ha'aretz에 '여리고의 성벽을 해체하자'라는 제목의 기사를 발표했다.[6] 여기서 그는 출애굽, 여호수아의 침략, 그리고 유명한 여리고의 성벽은 모두 역사적 근거가 없다는 것을 선언했다. 그는 이렇게 한탄한다.

> 이 사실은 여러 해 동안 알려진 것이다. 그러나 이스라엘 사람은 고집 센 민족이라 어느 누구도 그것에 대해 듣기를 원하지 않는다.7

비록 그의 관점이 학계에 있어서는 이미 광범위하게 공유된 것이었지만, 헤르조그Herzog의 기사에 대한 반응은 열광적이었고, 이스라엘인들의 반응은 대부분 격렬했다. 그 이유는 간단하다. 만약 그 땅이 단순히 신화에 근거한 것으로 판명난다면, 현대 이스라엘의 영토 소유권은 진정으로 타협을 거쳐서 인정받아야 한다는 것을 그들은 바로 깨달았기 때문이다.

다윗

다윗은 어떠한가? 그는 실재했었는가? 1993년에 '다윗 왕가의 왕'이라고 새겨진 명문이 텔단에서 발견되었다. 그 이전에는 다윗과 관계된 기록이 타나크 외에서 발견된 적이 없었다. 그 발견은 세계적인 뉴스가 되었고, 뉴욕타임스 전면과 타임 매거진의 표지

제1부 필요 없는 것(The Bathwater)

를 장식했다.

보라, 여기에 성서의 지도적 인물 중의 한 사람에 대한 독자적인 첫 확증이 있으며, 이스라엘과 유대의 통합적인 군주이며, 시편의 유명한 가수이자, 골리앗을 죽인 자이며, 그리고 예수의 선조인 다윗 왕이, 역사적으로 실재했다는 증거가 여기 있다.

그러나 10년간의 정밀한 탐구를 통해서, 그 명문은 다윗이 역사적으로 실재했다는 증거가 전혀 되지 못한다는 것을 밝혀냈다.

먼저, '다윗 왕가의 왕'이라는 해석은, 그것이 거대한 왕궁에 세워진 매우 훌륭한 명문일 것이라는 인상을 준다. 그러나 사실은 'bytdwd'라고 6자가 새겨진 하나의 돌조각에 지나지 않는다. '왕'이라고 주장된 첫 단어는 단지 한 글자로부터 유추된 것이다. 그러므로 이 하나의 글자는 실제로 많은 다른 의미를 나타낼 수 있다. 기록된 히브리 언어에는 모음이 없으므로, 모음을 삽입해서 읽어야 한다. 그래서 한 명문 해석에도 다양한 의미가 도출될 수 있다. '다윗'으로 번역된 글자는 동시에 '사랑받는', '아저씨', 혹은 '주전자'로도 번역될 수 있다![8] 이것은 베쓰도드Beth Dod라고 불리는 궁전의 이름에도 똑같이 적용될 수 있다. 최근에 발견된 또 다른 명문은 '다윗의 집'을 가리킨다고 선언되었다. 그러나 이 명문의 히브리 단어는 텔단의 단어와 다르다.[9] 어떻게 된 일인가?

3. 신의 말씀?

문제는 당장 성서의 어떤 내용을 확증하는 것으로 보이는 것이 발견됐을 때, 추측에 근거하는 많은 선험적 믿음들이 그 증거가 이론에 일치한다는 것을 보증한다는 점이다. 현대의 한 학자는 텔단의 명문이 다윗을 지시하는 것으로 보려는 사고방식은, 바로 그러기를 바라는 생각, 즉 증거로부터 더 나아가기보다는 성서로 돌아가려는 학자들의 권위주의적 태도에서 비롯되는 것으로 간주한다.[10] 또 다른 학자는, '공표된 단편들은 하나의 명문에 속하는 것이 아니라 서로 다른 두 명문이라는 것을 확신한다.'[11] 또 다른 학자는 명문이 위조되었다는 표시를 찾아냈고, 현재 전체 대상을 이스라엘의 고대 유물국에서 조사 중이다. 고대 유물 시장은 그러한 모조품에 의해서 혼란이 일어나는데, 그 이유는 성서가 사실이라는 것을 입증하려는 무모한 욕망을 가진, 부유하고 유력한 단체가 있기 때문이다. 성서를 실증하는 것은 어떠한 발견이든 간에 세계적인 뉴스가 되는 것을 보장받는다. 그러나 후에 이 발견이 가짜임이 밝혀져도, 이것은 보도 가치가 적으므로 보도되지 않는다.

설령 다윗이 실재했었다 하더라도, 그는 도저히 타나크에 등장하는 강력한 왕일 수가 없다. 그 당시에 그가 광대하고, 정교한 문명을 가진 나라를 지배했다고 말하지만, 고고학상에 나타난 실제 세계는 2,000명을 넘지 않는 농부들이 사는 작은 마을 12개 정도가 여기저기 흩어져 있는 나라에 지나지 않는다고 한다.[12] 만일 다윗이 실재했었다면, 그는 작은 지역을 관장하는 족장에 지나지 않았

제1부 필요 없는 것(The Bathwater)

을 것이다. 최근의 주석가는 이렇게 말한다.

현재의 주요한 불일치는, 다윗은 사방 몇 마일에 지나지 않는 작은 지역의 족장이라고 주장하는 사람들과, 그가 전혀 존재하지 않았음을 지지하는, 수는 적지만 목소리가 큰 일단의 사람들, 즉 성서에 대해 최소한의 기대 밖에 안하는 사람들의 사이에 있다.13

솔로몬

그러면 다윗의 아들 솔로몬은 어떠한가? 그는 3백 명의 후궁들과 7백 명의 아내들이 있었다. 여기에는 이집트인, 모아브인, 암모나이트인, 에돔인, 요르단인, 그리고 히타이트 공주들이 포함되어 있다. 성서에 따르면, 그는 광대한 왕국을 통치했으며, 이집트, 메소포타미아와 동등한 지위에서 교역하는 선단을 가지고 있었다. 그는 매우 부유해서 그의 군사들은 황금방패를 가지고 있었다고 한다. 그는 또한 뛰어난 지혜로 유명해서, 이집트 시바 여왕의 초대를 받을 정도였다. 그는 언약의 궤를 넣어둘 궁전을 짓는 데 13년을 보냈고, 황금과 값비싼 보석들로 장식하였다. 그러므로 반드시 누군가, 어딘가에서 이러한 일을 들었어야 했다.

그러나 아직 솔로몬이 존재했다는 증거는 없다. 그는 이집트 파라오의 딸과 결혼했다고 한다. 그러나 어떤 이집트인의 기록에서도 찾을 수 있어야 하는 왕조의 이 동맹에 대해서는 언급이 없다. 그의 이름은 중동의 어떠한 텍스트에서도 언급되지 않는다. 그러나 이러한 것 어느 것도 우리를 놀라게 하지 않는다. 당시에 예루살렘은 광대한 제국의 도시가 아니었다. 실지로는 작은 마을일 뿐이었다.

기원전 1000년경에 고대 유대의 고지대에는 공공 건축물, 궁전들, 상점 또는 사원도 없었다. 기록 보존을 위한 정교한 종류의 기호, 즉 문서, 인장, 그리고 인장 인쇄물은 거의 완전히 부재한다. 사치품들, 수입한 도기류나 보석류도 거의 발견되지 않았다. 전체 지역의 인구는 4만 5천 명이 되지 않았다. 당시에 팔레스타인의 고지에 살았던 사람들은 어느 누구도, 타나크의 작가들이 기록한 사람들이 아니다.

회귀 신화

타나크는 장엄한 예루살렘을 수도로 하는 거대한 이스라엘 왕국이 존재했다는 것을 믿게 하려고 한다. 그러나 이스라엘이나 예루살렘과 관련된 증거는 거의 없다. 예루살렘에 대해 처음 언급한 것은, 기원전 1810년부터 1770년 사이에 기록된 이집트의 저주 문서인데, 그 기록에는 족장들의 이름과 함께 기록된 팔레스타인의 여러 마을 가운데 예루살렘이 들어 있다. 이스라엘에 대한 최초의 언급은 기원전 1207년에 기록된 '파라오 메르넵타(기원전 1234~1220년까지 재위한 이집트 제19왕조의 왕으로 람세스 2세의 13번째 아들이다. 역주)에 관한 기록 중 'Israe Stele'라는 언급이다. 이 말은 '이스라엘은 황폐하다; 이들의 자손은 더 이상 존재하지 않는다'[14]는 뜻이다. 여기서 말하는 '이스라엘'이 민족을 말하는지, 아니면 한 사람을 말하는지에 대해 논란이 있지만, 이스라엘에 대한 최초의 언급이 '이스라엘은 더 이상 존재하지 않는다'라는 것은 아이러니가 아닐 수 없다.

그보다 후대인 파라오 셰숑크(재위: 기원전 945~924) 시대, 그리고 좀 더 늦은 샬마네세르 3세(재위: 기원전 858~824) 시대에 새겨진 각기 하나씩의 명문을 우리는 가지고 있는데, 그 명문들은 sir-il-la-a-a의 땅을 언급한다.[15] 이 빈약하고 얼마 안 되는 명문들이, 타나크에 등장하는 이스라엘에 대해 그들이 말할 수 있는 모든 것이기 때문에, 차라리 꿈의 나라la-la land에 관해 이야기하는 편이 나을 수 있다. 덧붙여 말하면, 이 명문들 중 어느 것도 팔레스타인 지역에서 발견되지 않았으며, 적어도 그들의 높은 문화 수준을 입증해 준다고 그들이 말한 사람들에 의해서도 기록되지 않았다. 대신에 이 명문들은 그들의 전통적인 지배자에 의해 기록되었고, 그들이 사는 곳을 지배자의 통치 하에 있는 황폐한 지역의 마을로 묘사했다. '이스라엘'과 '예루살렘'의 명칭에는 더 많은 문제가 있다. 그 명칭들의 기원은 타나크에서 말하는 것과 전혀 일치하지 않는 역사를 말한다. 이스라엘이라는 단어는 가나안의 신이었던 '엘을 위한 전사'라는 의미다. 예루살렘은 샬렘이라고 부르는 가나안의 또 다른 신의 이름을 딴 것이다. 그러나 타나크에 따르면, 가나안은 이스라엘의 살려둘 수 없는 적이었다. 도대체 어떻게 된 일인가? 그 대답은 간단하지만 충격적이다.

현재의 이 모든 증거는 이스라엘 사람들이 바로 가나안의 토착적인 원주민이라는 것을 입증한다. 그들이 이집트에서 팔레스타인으로 왔다는 성서 이야기는 신화다. 이스라엘인들은 그 밖의 다른 곳에서 온 것이 아니라, 이미 그곳에 있었다. 이러한 관점은 대부분의 학자들이 공유하는 것이다. 현대의 한 고고학자는 이렇게 말한다.

이스라엘인들은 결코 이집트에 살았던 적이 없다. 또한 외부에서 온 것도 아니다. 전체 연결 고리는 끊어졌다. 이것은 역사적인 것이 아니다. 이것은 결코 발생하지 않은 하나의 역사에 대한―후대의 신화적 복구다.[16]

제1부 필요 없는 것(The Bathwater)

이집트 카르낙에 있는 부조물들은 이스라엘인들과 가나안인들의 옷과 머리 모양에 어떤 구별도 하지 않고 있다. 이집트인들은 그들을 전혀 구분하지 않고 있었다는 것이 분명하다. 팔레스타인 전 지역에서 발견된 유물들은 두 문화 사이에 어떠한 끊어짐도 없는 연속성을 보여준다. 우리는 이스라엘 유적 층에 의해 바뀌는 가나안유적 층을 찾을 수 없다. 이스라엘인들은 토착적인 가나안인들로부터 유래하며, 타나크 주장과는 달리 그들은 침략자가 아니다.

이집트의 포로에서 복귀하는 유대인 이야기는 신화다. 그리고 바빌로니아의 포로로부터 복귀하는 이야기 역시 신화다. 비록 지금은 이스라엘인과 유대인을 동일하게 생각하지만, 고대에는 그들은 서로 다른 민족이었으며, 서로 증오하는 원수와 같은 사이였다. 이스라엘인들은 팔레스타인 북부에 살았으며, 그들의 수도는 사마리아였고, 유대인(별칭 Jews)들은 팔레스타인 남부에 살았으며, 그들의 수도는 예루살렘이었다.

기원전 733년에 앗시리아인들이 팔레스타인을 침략했을 때, 이스라엘인들은 저항을 했고, 잔혹하게 벌을 받았다. 그들의 도시 사마리아는 파괴됐고, 그들은 노예로 잡혀 갔다. 그러나 유대인들은 앗시리아인들을 도와주었고, 이스라엘이 일소된 후 그들은 새로운 앗시리아 지역으로 번영하기 시작했다. 예루살렘의 인구는 대략 15,000명 정도가 증가했다.

3. 신의 말씀?

1세기 반 정도가 지나자, 앗시리아인들의 세력이 붕괴되기 시작했고, 바빌로니아인들이 팔레스타인 지역을 포함한 앗시리아 제국을 통치했다. 기원전 587년에 바빌로니아인들은 유대인들의 예루살렘을 파괴했고, 그 백성들을 노예로 삼아 추방했다. 유대인(별칭 Jews)들은 이스라엘인(별칭 Samaritans)들과 정말 똑같은 운명에 처해졌다. 유대는 그들의 라이벌이었던 이스라엘처럼 완전히 사라졌다.

기원전 5세기 중반에 페르시아인들은 바빌로니아를 계승하여 팔레스타인을 통치했다. 성서는 페르시아 왕이 허락하여 바빌론에 잡혀 있던 이스라엘인들이 예루살렘으로 돌아갈 수 있었다는 것을 자세하게 설명하지만, 이것은 사실일 수 없다. 만일 이스라엘인들이 '고향'으로 돌아왔다면, 이곳은 그들의 수도인 사마리아지 예루살렘이 아니다! 한 현대 학자가 이렇게 썼다.

> 어떤 민족이 팔레스타인에서 추방당하거나 돌아오든지, 그들은 절대로 이스라엘인들이 아니다.[17]

어떤 제국에서도 국외 추방의 전체 목적에 어긋나는 포로들의 귀국을 허락하지 않았을 것이다. 민족 전체를 이주시켜 다른 곳에 재정착시키는 것은 야만적이나, 제국 건설자들이 그들의 백성을 완전히 통제하는 것은 고대 세계의 관례였다. 앗시리아 통치 시기,

국외 추방에 관한 157개의 법령과 바빌로니아의 36개 법령이 역사적 증거다. 이 짧은 기간에 이주된 사람이 백만이 넘었다.

'이스라엘인들의 복귀'는 전설이다. 이 기간 동안 이스라엘인들과 유대인들은 여러 지역으로 추방당했으며, 그들이 어디로 갔는지는 알 수 없다. 그 이후에 다른 민족들이 이 지역에 정착하였으며, 그들의 땅에 대한 주장을 합법화하기 위해 이 지역의 토착적인 신화를 어느 정도 개조하였다. 이후에 그들의 후손들은 자신들을 유대인이나 이스라엘인으로 생각하였다. 그러나 원래 그들은 이스라엘인도 유대인도 아니다.

유대와 그리스

기원전 4세기 말에 알렉산더 대왕이 팔레스타인을 정복하여, 이 지역 지배자는 페르시아인에서 그리스인으로 바뀌었다. 이에 앞선 4, 5세기경의 정착민에 대한 조사 자료에 의하면, 유대 인구가 3만 명 정도였다고 한다. 훌륭한 학자인 비커만은 알렉산더 당시의 예루살렘을 '중요치 않은 부족의 알려지지 않은 주거지'라고 묘사하였다.[18] 이 말은 알렉산더 이전의 그리스 문헌 어디에도 유대인에 대한 언급이 없는 이유를 설명해 준다. 그리스인들은 '야만인'들에게 매료되었으며, 그래서 그들은 많은 작품 속에서 야만인들의 재미있는 사소한 습관까지도 기록하는 것을 좋아했다. 그들이 만일 의미 있는 것을 보았다면, 유대인들에 대해 어떤 것이든 기록에 남겼을 것이라는 것은 의심의 여지가 없다. 그러나 한 학자는 이렇게 말했다.

지금까지 어떠한 주장도 고대 그리스인들이 유대라는 이름조차 몰랐다는 사실을 반박하지 못했다.19

1세기경의 유대 역사가 요세푸스조차도 알렉산더 대왕 이전의 그리스 문학 작품에서 유대에 대한 언급을 찾을 수 없다고 하였다. 한 현대 학자는 이렇게 설명한다.

사실상 이로부터 우리는, 사해와 해안 평야지대 사이에 위치한 언덕 위의 작은 사원 국가의 경제적이고 정치적인 의미가 너무 사소해서 역사가의 주의를 끌지 못했다고 결론내릴 수 있다. 멋진 동방의 세계가 그의 조사를 기다리고 있는데, 왜 불모의 산 위에 있는 난쟁이 나라에 관심을 쏟겠는가?20

기원전 325년에 알렉산더가 죽은 후, 그의 장군인 프톨레마이오스가 이집트부터 팔레스타인까지 다스렸다. 그리스 기술과 관습들이 소개되고, 다음 반세기 정도가 지나자, 팔레스타인에 심상치 않은 변화가 일어났다. 농업은 인위적인 관개, 수차, 쟁기, 포도 압축기, 그리고 다른 다양한 도구들에 의해 급진적으로 발전되었다. 그러자 당시의 유대 작가가 쓴 것처럼, 실제로 예루살렘은 '능숙한 수공업 기술자들'을 가진 도시가 되었다.[21] 동일한 시기에 유대 문학이 폭발적으로 증가하였다. 역사상 처음으로 이 지역에서 문학적인 교육이 지속적으로 이루어지는 수준 높은 문화가 시작되었다.

그리스화된 도시에 어울리게 적어도 기원전 2세기에는 예루살렘 중심부에 체육학교나 그리스 대학이 있었다. 「매카비서」는 사제가 자신의 신분을 망각하고 연습을 하기 위해 그곳으로 허겁지겁 달려갔을 정도로 인기가 있었다는 사실을 알려준다.[22] 체육학교에서는 호머와 플라톤의 글을 필사하고, 투키디데스와 헤로도토스의 역사를 공부하는 일반적인 그리스 교육을 받았다. 동방의 지중해 연안 사람들은 문화적으로 불모지였던 자신들의 처지를 급속하게 벗어나기 시작했다. 기원전 2세기 초기에 팔레스타인에는 유명한 철학자, 시인, 풍자가, 그리고 수사학자, 그리고 영향력 있는 로마 정치가, 즉 폼페이우스, 브루투스와 키케로 같은 사람들의 조언자나 친구가 된 사람도 있었다. 유대인들은 마침내 세련된 민족으로 세계무대에 등장했다. 그러나 아이러니하게도, 그들은 오직 철저한 그리스 교육을 통하여 이것을 달성했다.

이 시기의 거의 모든 유대 작품들은 그리스어로 저술되었다. 유대인들은 그리스어로 쓰고, 그리스어로 생각했다. 그러나 여전히 유대인은 그리스인이 아니고, 아무리 그들이 열망한다 해도 결코 그리스인이 될 수는 없었다. 그리스인들은 세계를 서로 배타적인 두 부분, 그리스인과 야만인으로 나누었다. 이에 상응해서 유대인들은 세계를 유대인과 이방인으로 나누었고, 적어도 자신들의 만족을 위해 유대인들은 그리스인들과 동등할 뿐만 아니라, 더 뛰어나다는 것을 입증할 문학 작품들을 만들어내기 시작했다.

유대인의 공상문학 제작소

유대인들이 그리스 교육을 자기 것으로 흡수하자마자, 그들은 어떻게 그것을 얻게 되었는지 기발한 설명을 하기 시작했다. 그들은 그리스인들로부터 배우지 않았다고 한다. 이것은 사실을 반대로 말하는 것이다. 기원전 220년경에 유대 작가 헤르미푸스는, 그리스 세계에서 처음으로 철학자라고 불린 피타고라스는 사실 그의 모든 지혜를 유대인으로부터 얻었다는 기록을 남겼다.[23] 기원전 2세기 중반에 아리스토불루스는 그의 작품에서, 플라톤은 모세로부터 그의 사상을 빌려 왔다고 덧붙여 말했다.[24] 1세기 초기에 요세푸스는 '그리스인들 중 가장 현명한 자들'인 플라톤, 피타고라스, 아낙사고라스, 그리고 스토아학파는 모세가 전해 준 원리들로부터 신의

제1부 필요 없는 것(The Bathwater)

개념을 배웠다고 주장했다.25 그러나 어떻게 그리스인들이 히브리 경전이 그리스어로 번역되기 몇 세기 전에 그 경전을 이용할 수 있었겠는가? 아리스토불루스는 이 책들은 그리스인들이 이용할 수 있었다고 독자들에게 확실하게 말하지만, 그 증거는 없다.26 그리스 작가가 타나크를 처음 인용한 시기는 1세기 중반 이전으로 소급할 수 없다.27 실제로 타나크 그 자체가 그리스는 주the Lord의 명성을 들어 보지 못한 나라들 중의 하나라고 말하고 있다.28

유대 작가 유포레므스에 따르면, 아무튼, 그리스인은 알파벳에 관한 지식도 모세에게 빌려왔다고 한다. 모세는 처음에 이것을 유대인에게 가르쳤고, 유대인은 페니키아인에게, 페니키아인은 그리스인에게 가르쳤다는 것이다.29 또 다른 유대 작가인, 아르타파누스는 모세는 그리스인들로부터 모우자이오스라는 이름을 얻었으며, 그는 오르페우스 스승이 되었다고 한다. 또한 그는 이익이 되는 모든 것, 즉 선박의 발명, 석조 건축 방식, 무기류, 유압 엔진, 전투 방법은 물론, 철학을 포함한 모든 것을 인류에게 수여했다고 한다.30 이집트에서 모세의 성취는 더욱 장관이다. 그는 이집트 사제들에게 상형 문자를 가르쳤으며, 이집트를 36개의 지역으로 나누었고, 각각에게 섬겨야 할 신을 할당했으며, 그는 성스러운 문서를 해석하는 자신의 능력 때문에 '헤르메스'라고 명명되었다고 한다.31

헬레니즘 기간 동안 그리스인들, 이집트인들, 그리고 그들의 강

3. 신의 말씀?

력한 라이벌들보다 한 발 앞선 행위를 하고, 역사를 다시 쓰는 일로 유대인들의 즐거움은 끝이 없었다. 헬레니즘 전체 세계는 점성술에 사로잡혀 있었다. 유포레므스에 따르면, 점성술을 발견한 사람은 아브라함이다. 그는 이것을 페니키아인들에게 가르쳤으며, 해와 달의 움직임과 다른 중요한 모든 것들을 설명해 주었다.32 아브라함은 또한 이집트를 여행했으며, 헬리오폴리스의 사제들과 함께 머물렀다. 거기서 그는 점성술과 관련된 부가적 주제들을 가르쳤다.33 이 이야기의 아르타파누스의 버전은 아브라함 자신이 파라오의 스승이 되었다는 것이다.34

그들 자신을 기쁘게 하기 위해 그리스화된 유대인들이 요리해낸 환상적인 이야기는 아직 끝나지 않았다. 요세푸스는 아주 놀라운 이야기를 들려준다. 알렉산더가 예루살렘에 도착했을 때, 흰 옷을 입은 유대인의 모습에 너무 놀라서, 대제사장 앞에서 무릎을 꿇었다. 그는 놀란 장군들을 돌아보며, 바로 마케도니아에 있을 때 꿈 속에 나타나 페르시아 정복을 재촉하던 그 사람이 바로 여기 있다고, 놀란 이유를 설명했다.35 놀라서 말도 못하는 알렉산더는 그리스가 페르시아를 함락시킬 것이라는 기적과 같은 예언을 한「다니엘서」를 보게 된다.36 아주 흥미 있는 설화지만, 기독교 역사에서는 사실로 믿어져 왔다. 그러나 이 이야기는 역사적 근거가 전혀 없다. 요즈음에는 '바보 같은 이야기'나 '명백히 지어낸 이야기'로 판단하여 어느 학자도 이에 대해 호의적인 말을 하지 않는다.37

사실 알렉산더는 예루살렘에 가본 적이 없다. 그리스 역사가들은 그러한 방문에 대해 어떠한 언급도 하지 않았다.[38] 그리고 알렉산더는 「다니엘서」를 볼 수가 없었다. 왜냐하면 「다니엘서」는 알렉산더 사후 1세기 반이나 지나서야 쓰인 것이기 때문이다.[39] 비록 다니엘이 이 책을 기원전 6세기경에 썼다고 주장하지만, 실제로는 몇 세기 후에 만들어진 것이다. 이교도 학자인 포르피리는 처음에는 3세기경에 만들어진 것이라고 주장했으나, 주의 깊은 문헌 분석을 통해서 이 책이 유대인 매카비파가 혁명을 일으켰던 기원전 2세기경에 만들어진 것이라고 논증했다.[40] 오늘날에는 포르피리가 옳았다는 것이 인정되었다.

「다니엘서」는 '사후事後 예언'이라고 불리는 장르의 전형적인 예이다. 이 장르에서 나타나는 특징처럼, 한 문헌이 알렉산더의 승리를 신비하게 예언한 것처럼 만들어진다. 그러나 사실상 예언은 사건이 일어난 지 몇 세기 후에 만들어진 것으로, 단지 예언을 한 것처럼 가장한 것일 뿐이다. 그러한 예언들에 관한 실제적 언급이 현재에도 있다. 그러한 예언들은 당시의 독자들에게 인상을 남기고, 막 만들어진 문헌에 고대의 신비와 초자연적인 합법성을 부여하기 위해 의도된 것이다. 이 장르는 유대인의 공상문학 제작소에서 최고의 인기를 얻었으며, 그리고 후에는 큰 효과를 얻기 위해 기독교인들이 사용하였다.[41]

그리스화된 유대인들에 의해 만들어진 또 다른 유명한 이야기는 어떻게 히브리 경전들이 그리스어로 번역되었는지를 설명하고 있다. 「아리스테아스」라는 유대 경전은, 프톨레미 1세가 알렉산드리아의 저명한 도서관에 타나크의 그리스어 번역본을 소장할 것을 유대인에게 요청했다고 전하고 있다. 유대인들은 바로 작업을 할 수 있도록 72명의 유명한 현자를 보내서, 기적처럼 72개의 동일한 그리스어 번역본을 만들어냈다. 이것은 히브리의 원래 경전이 얼마나 충실하게 번역됐는지를 증명한다는 것이다. 70명의 현자가 번역했다고 해서 '70인 역 성서'라고 불리게 되었다. 72명의 유대 현자를 존경하여 프톨레미가 베푼 일주일간의 연회가 끝날 때, 그리스 철학자들은 유대인들이 교육과 수사법에 있어서 그들보다 뛰어나다는 선언을 박수갈채로 표출했다고 한다.[42]

기독교사에서는 비록 이것이 사실이라고 믿어지지만, 현대의 학자들은 이 이야기를 '기발한 전설'[43]에 지나지 않는 것으로 생각한다. 실제로 이 이야기는 신화일 뿐만 아니라, 그 이야기 자체가 자가당착에 빠진 위조물이라는 것을 자세히 말해주는 첫 문헌이다. 「아리스테아스서」는 기원전 3세기에 유대 학자의 작품이라고 하지만, 실제로는 기원전 130년경에 알렉산드리아의 유대인이 쓴 것이다.

이 기간의 모든 다른 유대인 작품처럼, '70인 역 성서'의 창조 신화는 이제 눈뜨기 시작하는 유대인들의 자신감, 자의식, 그리고 역사 변조의 선전과 판타지를 만드는 기쁨을 보여준다. 사실상 한 학자는 이 기간의 유대인 작품에 대하여 이렇게 설명했다.

> 정확히 말해 이야기가 가장 '역사적인 것처럼' 자신을 표현하는 것이, 실제로는 가장 허구적이라는 점은 기억할 가치가 있다.[44]

유대인의 공상문학 제작소에서 만들어진 신화와 전설을 역사적으로 생각하는 것은 불합리하다. 이러한 사실들은, 우리가 현재 '성스러운 경전'이라고 생각하는 유대인의 다른 문헌들에 대해서도 그 진실성을 다시 한 번 생각하게 만드는 것이다. 왜냐하면 수백만 명의 존경을 받는 타나크도 동일한 시기에, 아마 동일한 작가에 의해 만들어졌을 것이기 때문이다.

타나크는 언제 만들어졌는가?

외국의 지배가 몇 세기 지나자, 유대인들은 독립의 기회가 왔다는 것을 간파했다. 기원전 161년에 로마와 동맹을 맺은 유대 지도자 매카비우스는 유대의 그리스 지배자에 대항해서 폭동을 일으켰다. 기원전 67년, 폼페이우스 지도 하의 로마인들이 팔레스타인 지역을 지배했을 때, 로마와의 이 동맹은 결국 유대가 로마의 지배를 받게 만들었다. 그러나 그 사이에 유대 민족주의의 거대한 분출이 있었다.

　유대 지도자 매카비우스와 그의 아들은 다음 세기까지 유대를 지배한 하스몬가를 수립했다. 기원전 164년에는 예루살렘에 사원을 재헌정하고, 이어서 완전히 새로운 시대를 선언하고, 새로운 달력을 만들었으며, 유대의 영토를 확장하기 위한 군사계획을 수립하기 시작했다. 이 기간 동안 우리가 타나크(별칭 구약, Old Testament)로 알고 있는 문헌들의 수집이 기록되었는데, 팔레스타인 전 지역을 지배하려는 하스몬가의 욕심을 신화적으로 정당화하기 위해 이 문헌들은 편집되고, 그리고 광범위하게 수정되었다.[45]

　하스몬가 사람들은 신으로부터 이 전체 지역을 부여받은 고대 민족의 후손으로 자신들을 묘사하는 역사를 만들었다. 그들은 다윗 왕의 계승자이며, 다윗 왕은 한 때 팔레스타인 남부와 북부 모두를 통치했다. 그들의 조상인 솔로몬은 알렉산더 대왕만큼 유명한 황제였다. 요세푸스는, 하스몬가의 지도자인 히르카누스가 다윗 왕의 것으로 생각되는 무덤에서 기적적으로 발견한 은 삼천 탤런트로 그의 군대에 급료를 주었다는 전설을 이야기하였다.[46] 다윗이 무덤 속에서도 자신의 신화적인 왕국의 재건을 위해 은을 내어 줄 정도로 헌신적이었다면, 어떻게 소위 '엘신을 위한 전사들'이 히르카누스의 군대에 참여하지 않을 수 있겠는가?[47]

　'이스라엘'이라는 용어가 정치적이고, 종교적인 의미를 얻게 된 것은 이 시기였다. 타나크가 보여주는 것은 자의식이 강한 민족성

제1부 필요 없는 것(The Bathwater)

과 편협한 파벌주의이고, 이들은 하스몬 왕조의 특징을 표명하는 것이다. 현대의 여러 학자들은, 타나크는 탈레반처럼 근본주의자들 중에서도 그 핵심에 속하는 종교적 고집쟁이들에 의해서 만들어진 것이라 생각한다.48

하스몬가 사람들은 그들의 이웃을 침략했을 때, 비유대인들에게 '참된 유대인'이 되도록 할례를 받고 개종할 것을 강요했다.49 갈릴리(팔레스타인의 북단이며, 지금의 이스라엘 북부에 해당하는 지역이다. 역주) 전체는 기원전 100년에 무력으로 개종됐다. 동일한 시기에 그들은 전 주민을 학살하거나, 그렇지 않으면 강제로 유대인으로 만들면서, 트랜스요르단(요르단의 옛 이름), 이두메, 그리고 사마리아에서 군사행동을 벌였다. 이때에 탈레반 같은 유대인들 때문에 수천의 그리스인과 헬레니즘화된 유대인들이 팔레스타인을 떠났으며, 그렇게 많은 유대 철학자들이 로마에서 가르치게 된 이유이기도 하다.

하스몬가 사람들은 자신들의 야만적인 행위를 정당화하기 위해 타나크에 이야기를 만들었다. '이스라엘에 살아서 숨 쉬는 어떤 것도 남아 있지 않을 때'까지 자행된 여호수아의 가나안 인종 청소는, 지상에서 실제로 자행된 그러한 야만적 행위를 합법화하는 근거가 되었다. 요세푸스는, 유대 왕 요시야(640?-609? B.C. 종교개혁을 수행한 유대 왕. 역주)에 의해 전체 주민이 강제로 개종됐다는 열왕기 하편의 이야기를 완벽하게 반영했다는 어투로 하스몬가 지도자인 히르카누스의 군사적 정복 이야기를 말한다.

하스몬가의 잔학행위는 전설적이었다. 특히 종교가 관련됐을 때 더욱 그러하였다. 예를 들어, 알렉산더 얀네우스는 종교적으로 개방적인 바리새파 800여 명을 학살했으며, 그들이 학살될 때 그들 앞에서 먼저 그들의 아내들과 자식들을 학살했다. 심지어 그의 첩들에 기대어 그 장면을 즐겼다고 한다.50 타나크에 등장하는 상당한 양의 불쾌감을 주는 잔학행위는 이와 같은 환경이 조성되었을 때, 완전히 그 진가를 발휘한다. 예를 들면, 귀환하는 이스라엘 호전적 군대가 미디안족(이스마엘 자손이라고도 함. 아카바만 동쪽에 살았던 유목민. 역주)의 성인 남성들만을 살육했을 때, 모세가 격노했다는 것을 타나크가 전해준다. 모세는 돌아오는 그들에게 이렇게 명령했다고 한다.

> 지금 당장 모든 소년들을 죽여라. 그리고 남자 옆에 잠들어 있는 모든 여자들을 죽여라. 그러나 너희 자신들을 위하여, 남자와 잠자리를 결코 같이 하지 않은 소녀들만 살려두라.51

이 사람이 진정 신으로부터 살인을 하지 말라는 명령을 들은 그 모세일 수 있는가? 그렇지 않으면, 그는 사실 모세의 탈을 쓴 알렉산더 얀네우스가 아닐까?

77

제1부 필요 없는 것(The Bathwater)

새로운 시대

하스몬가 시대에 기록된 「매카비서」는 최종적이고, 권위 있는 경전들의 모음집이 존재한다는 것에 대해서는 어떠한 언급도 하지 않았다. 「매카비서」는 문서들의 다양한 모음집들에 대해서만 언급했다. 즉 전쟁 중에 이 모음집 중 하나가 없어졌지만, 새로운 모음집을 만들기 시작했다고 하였다.52 비록 「매카비서」가 기원전 2세기에 쓰였다고 주장하지만, 실제로는 기원전 1세기에 쓰인 것이다. 기원전 1세기 전까지 타나크 같은 것은 없었다는 증거가 많이 있다.

이 증거는 히브리 타나크와 그리스 70인 역 성서가, 우리가 소유한 수백 개의 다른 문헌들처럼 민족주의적 독서 열풍에서 비롯됐다는 것을 시사한다. 몇 세기가 지났음에도, 내용들 전체가 일치하는 쪽으로 발전하기보다는, 타나크에서 보이는 것처럼 문헌들이 일치하지 않고, 뒤범벅이 된 것으로 나타난다. 또한 타나크는 몇 세대 동안 다수의 종교적 극단론자들에 의해 여러 문헌이 함께 조잡하게 끼워 맞춰진 것으로 나타난다.53 게다가 이 주장을 지지하는 증거로, 주목하지 않을 수 없는 증거가 바로 조심스럽게 공들여 만든 타나크의 연대기다.

17세기 아마(북아일랜드 남부의 주. 역주)의 대주교이며, 아일랜드 전국 수석 대주교인 제임스 어서James Usher는 세계가 창조된 날을

3. 신의 말씀?

기원전 4004년 10월 3일 일요일로 계산했다. 어셔의 단정은 1701년에 발행된 흠정역 성서에 포함되어, 성서적 진리로 간주되었다. 어셔는 더 나아가, 아담과 이브는 기원전 4004년 11월 10일 월요일에 낙원에서 쫓겨났다고 단정했으며, 노아의 방주는 기원전 1491년 5월 5일 아라랏 산에 도착했는데, 그날은 '수요일'이었다고 한다. 어셔는 타나크 전체에 신중하게 기록된 시간을 함께 추가하여 그 '발견'을 만들었다. 타나크의 기록은 사실 매우 신중해서 마치 누군가 아주 쉽게 따라갈 수 있는 흔적을 일부러 남겨 놓은 것 같다. 왜 누군가 그것을 해야 했을까?

당시의 헬레니즘화된 역사가들은 길이가 4000년인 '대해Great Year'가 종국에 도달했으며, 새로운 시대가 곧 시작된다고 믿었다. 헤라클리투스, 플라톤, 그리고 스토아 철학자들은 이것을 예보했다. 버질과 키케로는 이것이 오래 연기되어 세계가 각박해지는 것을 한탄했다. 이러한 상황 속의 산물인 타나크는 길이가 4000년인 '대해'에 관한 계획을 생각해냈다.[54]

타나크의 대해는 아담에서부터 시작되고, 하스몬가에 의해 비롯된 유대 독립의 새 시대에서 정점을 이룬다. 어셔 대주교는 흔적을 따라 그가 창조의 날이라고 믿었던 시대까지 거슬러 올라갔지만, 이것은 타나크 편집자의 목적이 아니었다. 연대기를 만든 사람들은, 앞으로 그들의 독자들이 창조의 날로부터 그들 자신의 시대에 이르는 기간에 대해 자신들이 창안한 시대 구분을 따르기를 원했다. 그들 자신의 시대를 그들은 '영의 해Year Zero'로 간주했다. 다음이 현대 학자들에 의해 계산된 타나크의 연대기다.

아담	4164 기원전
아브라함의 탄생	2218
이집트로 들어감	1928
이집트에서 탈출	1498
솔로몬 사원	1018
바빌론 포로	588
예루살렘으로 복귀	538
사원의 재헌정	164-Year Zero[55]

타나크의 '대해'는, 유대의 매카비우스가 세력을 장악한 후, 예루살렘에 사원을 재헌정한 바로 그 해에 끝났다. 하스몬가는 이 시기를 새 시대의 시작으로 삼았는데, 그 이유는 자신들을 새해의 창조자로 보았기 때문이다.

타나크에 나타난 모순들

타나크는 몇 세기 동안 팔레스타인 지역에 나타난 팔레스타인, 이집트인, 메소포타미아인의 공통적인 민속적 전통의 축적에서 유래하는 단편들을 함께 묶어 놓았다. 이 단편들은 민족주의적이고, 종교적인 분파주의자들에 의해 장기간에 걸쳐 사이비 역사 이야기로 편집되고 조합되었다. 그러나 모든 예언 문학의 창작자들처럼 하스몬가 사람들은 현재 자신들의 이익을 충족시켜줄 때만 역사에 흥미를 가졌다. 그래서 그들은 과거를 조작해서 현재와 같은 상황이 필연적으로 어쩔 수 없이 일어날 수밖에 없는 것으로 만들었다. 그러나 그들의 진지하지 못한 역사 경시 풍조는 오히려 많은 문제들과 불일치를 보여주는 문헌 모음집을 물려주었다.

먼저, 모세 5경(구약 성경의 처음 다섯 권으로 〈창세기〉, 〈출애굽기〉, 〈레위기〉, 〈민수기〉, 〈신명기〉를 이른다. 역주)으로 알려진 타나크의 처음 다섯 권의 책을 보자. 12세기 초 유대 랍비들은 이 책들이 실제로 모세에 의해 쓰여졌다는 점에 대해 심각한 의심을 표명했다. 유대 학자인 야수스는 창세기의 한 목록이 모세가 살았던 것으로 추정되는 시대가 아닌, 한참 후에 살았던 왕들을 명명한 것에 주목하였다. 에즈라 Abraham ibn Ezra는 여러 문장들이 3인칭으로 모세를 언급하고, 모세가 알 수 없었던 말들을 사용했으며, 그가 방문한 적이 없던 장소를 묘사하고, 완전히 다른 시대의 말을 사용했다는 것을 지적했다.56 이후에 홉스와 스피노자 역시 유사한 비평을 하였다. 스피노자는 모세가 그 자신의 죽음에 대해 설명할 수 없다는 당연한 비판을 해, 이 때문에 유대 교회에서 추방당했다!

19세기 후반에 언어학상의 분석과 원문 분석에 근거하는 '고등비평'으로 알려진 성서 연구 학파는, 모세의 책들은 모세에 의해 쓰였을 수가 없다는 결론을 내렸다. 학자들은 모세의 책 첫 11장에서 두 가지의 창조 이야기, 두 가지의 홍수 이야기, 그리고 지상에 어떻게 국가들이 퍼져 나갔는지에 대한 두 가지 다른 설명이 있다는 것을 발견하였다. 그리고 그들은 이 한 쌍의 이야기들이 신에 대해 두 가지의 다른 이름을 쓰고 있는데, 그 이름이 엘과 야훼라는 것을 지적했다. 모세의 책들이 서로 다른 기록들을 혼합하여 만들어졌다는 주장은, 이제 거의 모든 학자들에게 보편적으로 받아들여진다. 한 현대 학자는 이렇게 말했다.

> 실제로 이 문제를 다루면서 보건대, 모세 5경이 모세나 어느 한 사람이 쓴 것이라고 주장하는 성서학자는 이 세상에 거의 없다.57

모세 5경에 대한 전통적인 해석에는 또 다른 심각한 문제가 있다. 예를 들면, 신이 모세에게 말하기를, 초기 족장들은 그 자신을 '엘 샤다이El Shaddai'라는 이름으로만 알았다고 하였다. 그런데 이

3. 신의 말씀?

것은 신 엘에 대한 언급이며, '엘 신은 전능하다'는 뜻이다.[58] 그리고 엘은 가나안 사람들의 신으로, 가나안 사람들은 모세나 여호수아의 잘 알려진 적이었다! 성서 편집자들은 이런 난처함을 발견하고는, 이것을 설명하기 위해 사실이 아닌 그들 자신을 위한 이야기를 만들어냈다. 출애굽 이후 신은 모세에게, 더 이상 엘로 불려지기를 싫어한다고 말하면서, 차라리 지금부터 야훼로 불리는 것이 좋겠다는 것을 설명한다. 그러나 만일 야훼라는 이름이 출애굽 이후까지도 이스라엘 사람들에게 알려지지 않았다면, '야훼는 구세주'라는 뜻인 '여호수아'라는 이름을 설명할 수 있는가? 그렇게 되면 여호수아는 출애굽 전에 태어났으므로 그의 이름은 성립되지 않는다.

학자들이 더 상세하게 타나크를 연구하게 됨에 따라, 사본들과 모순된 행위들에 있었던 불합리한 부분들이 증가하게 되었다. 모세는 적어도 8번 이상 각기 다른 시기에 시나이 산에 올라갔다. 출애굽 기록에서 그는 시나이 산에서 십계를 받은 것으로,「신명기」에서는 다시 호렙 산에서 십계를 받은 것으로 기록되어 있다.「출애굽」31장에는 석판에 신이 직접 쓴 것으로 나타나지만, 34장에는 모세가 새긴 것으로 되어 있다. 모세의 고별 연설에는 3가지 변형된 사본이 있다. 우리는 세 종류의 다른 책에서 예루살렘 정복에 관한 세 가지 각기 다른 이야기를 알고 있다. 그 중 한 가지 만이 다윗의 지도 하에 정복이 이루어진 것을 전한다. 사울(기원전 11세기

제1부 필요 없는 것(The Bathwater)

경 이스라엘 왕국의 제1대 왕. 역주)의 죽음과 골리앗에 대해서도 세 가지 설명이 전해온다. 「예레미야서」는 전체 주민들이 세 번씩이나 국외로 추방당했다고 한다! 한 학자에 따르면, 이러한 변형된 이야기가 없다면, 이 텍스트는 현재 길이의 반 정도가 되었을 것이라 한다.[59]

궤는 결코 잃어버린 것이 아니다!

타나크가 만들어진 무계획적인 방식을 이해한다면, 몇 세기 동안 불필요하게 대중적인 상상력을 불러일으킨 영원한 신비 중의 하나를 풀어낼 수 있다. 그것은 소위 '언약의 궤(유대교 언약의 궤, 모세의 십계명을 새긴 두 짝의 석판을 넣은 궤. 역주)'라는 것이다. 모세의 두 개의 석판이 들어 있을 것이라 추측되는 이 신비한 궤에 대해서는 200여 가지의 주장이 있다. 이스라엘 민족은 이집트로부터 탈출해 방황하는 동안, 이 궤를 가지고 다녔으며, 그들이 예루살렘에 도착했을 때, 그들의 사원에 그 궤를 안치했다고 한다. 아무튼, 타나크는 그 후에 성전이 비었으며, 아무런 설명 없이 궤는 사라진 것으로 서술하였다. 이 궤가 어디로 사라졌는지에 대한 미스테리는 Bigfoot(북아메리카 북서부 산 중에 산다는 손이 길고 털 많은, 사람 비슷한 동물. 새스콰치Sas-quatch라고도 함. 역주)이나, 네스 호 괴물에 관해 생긴 것보다도 더 정신 나간 이론들을 무수히 만들어냈다. 그러나 우리는 나치를 미치게 한 성궤를 실제로 찾을 필요가 없다. 왜냐하면 그 궤는 결코 사라진 것이 아니기 때문이다.

이 미스테리를 해결할 수 있는 열쇠는 팔레스타인의 골치 아픈 역사를 이해하는 것이다. 이 작은 지역은 전쟁이 끊이지 않는 지역이었다. 고대 세계의 강대국인 이집트, 앗시리아, 바빌론, 페르시아, 그리스, 그리고 마지막으로 로마에 이르기까지, 모두 팔레스타인에서 싸웠으며, 이 곳을 완충지대로 삼아 군대를 주둔시켰다. 천여 년이 넘는 시간 동안 제국들 사이에서 힘의 균형이 격렬하게 이리저리 흔들릴 때, 아무도 살지 않는 땅에 살고 있던 부족들은 그들이 충성해야 할 대상을 부단하게 바꾸는 것 외에는 선택의 여지가 없었다.

이집트가 우세할 때는, 팔레스타인에 살고 있는 사람들은 이집트인들을 기쁘게 하기 위하여 그들의 종교적인 신전에 대한 이야기를 만들어냈다. 이집트인들은 그들의 신들을 배나 궤로 이동시키고, 이를 보호하기 위하여 그 옆에 스핑크스를 배치한 것으로 잘 알려져 있다. 그래서 팔레스타인 사람들은 궤와 이를 보호하기 위한 두 개의 스핑크스 혹은 천사를 가진 신전을 가지게 되었다. 또 다른 시기, 즉 페르시아가 우세할 때, 팔레스타인 사람들은 그들의 이야기를 새로운 지배자를 기쁘게 할 이야기로 바꾸었다. 페르시아 사람들은 신의 형상을 만드는 것을 최악의 신성모독으로 생각했기

제1부 필요 없는 것(The Bathwater)

때문에, 그들은 신들에 대한 어떠한 형상도 만들지 않았다. 이게 어찌된 영문인지, 우리는 팔레스타인 사람들 역시 신의 형상이 없는 신전을 가지게 된 것을 발견하였다.

역사상 가장 어리석고, 막막한 추적 중 하나를 해결하는 방법은 간단하다. 인디아나 존스를 좋아하는 사람들은 실망하겠지만, 사실 궤는 결코 존재하지 않았다. 궤의 이야기가 부담이 되었을 때, 바로 편집자의 손에 의해 궤에 대한 기록이 삭제되었다. 당시에 두 개의 이야기가 타나크에 혼합되었으며, 그들 사이의 모순점이 해결되지 않은 채 남아 있게 되었다.

정확하게 이와 같은 생각들이 성서적 신화를 만든 자들로 하여금 유대인의 족장이 될 두 위대한 지도자를 만들도록 하였다. 아브라함은 메소포타미아 출신이고, 모세는 이집트 출신이다. 양자는 바빌로니아 사람들에게든 혹은 이집트인들에게든 우세한 편에 서서 그들을 기쁘게 할 문서를 만드는 데에 쓸모가 있었다. 같은 이유로, 로마가 유대인들의 목을 죄기 시작하게 되어, 그리스와의 연합이 좋은 방법인 것처럼 생각했을 때, 유대인과 그리스의 스파르타인은 둘 다 아브라함의 자손으로 서로 관련되어 있다는 것을 보여 주는 문서로부터 외교적 대응책이 만들어졌다.[60] 물론 이것은 결단코 무의미한 것이기는 하지만, 절망의 시기에는 절망적인 방법을 요청하기 마련이다.

최초의 일신교도들인가?

전통적으로 우리는 유대교가 빈약하고, 무지몽매한 인간성에 처음으로 일신론적인 교리를 제시한 것으로 알고 있다. 그러나 이것은 단순히 유대교와 기독교의 선전에 지나지 않는다. 타나크 전체 어디에도 일신론적인 명백한 진술은 찾아볼 수 없다. 교활한 편집 수완과 번역으로, 성서 여기저기에 등장하여 일신론 주장을 난처하게 만드는 수많은 신들이 있다는 사실을 감추었다. 모세 5경이 전하는 이야기에는 엘과 야훼라는 신들이 등장하지만, 엘은 어느 때에는 남성으로, 또 어느 때에는 여성으로, 그리고 종종 복수로 언급되기도 한다. 예를 들어, 창세기의 유명한 서두는 복수의 신들에 대해 말한다. "최초에 신들이 지구를 창조했다." 고고학자들은 또한 야훼의 복수형을 찾아냈다. 한 학자는 "우리는 사마리아 그리고 테멘의 야훼들뿐만 아니라, Yahu 혹은 Nebo(지명)의 Yau를 알고 있다"[61]라고 말하기도 했다.

성서에서 신을 지칭한 명칭은 여러 이름들의 이상한 혼합물이다.

이것은 마치 성서의 작가들이 가나안 여러 지역들에서 사용되던 모든 다른 이름들을 모아서, 그들을 유대적인 용어로 번역을 시도한 것으로 보인다.[62]

제1부 필요 없는 것(The Bathwater)

　유대의 예언자들은 반복적으로 그들의 민족이 야훼가 아닌 다른 신들, 즉 바알, 아몬, 케모쉬, 그리고 탐무즈와 같은 신들을 숭배한다고 비난하였다. 고고학자들은 아테네, 헤라클레스, 그리고 그 외의 여러 그리스 신들이 이 지역에서 숭배되었다는 것을 발견하였다.[63] 예레미야(고대 이스라엘 최후의 예언자로, 기원전 7세기 후반에서 기원전 6세기 초에 걸쳐 유대 왕국에서 활약하였다. 역주)는 유대에서 숭배되는 많은 신들이 그곳의 도시 수와 같으며, 예루살렘의 제단은 시장의 노점 수와 같다고 한탄하였다.[64] 야훼가 왜 그렇게 질투 많은 신인가는 이상한 것이 아니다. 그는 많은 경쟁자에 대해 화가 나 있었다.

　그러면 어떻게 우리는 이제까지 유대인들이 일신론자라고 생각하게 되었는가? 신성에 관한 인간의 지각을 구체화하는 가장 중요한 관념이 그리스의 일신론이라고 생각하는 헬레니즘 세계에 맞도록, 타나크가 함께 짜 맞추어진 것이다. 볼테르는, 유대인들보다 앞서 그리스인들 사이에 비밀스런 일신론적인 의례가 있었다는 것을 처음으로 제기했다.[65] 그러나 그는 한편으로는 맞기도 하지만, 한편으로는 틀렸다. 맞았다는 것은 그러한 의례가 있었다는 것이고, 틀린 것은 그 의례가 비밀스러운 것이 아니라는 것이다.

　기원전 6세기에 헤라클레이투스는 제우스로 불리는 한 신에 대해 글을 썼지만, 그가 다른 이름들로 불리어지는 것에 대해서 신경을 쓰지 않았다.[66] 피타고라스, 파르메니데스, 크세노파네스, 그리

3. 신의 말씀?

고 다수의 사람들이 유사한 언급을 하였다. 플라톤의 많은 작품에서 나타나는 것은 그가 '일자'라고 부른 것에 대한 철저한 칭송과 옹호였다. 그는 '일자'를 신과 동등하게 여겼으며, '존재'로 정의하였다. 스토아학파나 견유학파의 철학자들 또한 대중적인 신들은 무수히 많으나 참된 신은 하나라고 주장하였다.67 때때로 그리스 철학을 일신론이라고 부르는 것은 혼동을 일으키게 하는데, 왜냐하면, 그리스철학은 실제로 일신론보다 더 복잡하기 때문이다. 이것은 일원론적 다신론으로, 많은 신들은 하나의 지고하며, 보편적인 신의 많은 가면에 불과하다는 믿음이다.

이러한 철학은 유대인들의 철학보다 훨씬 뛰어난 것이었다. 유대인들은 그들의 신의 이름은 적에 의해 마법에 걸리지 않도록 숨겨져야 한다는 원시적이고, 고정된 사고방식에서 빠져 나오지 못하고 있었다. 히브리 타나크의 신이 그의 이름을 모세에게 알려주었을 때, 그는 그 자신을 모호하게 YHVH라고 언급했다. 이것에 모음을 더하여 야훼Yahweh 혹은 여호아Jehovah로 고심 끝에 만들어졌다. 70인 역의 작품은 유대인들에게 야훼를 그리스의 신 관념과 같은 맥락으로 이해하도록 하는 기회를 제공하였다. 70인 역에서 신은 이제 그리스어로 말하고, 그 자신을 '나는 나다'라고 불렀다. 이것은 존재한다(to be)는 동사의 일인칭 단수에 근거한 영리한 말장난이며, 야훼를 철학자의 신God인 존재Being와 동등하게 만드는 것이다. 유대 학자인 비커만이 설명한 것처럼, 70인 역은 자신을(주

제1부 필요 없는 것(The Bathwater)

the Lord) 플라톤화 시켰다.68

요세푸스는 모세가 철저하게 플라톤적인 용어로, '창조되지 않고, 영원히 불변하며, 인간의 생각을 초월하는 아름다운 일자'인 신을 말했다고 주장한다.69 그러나 이 고귀한 정서와, 우리가 실제로 타나크에서 발견한 시기심 많고, 편파적이며, 무자비한 야훼가 서로 조화를 이루기는 불가능하다. 야훼를 플라톤화 시키고자 하는 요세푸스의 시도에도 불구하고, 야훼는 실제로 민족성이 강하며 오로지 자민족의 이익을 대변하는 영락없는 부족의 신이다. 플라톤은 성실하게 비인격적이고 보편적인 신을 정교하게 다듬어 낸 것에 반하여, 유대인들은 상당히 불쾌한 인격적인 문제들을 지닌 부족의 신을, 신의 유일한 모습으로 격상시켰다. 이것은 전통적으로 알고 있는 것처럼 이교철학보다 커다란 발전을 이룬 것이라기보다는, 오히려 악마를 닮은 신을 우리에게 남겨준 어처구니없는 퇴보다.

여신

유대인이 우리에게 일신론을 남겨주었다는 생각을 일소시키는 데 결정적인 역할을 한 것이 바로 최근에 발생한 여신 야훼의 발견이다. 이스라엘 전역의 고고학적 유적지에서 가장 일반적으로 발견되는 것은 작은 여성의 모습을 띈 상으로 약 3,000여 개가 발견되었다. 1960년대 후반에 헤브론 근처 키르벳 엘콤에서 기원전 8세기의 야훼 '그리고 그의 아쉐라'라고 쓰인 명문이 발견되었다. 1970년대에는 시나이의 컨틸렛 아주르드에서 또 다른 명문이 발견되었다. 이 명문들은 이 작은 조상들이 아쉐라라고 불리는 야훼의 여성 배우자를 묘사하고 있다는 것을 확인시켜 주었다.70 이스라엘 사람들이 남신과 여신을 숭배했다는 것은 놀라운 것이다. 왜냐하면 타나크는 어떠한 여신도 언급하지 않고 있기 때문이다. 그러나 실제로 아쉐라는 거의 40번 정도 언급되었다.—비록 이들이 여신을 언급하는 것이라고는 결코 알아차릴 수 없었지만—한 현대 학자는 이렇게 말했다.

> 후에 성서 작가들은 조직적으로 아쉐라를 완전히 고쳐 썼다. 그들은 텍스트에 나타난 그녀의 존재를 바꾸어 버렸다.71

번역자들은 원래의 텍스트에서 '아쉐라'라고 언급된 것은 모두 인격적인 여신이 아니라, 한 신성한 대상을 가리키는 이름인 양, 'the Ashera'라고 번역하였다. 그들은 '그녀'를 '이것'으로 바꾸어 버렸다. 이 문제는 킹 제임스 성경의 번역자들에 의해서 악화되었다. 그들은 '아쉐라'라는 말이 무엇을 말하는지조차 몰랐으며, 이 말이 일종의 신성한 숲을 의미하는 것으로 생각하였다.72

몇몇의 학자들은 아쉐라 의례의 흔적을 '지혜Wisdom'의 여성적

제1부 필요 없는 것(The Bathwater)

모습에서 찾아볼 수 있다는 것을 지적했으며, 이것은 타나크의 여러 곳에서 나타난다. 여신 'Wisdom'은 지혜를 의미하는 그리스 여신 'Sophia'의 유대적 버전이다. 그녀는 '철학자들' 혹은 '지혜를 사랑하는 자들'의 존경을 받는 여신이다. 그러나 타나크에 나타나는 '지혜'의 모습은 아쉐라, 아프로디테, 이쉬타르처럼 지중해 지역에서 숭배되는 위대한 여신들의 강력한 모습의 그림자에 지나지 않는다. 타나크를 만든 사람들은 여신의 중요성을 삭제하기 시작했다. 예를 들어, 이쉬타르와 그녀의 배우자 마르둑의 위대한 신화를 에스더와 모르드개라 불리는 유대인 커플의 단순한 이야기로 바꾸어 버렸다.

'선한' 책?

현대의 연구는 타나크(구약)가 역사적 사건들에 대한 정확한 설명이 아니라는 것을 알려준다. 우리가 몇 세기 동안 그랬던 것처럼, 지금도 구약을 여전히 '선한 책'으로 볼 수 있는가? 그리고 이것을 도덕 법전의 근거로 사용할 수 있는가? 물론 이 대답은 결코 '아니다'이다. 우리는 정말로 모든 남자, 여자, 어린 아이, 그리고 동물까지 완전히 몰살시켜, 가나안을 깨끗하게 만들려는 행위를 당연시하는 신을 숭배하기를 원하는가? 타나크는 전혀 도덕적이지 않으며, 정신적으로 향상된 것이 아니다. 이것은 비도덕적이고, 야만적이며, 편협한 하스몬 사람들에 의해 수집된 기괴하고, 자가당착적인 글들의 모음집이며, 완벽하게 그들 자신의 가치관을 반영하는 것이다.

모호한 윤리와 느슨해진 도덕관념이 성서 여기저기에 흩어져 있다. 노아의 이야기를 살펴보자. 인류를 홍수로 벌한 뒤에 신이 구해준 노아는 원한을 품은 술주정뱅이에 지나지 않는 것으로 밝혀졌다. 홍수가 일어난 후, 노아는 항상 술에 취해 벌거벗은 채로 마루 위를 어슬렁거렸다. 그의 아들 중 햄이 우연히 술에 취해 잠든 아버지 옆을 지나다 아버지를 보고, 먼저 그의 형제인 셈과 야페스에게 가서 그 사실을 말하였다. 그리고 그는 돌아와 조심스럽게 아버지의 벌거벗은 몸을 덮어 주었다. 노아는 다시 정신을 차리게 되자, 그는 햄의 후손들은 셈, 야페스, 그리고 그의 후손들의 영원한 노예가 되라는 선언으로 햄의 후손들에게 저주를 내렸다. 가나안 사람들의 조상이 노아의 벌거벗은 몸을 봤다는 이유로 그 후손들이 벌을 받을 만하다는 것이 이 이야기의 교훈이라고 하다니! 유대인과 팔레스타인 사람들의 현대의 갈등은 신이 이상할 정도로 맹목적으로 좋아했던 술 취한 자의 악의가 있는 행동에서 비롯됐다. 그것은 도덕적이지 않다. 이것은 미친 짓이다.

아브라함 이야기의 도덕적 교훈은 정확히 무엇인가? 아브라함이 100살이고, 그의 아내가 99살일 때, 아들 이삭을 임신했다. 그러나

제1부 필요 없는 것(The Bathwater)

  그들이 그렇게 오랫동안 기다렸던 아들의 기적적인 탄생 후에, 신은 아브라함에게 나무로 제단을 만들고, 그의 아들을 묶어 장작더미 위에 올려놓고 그의 목을 자를 것을 명령했다. 그가 아무렇지도 않은 것처럼 바로 신의 이 무서운 명령을 수행하려고 할 때, 신은 아브라함에게 말하였다. 이 모든 것은 단지 아브라함의 충성심을 시험해보기 위한 책략에 지나지 않는다고! 도대체 이게 모든 것을 다 알고 무엇이든지 할 수 있는 신이 할 짓이란 말인가? 다행히도, 오늘날 누가 신의 명령에 따라 자신의 아들의 목을 자르려고 한다면, 그는 즉각 체포될 것이다.

  신은 아브라함의 또 다른 자식인 이스마엘에 대해서는 좋아하지 않았다. 그러나 족장은 이미 사라의 하녀 하갈의 아들인 이스마엘을 아들로 인정하였다. 하갈과 이스마엘에 대한 시기심으로 사라는 그들을 사막에 버릴 것을 아브라함에게 재촉했다. 믿을 수 없게도 신은 이것을 좋은 방법이라고 생각하였다. 아브라함은 그들을 황량한 곳에 데리고 가서 죽게 내버려두었다. 그러나 기적이 그들을 구했고, 후에 이스마엘은 모든 아랍 민족의 조상이 되었다. 우리는 이 이야기에서 오랫동안, 그리고 열심히 도덕적인 의미를 찾으려고 했으나, 여전히 아무것도 찾을 수가 없었다. 그러나 이 메시지는 유대인들이 아랍인들을 헐뜯는 구실로 이용되었다. 즉 아랍 민족은 신 자신이 사막에 내버린 버림받은 사생아의 후손이라는 것이다.

신의 사랑을 받았던 다윗 왕은 어떠한가? 유대인들은 그를 이스라엘의 가장 위대한 왕으로 생각한다. 기독교인들은 예수를 다윗의 가계에 속한 것으로 간주한다. 코란에서는 다윗을 해가 뜨고 지며, 새가 지저귀는 산 위에서 신의 명령을 받은 고귀한 선지자라고 하였다.73 그러나 다윗의 도덕적 기준은 매우 모호하다. 어느 날, 다윗이 낮잠에서 깨어 궁전의 꼭대기에서 두리번거리다 그가 거느린 장군의 부인인 밧세바가 목욕하는 것을 보게 되었다. 다윗은 불륜에 대한 성서의 금지 명령에도 불구하고 그녀를 유혹해 임신시켰다. 그리고 그녀의 남편을 가장 위험한 전선에 배치하는 명령을 내려 죽게 만들었다. 선지자 나탄은 다윗의 그러한 행위를 비난하였다. 이에 대해 처음에 그는 격노하였지만 곧 후회하였다. 그러나 그는 죄를 씻기 위해 무엇을 했는가? 어이없게도 그는 다시 밧세바와 잠자리를 같이 한 것뿐이다. 야훼는 다윗에 대한 벌로 밧세바의 첫째 아이의 삶을 허락하지 않았다. 그러나 두 번째 아이인 솔로몬은 위대한 왕이 되도록 하였다. 즉 신은 그 아버지를 벌주기 위해 죄 없는 아이를 죽였지만, 다윗의 또 다른 사생아에 대해서는 호화롭게 살도록 축복해 주었다. 이것은 윤리적인 것이 아니다. 이것은 영아 살해다. 그리고 이것은 종교적 근본주의자들이 그렇게 강력하게 지지하는 '가족가치'를 완전히 무시하는 것이다.

비도덕성은 타나크에 수없이 많이 나타난다. 신은 수치스러운 타락 때문에 소돔과 고모라 두 도시를 파괴하는 놀라운 일을 행했고, 오직 롯과 그의 가족을 살릴 가치가 있다고 생각하였다. 그러나 바로 직후에, 롯의 딸들이 아버지를 취하게 한 후 유혹하여 임신을 하였으며, 롯은 그 자식들을 자신의 아들로 삼았다는 이야기를 듣는다. 만일 이러한 것이 소돔과 고모라의 잿더미로부터 이끌어 내려는 새로운 도덕의 기준이라면, 무엇 때문에 이 도시를 파괴하느라 골치 아팠을까?

십계는 어떠한가? 이것은 항상 가장 위대한 도덕적 성문율과 같은 것으로 제시되었다. 그러나 이집트인들의 부정적 고백Negative Confession이나 위대한 함무라비 법전과 비교해 보면, 당황스러울 정도로 원시적이고, 극단적으로 단순화된 것이다. 십계는 '나 이외의 다른 신을 섬기지 말라'라는 선언으로 시작한다. 그러나 이 신은 그에게 반대하는 모든 사람들을 대량 학살하는 것을 합법화한, 종족 특유의 신인 변덕스러운 야훼로, 이 첫 계율은 그 나머지 9가지 계명에서 도덕적 의미를 도출하는 것을 오히려 방해한다.

우리가 다른 신을 믿지 말아야 하는 근거는 그가 공개적으로 밝힌 것처럼, 야훼 자신이 질투하는 신이기 때문이다. 그러나 질투를 불러일으킨 것이 죽을 정도의 죄인가? 살인을 하지 말라는 계명은 타나크의 주요한 인물들에게 아무런 영향을 주지 못한다. 또한 신 스스로가 일정한 원칙에 근거한 그 자신의 계명을 무시할 때, 그 계명들의 일관성은 거의 기대할 수 없다. 십계는 이웃의 소나 나귀를 탐내지 말라는 등등의 계명도 남겨 놓았지만, 다행스럽게도 그러한 죄는 현대 사회에서 더 이상 중요한 문제가 아니다.

민족주의자의 선전과 영지주의 신화들

다나크(구약)는 오랫동안 우리 문화의 일부였기 때문에 고대 문학 작품에 적용하는 비판적 기준을 옛날 책들의 모음집인 타나크에 동일하게 적용할 수 없다. 즉 만일 요즘 이 문헌들을 발견했다면, 노아와 그의 부인이 하나의 작은 배에 세계의 모든 동물들을 실었다는 것을, 또는 여호수아가 트럼펫 소리로 여리고 성벽을 무너뜨렸다는 것을 잠시 동안이라도 믿을 수 있을까? 분명히 그렇지 않다. 역사로부터 멀리 떨어진 것은 누적된 신화의 층들 아래에 완전히 파묻혀 버린 것이라는 이해를 통해서, 우리는 타나크를 길가메쉬 서사시나 베어울프 이야기처럼 읽을 것이다. 우리는 오늘날 잃어버린 궤나 마술적인 트럼펫을 찾기 위해, 많은 자금을 지원받는 탐험대가 우글거리는 비이성적 상황에 있지 않다는 것은 분명하다.

2000년 전에 한 유대인이 벤쟈민 종족에서 태어났다. 그는 태어난 지 8일째 되는 날 할례를 받았으며, 한동안 열광적인 바리새파 사람이었다. 또한 그는 유대인의 성스러운 경전은 너무 시대에 뒤떨어져 그들은 곧 폐기될 '허튼소리'라고 평가하였다.[74] 그가 바로

제1부 필요 없는 것(The Bathwater)

성자인 바울이다. 그러나 슬프게도, 타나크가 허튼소리라고 한 점은 그가 옳았지만, 이것이 곧 폐기될 것이라는 말은 틀렸다. 대신에 그가 장려했던 기독교 운동은, 그가 허튼소리라고 한 것을 구약으로 채택한 문자주의의 신앙으로 퇴보했다. 이 재앙은 이슬람이라고 불리는 또 다른 종교가 일어나게 됨으로써 더욱 복잡해졌다. 이 종교 역시 위와 같은 옛 허튼소리에 근거한다. 현재 세계 인구의 거의 반 정도가 자신을 유대교, 기독교, 이슬람이라고 생각한다는 것은, 인구의 반은 허튼소리를 믿고 있다는 뜻이다.

그러나 바울은 유대교 성서를 단지 '허튼소리'라고 보지 않았다. 타르수스의 바울, 유대의 필로 같은 유대 영지주의자들은 타나크의 중요한 부분들을 의미심장하고, 비유적인 신화들로 간주하였다. 그들은 이러한 방식으로 이 텍스트들을 해석할 수 있었다. 왜냐하면 그 텍스트들 중 어느 정도는 원래 영지주의의 교훈적인 이야기들이었기 때문이다. 이 이야기들은, 인간은 어디로부터 왔으며, 삶이 무엇인가를 이해하려는 인간의 욕구에 대답해 주는 것이었다. 다른 많은 신성한 텍스트들처럼 타나크는 정치적 목적을 가진 종교적 문자주의자들이 포함시킨 다른 자료들과 뒤섞여져, 왜곡된 비유적인 신화들을 제공하였다.

유대의 영지주의자들은 예를 들어, 「창세기」와 「출애굽기」를 보완적이면서 상징적인 이야기들로 해석하였다. 「창세기」는 인간이 어떻게 길을 잃고, 방황하며, 유랑하게 되었는지에 대한 우화로 보이며, 반면에 「출애급기」는 영지의 깨달음에 대한 우화로 보인다. 「창세기」는 신비한 우주론으로 해석되었고, 거기서 선악과를 먹었다는 것은 본래의 일자로부터 분리 상태로의 타락을 표현한다. 「출애급기」는 깨달음의 우화를 표시하는 것으로, 이집트에 포로가 되는 것은 세상에서 방황하는 것을 상징하며, 홍해를 건너가는 것은 입문의 과정을 표현한다. 또한 사막에서 40년간의 유랑은 깨달음의 정신적인 과정을 표현하며, 약속의 땅에 도착하는 것은 영지의 체험을 표현한다.

신성한 경전 안에 숨겨진 신비한 의미를 끌어내어 그들의 종교적인 전통을 다시 일깨우도록 노력하는 것이 영지주의의 전형적인 모습이다. 이교철학자들은 호모와 헤시오드의 신화를 통해 그러한 일을 했다. 유대 영지주의자들은 타나크를 통해 그렇게 하였다. 때때로 영지주의자들은 그들의 텍스트에는 존재하지 않았던 신비한 의미를 그들의 텍스트에 투사했으며, 가끔 그들 이전의 다른 영지주의자들에 의해서 암호화된 고대의 진리들을 소생시켰다. 역사를 통해 나타난 영지주의의 의제는, 문자주의자들의 성스러운 경전에 대한 해석은 허튼소리라는 것을 보여주는 것이며, 본래 이 신화들을 정교화한 영지주의의 가르침으로 부활하도록 하는 것이다.

제1부 필요 없는 것(The Bathwater)

4. 생존치 않았던 가장 유명한 사람

성서를 읽음에 있어 그 내용에 부담을 갖는다는 것은 불필요한 것이다.
―조지 거쉬인

어느 날 밝게 빛나는 새로운 별이 나타났다. 이 별은 하늘을 가로질러 작은 마구간 위에서 멈추었다. 그때 천사가 가까운 들판에 있는 목동들에게 나타나 신의 아들이 지금 막 태어났다고 알려주었다. 그들이 마구간으로 가서 본 아이는 유대인 처녀로부터 태어난 아기로 바로 기적적으로 태어난 아기 예수였다.

30세가 되었을 때 예수는 침례를 받았으며, 신은 그의 음성을 통해서 그가 신의 독생자이며, 신은 그를 자랑스럽게 여긴다고 모든 사람들에게 알려주었다. 예수는 신에 대해 가르치기 시작했으며, 12제자를 두었다. 그는 많은 기적을 행하였다. 결혼식장에서 물을 포도주로 바꾸기도 하고, 물 위를 걷기도 했으며, 거친 폭풍우를 잠재우기도 하며, 아무것도 없는 상태에서 수천 명을 먹일 음식을 만들기도 했고, 수많은 병자를 치유했으며, 죽은 자를 살리는 기적을

4. 생존치 않았던 가장 유명한 사람

보이기도 했다.

예수는 환호하는 지지자들에 둘러싸여 나귀를 타고, 예루살렘에 들어갔다. 그는 그곳에서 유대교의 지도자들을 위선자라고 비난하였다. 그들은 격노해서 예수를 로마관원에 고발하여 죽게 만들었다. 그러나 그는 죽은 지 삼 일 만에 부활했다. 그 후에 그는 악한 자를 벌주고, 선한 자를 천국에 데리고 가, 거기서 영원히 행복하게 살게 하기 위해 되돌아 올 것이라는 약속을 한 후 하늘로 올라갔다.

만약 가능하다면, 우리가 전에 이러한 이야기를 한 번도 들어보지 못했다고 생각해 보자. 고고학자들이 이 기적적인 이야기가 담겨 있는 문서를 팔레스타인 지역의 동굴에서 이제 발견하였다. 그러면 당신은 이 이야기가 실제로 발생했던 역사적인 사실 기록으로 읽혀져야 한다고 생각하는가? 그렇지 않다면, 이 이야기는 아담과 이브, 제이슨과 아르고처럼 또 다른 고대 신화로 읽혀져야 하지 않을까? 예수 이야기는 신화의 전형적인 모든 특징을 가지고 있다. 그리고 이 근거는 매우 명백하다. 이 이야기는 신화다. 실제로 이 이야기는 신화일 뿐만 아니라 이교도 신화의 유대적 버전이다.

제1부 필요 없는 것(The Bathwater)

이교도 신인의 죽음과 부활

세상에서 가장 오래된 종교적 문서는 고대 이집트에서 발견됐으며, 그 내용은 오시리스 이야기다. 오시리스는 인간이 된 신이며, 사람들에게 참다운 삶과 종교를 가르치며 이집트를 돌아다녔다. 그는 악의 힘에 의해 죽었으나, 기적적으로 부활하여 하늘로 올라가 사후 세계의 영혼 심판관이 되었다. 이집트인들은 오시리스를 숭배하고 그의 가르침을 따르면서, 그들 역시 영원한 삶을 누릴 것을 믿었다.

약 2000년 후에, 지중해 지역의 각 문화들은 불멸을 약속하는 이 신화를 받아들였으며, 이 신화를 자신의 것으로 만들었다. 그들은 세련된 이집트 영성과 자신들의 토착 신화를 결합하여, 고대 세계의 다양한 '신비 종교'를 창조하였다. 각 지역의 미스테리 종교는 신인神人의 죽음과 부활이라는 신화를 자신들에게 맞게 각색해서 가르쳤으며, 이 신화는 각기 다른 지역에서 다른 이름으로 알려지게 되었다. 이 미스테리가 시작된 이집트에서 신인은 오시리스였고, 그리스에서는 디오니소스로 불려졌고, 소아시아에서는 아티스로 알려졌다. 그리고 시리아에서는 아도니스, 페르시아에서는 미트라스, 알렉산드리아에서는 세라피스로 불려졌다.

신비 종교는 고대 세계에서 대단히 인기가 있었다. 고대의 위대한 철학자나 정치가 대부분이 입문했으며, 다수의 로마 황제들도

4. 생존치 않았던 가장 유명한 사람

입문하였다. 신비주의에 입문한 사람들은 신인 신화는 의미심장한 우화라는 것을 배웠으며, 이 우화의 모든 요소들은 영지를 경험하게 하는 심오한 영적 진리를 보여주는 것으로 해독될 수 있다는 것을 배웠다. 이교도 신인에 대해 언급된 것은 비유적인 이야기들이며, 이 이야기는 많은 다른 모습을 하고 있다. 다음의 이야기는 우리에게 익숙하게 느껴질 것이다.

* 그의 아버지는 신이며, 어머니는 동정녀다.
* 그는 신이 육신을 만들어 주었고, 신의 아들인 구세주로서 그의 추종자들이 환호하며 맞아들였다.
* 그는 12월 25일 날 동굴 혹은 허름한 외양간에서 목자들이 지켜보는 가운데 태어났다.
* 그는 12사도들에 둘러싸였다.
* 그는 종종 추종자들에게 침례 의례를 통해 다시 태어날 수 있는 기회를 부여했다.
* 그는 결혼식에서 물을 포도주로 바꾸는 기적을 행했다.
* 그는 그의 추종자들이 종려나무를 흔들면서 환호하는 환영을 할 때, 나귀를 타고 의기양양하게 마을에 들어왔다.
* 그는 자신을 파괴하려는 종교 권위자들을 비난했다.
* 그는 십자가에 못 박힘으로서 세상의 죄를 대신해 부활절 시기에 죽었다.

제1부 필요 없는 것(The Bathwater)

* 그는 죽은 지 삼 일 만에 부활하였고, 영광 속에서 하늘로 올라갔다.
* 그의 추종자들은 세상의 마지막 날에 그가 심판관으로 돌아오기를 기다린다.
* 그의 죽음과 부활은 피와 살을 상징하는 포도주와 빵으로 행해지는 성찬식에 의해 찬양된다.
* 신인의 죽음과 부활을 상징적으로 공유함으로써, 미스테리아 입문자들은 그의 정신적 부활을 공유하게 될 것이고, 영원한 삶을 알게 될 것이라고 믿었다.

물론 우리는 이 이야기를 예수의 삶으로 생각할 것이다. 비록 예수의 이야기와 이교 신화들 간의 유사성이 현대의 사람들에게 충격을 줄지 몰라도, 고대 세계의 이교도와 기독교는 명백히 닮은 것이었다. 이교도들은 되풀이해서 미스테리아 신화를 표절하는 기독교도들을 비난했다. 이러한 비난에 대응하는 기독교인의 방법은 지극히 계시적인 방법이었다.

2세기 말경에, 기독교 운동은 두 개의 대립적인 진영으로 나뉘어졌으며, 이 두 진영이 영지주의와 문자주의다. 이 두 진영을 나누는 기준은 예수 이야기와 이교도 신화 사이에 나타난 유사성을 설명하는 방식의 차이다. 영지주의 설명은 간단하다. 예수는 죽고 부활하는 이교도 신인의 새로운 이름이다. 영지주의자들은 이교도

4. 생존치 않았던 가장 유명한 사람

신인의 이름을 사용하여 예수를 지칭하기도 하였다. 즉 예수를 '아티스'[1]와 동등시했다. 영지주의자들에게 예수 이야기는 고대 이교 신화에 근거를 둔 비유적인 입문 신화다.

유스티누스나 터툴리아누스 같은 초기 문자주의 기독교인들은 매우 편향된 설명을 한다. 예수는 이교 신화와 관계없이 실제로 당시에 실존했던 인물이라는 것이다. 또한 그들은 이교도의 신인 이야기는 틀림없는 신화에 지나지 않지만, 예수 이야기는 기적적인 사건에 관한 사실적인 이야기라고 한다. 문자주의자는 예수가 탄생할 것을 미리 알고 있던 악마가 신도들을 속이고 호도하기 위하여, 예수 탄생에 앞서서 신인의 이교 신화를 만들었다고 주장한다. 유스티누스는 동정녀의 잉태, 나귀를 타고 입성하기, 죽어서 천국에 올라감과 같은 신의 아들에 관한 이교도 이야기가 '사악한 악마들'[2]에 의해서 미리 만들어졌다고 한다. 터툴리아누스도 진리 왜곡을 일삼는 악마가 성례전, 성찬, 죄를 용서하기 위한 세례, 그리고 부활마저도 표절했다고 한다.[3]

2세기 후반부터 계속해서 기독교의 영혼을 위한 대단한 전쟁이 있었다. 그 한편에는, 예수 이야기는 영지에 관해 심오하고, 신비적인 가르침을 알려주는 것으로 해석될 수 있는 상세한 설명이며, 의미심장한 비유라고 주장하는 영지주의자가 있었다. 그 반대편에는 예수 이야기를 실재한 역사라고 가르치는 집요한 문자주의자들이 대립해 있었다. 과연 누가 옳은가? 영지주의 기독교인인가, 아

제1부 필요 없는 것(The Bathwater)

니면 문자주의 기독교인인가? 예수는 신화의 인물인가, 아니면 실재한 인간인가?

보이지 않는 사람

복음서에 등장하는 예수의 환상적인 이야기들이 허구가 아니라 사실이라는 것을 믿을 수 있는 역사적 증거는 무엇인가? 예수는 수천 명을 먹이고, 죽은 자를 살렸다고 한다. 그리고 그가 십자가에 매달렸을 때, 초자연적인 거대한 어둠이 땅을 뒤덮었고, 땅이 흔들리고 갈라져, 죽은 자가 무덤으로부터 나왔다고 한다. 만일 이러한 극적인 일이 실제로 발생했었다면, 이 일은 당시의 누군가에 의해 분명히 언급됐어야 한다. 그러나 어느 누구도 이 일에 대해 언급하지 않았다.

로마인들은 상세한 법정 기록을 가지고 있으나, 예수의 십자가형이나 그에 관한 어떤 재판 기록도 남아 있지 않다. 후에 기독교인들은 그러한 기록을 만들어 냈다. 그러나 오래 전에 이미 날조된 것으로 알려졌다. 사실, 역사상 지극히 문학적인 시기에 저술된 수많은 책 중에 극소수의 단편들만이 역사적 예수를 입증할 수 있는 것으로 제시되었다. 그러나 그 중 어느 것도 세밀한 검증을 통과하지 못했다.

4. 생존치 않았던 가장 유명한 사람

 모든 로마 작가들 중에서, 플리니우스, 수에토니우스, 타키투스의 글에만 예수와 관련된 세 가지 짧은 인용 구절이 있다. 기독교 변론자들은 이 인용 구절이 예수의 실존을 증명하는 것이라고 주장한다. 그러나 이 작가들의 글은 예수가 살았을 것이라 예상되는 시기보다 한참 후인 2세기나 되서 남긴 글이다. 실제로 그 작가들 모두가 말하는 것은 당시 로마 세계에는 소수의 기독교인이 있었다는 것이다. 그리고 이것은 분명한 사실이기도 하다. 플리니우스의 언급은 당시 말썽을 일으키는 어떤 기독교인들에 관련된 편지를 쓰면서 말하게 된 사소한 설명에 지나지 않으며, 수에토니우스는 실제로 '크레투스'라고 불려진 누군가에 관해 언급하였다. 그리고 타키투스가 남긴 기독교에 관한 기록들은 지금은 많은 학자들에 의해서 위조된 것으로 간주되고 있다.

 그러면 당시의 유대 작가들은 어떠했는가? 그들은 예수와 같이 유명한 유대인에 대해 더 많은 흥미를 가졌을 것이다. 그러나 상황은 더욱 나쁘다. 예수가 예루살렘에서 선동적인 행동을 했다는 바로 그때 활동했던 필로는 반드시 그에 대해 언급했어야 한다. 그러나 그의 수많은 책 어디에도 예수에 대한 언급은 없으며, 신약성서에 묘사된 사건에 대해서도 한 마디도 남기지 않았다. 예수에 대해 기록을 남긴 사람은 유대 역사가인 요세푸스가 유일하다.

 그는 그의 수많은 작품들 중에서 단 하나의 문단 안에서, 언뜻 보면 분명히 '구세주' 예수에 관한 것으로 보이는 글을 남겼다. 그러

제1부 필요 없는 것(The Bathwater)

나 200년 전쯤에 위대한 학자인 기본은 '로마 제국의 흥망'에서 이 문장을 야비하게 날조된 것으로 무시해버렸다.4 그는 이 문장이 3세기 초의 요세푸스 글에서 발견되지 않으며, 기독교가 로마 제국의 종교가 된 이후인 4세기 초에 이 문장이 삽입된 것이 틀림없다는 것을 입증하였다.

이 문구는 삽입된 것이 분명하다. 이 문구를 제거하면, 원본의 내용이 자연스럽고 뜻이 잘 통하기 때문이다. 이 문구에 담긴 정서는 유대인의 메시아 신화에 대한 요세푸스의 견해와 완전히 다르다. 그는 70년에 로마에 의해 예루살렘이 파괴된 후 작품들을 썼다. 예루살렘이 파괴되기 전부터, 팔레스타인 주변에서 활동하던 많은 가짜 메시아들을 철저하게 비난했다. 또한 메시아라고 자처하는 자들에 대해서는, 사람들을 메시아적 광란으로 몰아가며, 유대인 자신들이 로마와 싸워 이길 수 있다는 믿음을 부추기는 종교적 강도라고 맹비난했다.

예루살렘이 파괴된 후에 요세푸스는 유대 종교를 완전히 버리고 로마로 가서 살았다. 그곳에서 부유한 로마인의 도움을 받아 저술 활동을 했으며, 그 책들은 더욱 희망이 사라진 저항 운동에 반대해서, 유대인들에게 경고하는 의도로 저술되었다. 그리고 특히 메시아가 이스라엘로부터 나올 것이라는 낡아빠진 유대 예언에 빠져드는 위험성을 경고하기 위해 저술되었다. 심지어 그는 메시아 신화가 유대인에 의해서가 아니라, 사실은 그 당시에 예루살렘을 포위

4. 생존치 않았던 가장 유명한 사람

하고 있다가 황제가 된 로마 장군 베스파시안에 의해 이루어졌다라는 말을 해서 유대교 열심당원들을 격노케 하였다. 그래서 요세푸스 글을 날조한 자가 주장하는 것처럼, 요세푸스가 예수에 대해 무슨 말을 남겼다는 것은 불가능한 것이다.

신약성서 속의 가공의 우화 외에 예수가 실재했을 것이라는 가정을 입증하기 위해 찾아낸 이 이야기가 지금까지 학자들이 발견한 유일한 '증거'의 단편들이다. 개신교 신학자이기도 한 슈바이처는 그의 책, '역사적 예수에 대한 탐구'에서 이렇게 말했다.

예수의 삶에 대한 비판적 연구의 결과보다도 더 부정적인 것은 없다. -(예수의 삶은) 연이어 표면에 드러난 구체적이고, 역사적인 문제들로 인해 조각나고, 찢어지고, 해체되었다.5

까르멜 수도회의 수녀인 필리스 그래함은 1970년에 교단을 떠난 후, 역사적 예수는 실존하지 않았다고 결론을 내린 '날조된 예수'를 저술했다.6 슬프게도 거의 모든 개종자처럼, 그녀는 잘못된 길을 걸었었다. 그녀는 신앙인으로 그녀의 삶을 보냈다. 그리고 인간 예수에 대한 자신의 믿음을 지지해 줄 증거를 찾기 시작했다. 그러나 그녀는 아무것도 찾지 못했다. 그녀에게 있어서 요세푸스의 날조된 문장은 명백한 증거였지만, 그것은 저자가 말하고자 한 것이 아니었다. 이것은 역사적인 예수에 대한 증거라기보다는 사실은

제1부 필요 없는 것(The Bathwater)

그가 결코 존재하지 않았다는 것을 입증하는 저주스러운 증거였다. 날조자는 단지 이 초기 자료에서조차도, 당시 기독교인들은 오늘날 학자가 찾을 수 있는 것보다도, 예수에 대한 더 많은 증거를 찾을 수 없었다고 증명한 것에 지나지 않는다. 그래서 그들은 이 조작된 문서를 만든 것이다. 이러한 일은 문자주의 기독교인들에게는 능한 일이다.

2002년에 '예수의 형제인 요셉 아들 제임스'의 뼈가 묻힌 것으로 보이는 고대 매장지가 발견되었다는 소식이 보도되었다. 예수에게는 당시 예루살렘 교회를 관리하던 제임스라는 형제가 있었다고 전해졌다. 이 고대 매장지는 세계적인 뉴스가 되었다. 예수의 존재를 입증하는 증거가 부족한 것을 알고 있는 문자주의 기독교인들에게는 너무 좋아서 거의 믿을 수 없는 것이었다. 실제로 이것은 믿을 수 없는 것이었다. 독자적인 전문가들이 그 매장지를 조사했을 때, 매장지는 1세기 것이고, 제임스라 불리는 어떤 사람이 있었으나, '예수의 형제'라는 말은 3세기의 비문에 추가로 새겨진 것이었다.7 이 고대 매장지는 성스러운 유물 산업의 창작품이었고, 유물을 이용해 돈을 벌려는 자들은 끊임없이, 성스러운 인공 유물, 즉 '실제 십자가'의 부서진 조각들, 십자가에 사용된 못, 한동안 예수의 것으로 주장되었던 많은 양의 음경 포피, 그리고 그의 탯줄까지도 거래하였다. 이 매장지는 날조된 것으로 공표되었다. 그러나 당연히 이 기사는 세계 어디에서도 전면을 장식하는 기사가 되지 못

4. 생존치 않았던 가장 유명한 사람

했다.

바울의 신화적 그리스도

기독교의 전통적인 역사는 예수 이야기가 고대 이교도 신화와 그렇게 유사한 이유를 설득력 있게 설명할 수 없다. 또한 역사적 예수에 대한 증거가 없는 이유를 설명할 수 없다. 그러나 이 문제들을 한 번에 해결할 수 있는 해결책이 있다. 바로 영지주의다. 예수 이야기는 하나의 비유적인 신화다. 이 간단한 설명이 학자들을 몇 세기 동안 괴롭혔던 또 다른 문제를 풀게 해준다. 이것은 바로, 왜 바울은 그의 편지에서 한 번도 역사적인 예수에 대해 언급을 하지 않았는가 하는 문제다.

비록 현대의 많은 학자들이 바울 편지의 거의 반 정도를 날조된 것으로 폐기시켰지만, 그의 성실한 편지는 우리가 보유하는 기독교에 관련된 가장 오래된 기록이며, 복음서보다도 몇 십 년을 앞서는 것이다. 그 편지들은 당연히 예수의 생애에 관한 이야기로 가득 차 있어야 하나, 그렇지 않다. 바울은 전혀 예수를 인용하지 않았고, 예수의 삶에 대해 사소한 내용도 언급한 것이 없다. 그는 예수의 기적적인 탄생에 대해서도 결코 언급한 적이 없으며, 마리아와 요셉에 대한 어떠한 일화도 말하지 않았다. 또한 예수가 행한, 물

제1부 필요 없는 것(The Bathwater)

을 포도주로 바꾼 일, 물 위를 걸은 일, 기적적인 식사 혹은 초일상적인 방법으로 물고기를 잡는 일과 같은 기적에 대해서도 전혀 언급하지 않았다. 산상설교나 주기도문도 없다. 겟세마네의 고통과 시련, 채찍질, 가시면류관, 예수와 함께 십자가 처형을 당한 도둑, 울고 있는 여자, 사형집행의 시간과 장소, 그리고 유다와 빌라도도 없다.

많은 기독교 학자들은 예수 전승에 대해 바울의 언급이 부족한 이유를 심사숙고하였고, 그들은 이에 대해 '놀랍고' '충격적이며' '진지한 관심의 대상'[8]으로 묘사했다. 만일 바울이 예수의 존재를 알았다면, 그의 삶에 대해 말을 하지 않을 수 없었을 것이라는 지적에 우리는 동의한다. 의례에 관한 우리의 경험에서 미뤄볼 때, 최근에 죽은 스승의 추종자라면, 그 스승이 얼마나 훌륭했고, 어떤 행동을 했으며, 어떤 말을 했는가에 대해 열광하지 않을 수 없을 것이다. 그러나 어느 학자가 쓴 것처럼 역사적 예수에 대한 바울의 완전한 침묵은, 침묵의 대상인 역사적 예수가 존재했다는 것을 주장하는 그들에게 하나의 문제점을 던져 주었다.[9]

문자주의 관점에서 보자면, 바울의 편지에서 드러난 역사적 예수의 부재는 매우 중대한 문제다. 그러나 영지주의 관점에서 보면, 이것은 충분히 이해된다. 바울은 영지주의자고, 예수는 입문 의례 신화의 주인공이다. 오늘날에는 바울을 문자주의 권위의 보루로서 간주하기 때문에, 이러한 견해는 충격적일 것이다. 그러나 무엇보

4. 생존치 않았던 가장 유명한 사람

다도 2세기에 바울은 영지주의자들로부터 '위대한 사도'로 존경받았으며, 기독교 영지주의의 창시자로 숭배되었다. 영지주의 스승 발렌티누스는 그의 스승이 바울로부터 직접 영지의 가르침을 받았다고 한다. 실제로 바울로부터 기인하나, 알려지지 않았던 영지주의 여러 작품은 나그 함마디에서 발견된 영지주의 문헌에 들어있었다.

바울의 성실한 편지들은 철저하게 영지주의적 관념들과 술어들로 가득 차 있다. 그는 빛으로 예수를 경험했으며, 예수에 대해 그가 아는 모든 것은 '계시'를 통해 이루어졌다고 한다.10 바울이 기독교의 '비밀'을 말할 때, 이것은 역사적 예수와 전혀 관계가 없다. 바울은 기독교의 위대한 비밀은 '너 자신 안에 있는 그리스도'라는 신비한 계시라고 선언한다.11 바울에 있어서 그리스도는 이후의 영지주의자처럼, 우리 모두의 참된 동질성은 하나라는 자각을 의미한다. 바울의 메시지는 영원한 영지주의 메시지다. 우리 모두는 하나다. 바울은 우리가 세례를 받아 예수와 일체를 이루면,—그곳에는 유대인과 그리스인, 노예와 자유인, 남성과 여성의 구분이 없다. 왜냐하면 우리는 그리스도 안에서 모두 하나가 되기 때문이다.12

바울이 언급한 예수 신화의 유일한 내용은 그리스도의 죽음과 부활이며, 이것을 바울은 입문 의례의 상징적인 과정으로 이해하였다. 예수의 죽음과 부활을 공유함으로써 입문 의례는 상징적으로 과거의 자아가 죽고, '그리스도 안'에서 부활하는 것이다.13 바

제1부 필요 없는 것(The Bathwater)

울은 그의 제자들에게 과거의 자신들은 예수와 함께 십자가에서 죽었다는 것을 상기시켰다.14

기독교 영지주의자들은 반복적으로 유대교 문자주의자들을 공격하면서, 영적인 예수의 신은 구약의 신이 아니라고 선언했으며, 그들은 구약의 신을 거짓된 신으로 비웃고, '학살자'라고 불렀다.15 바울은 유대 문자주의에 대해 경멸을 드러내며, 유대의 법은 단지 인간 억압을 돕는 저주에 지나지 않는다고 선언하였다.16 그는 문자주의의 견해에 반대하여, '문자는 생명을 죽이나 영성은 생명을 살린다'고 선언하였다.17

집단학살자 여호수아가 온화한 예수가 되다.

예수 이야기가 고대 이교 신화와 매우 유사하다는 것은 문자주의자들에게는 좋아 보이지 않았을 것이다. 실존 인물로서의 예수에 대한 증거는 없다. 우리가 가지고 있는 가장 오래된 기독교 기록물을 남긴 바울은 분명히 영지주의자다. 그는 예수의 가르침을 신비적인 가르침을 암호화한 신비적인 비유로 간주했다. 예수 이야기가 비유적인 신화라는 영지주의자들의 주장은 옳다. 그러나 이러한 주장은 어떻게, 그리고 왜 만들어졌는가?

현대의 작가들이 심오한 사상들을 전달하기 위해 소설을 쓰는

4. 생존치 않았던 가장 유명한 사람

것과 마찬가지로, 고대 세계의 작가들도 사상을 전달하기 위해 신화적 이야기를 만들었다. 신화는 오늘날에는 허구로 생각하지만, 당시에는 허구라고 생각하지 않았을 뿐만 아니라, 오히려 이것은 사회적, 정신적인 다양한 수준에 맞게 작용하는 하나의 표현 형식을 통해, 영적인 진리를 전달하는 방법이었다. 그리스인들은 신화 만들기를 고도로 예술화했으며, 그리스 영향을 받은 유대인들도 똑같이 능숙하게 되었다.

1세기의 유대 영지주의자들은 이교도의 영성으로부터 지대한 영향을 받았다. 예를 들어, 치유자The Therapeutae들은 모세와 여호수아의 신화에 대해 비유적인 해석에 근거하여, 그들 자신의 유대적 신비들을 실천했던 일종의 유대적인 신비 집단이었지만, 또한 그들은 위대한 이교 성인인 피타고라스의 추종자이기도 했다. 치유자에 대해 언급한 필로는 유대인 필로와 피타고라스학파 필로로 알려졌다.

이교도와 유대인의 신화를 종합하는 것은 필로와 치유자와 같은 유대적 영지주의자들을 사로잡았다. 우리는 유대 작가들에 의해 기록된, 즉 이교도와 유대인의 신화 주제를 결합시키는 많은 문서들을 가지고 있다. 유대의 메시아 신화와 이교도 신인의 죽음과 부활 신화를 종합한 새로운 신화는 이러한 절충적인 배경으로부터 탄생하였다. 이러한 새로운 신화가 나오기 2세기 전에, 한 유대 작가가 쓴 최초의 소설에서 이미 유대교를 신비 종교로 그리고 있

제1부 필요 없는 것(The Bathwater)

다.18 그때 이미 예수 이야기는 메시아를 유대 신비 종교의 영웅으로 묘사한 비유적인 소설로 창조되었다.

이 시기의 대다수 유대인들은 자신들을 약속의 땅으로 인도한 구약의 국민적 영웅이며, 위대한 구세주인 여호수아의 복귀를 불안하게 기다리고 있었다. 그들은 여호수아가 그들을 다스리는 압제자인 로마인들로부터 구해주기를 갈망했다. '구세주'라는 말은 '기름 부은 자'를 의미하며, 왕이나 정신적인 지도자를 의미한다. '메시아'를 그리스어로 번역하면 '크리스트'가 되고, '여호수아'는 '예수'가 된다. 그래서 유대인들은 그들의 구세주인 여호수아 혹은 그리스도 예수의 복귀를 기다리고 있었다.

성서의 번역자들은 항상 히브리 이름인 '여호수아'를 사용하여, 구약의 영웅을 지칭한다. 그러나 그리스 번역어인 '예수'는 신약의 영웅을 언급할 때 사용한다. 새로운 가장인 이러한 교묘한 속임수는 신약의 예수가 바로 구약의 여호수아라는 사실을 깨닫지 못하게 한다. 기원전 2세기에 하스몬가의 사람들은 구약의 예수를 국가적 의제에 맞도록 만들었다. 1세기에는 유대인들 중 신비주의자들이 그들의 영지주의적 의제에 맞도록 기존의 예수와는 전혀 다른 예수를 만들었다.

초기의 기독교인들은 하스몬가의 광신적인 유대 문자주의에 대항했던 유대 영지주의자들이었다. 하스몬가의 종교적으로 편협한 신앙은 고대 세계에서 유대인들이 극단적으로 좋지 않은 평판을

4. 생존치 않았던 가장 유명한 사람

받게 만들었다. 바울이 사랑의 메시지를 전하기 위해 지중해 전역을 여행 중인 그때에는 이미 유대인들에 대한 미움이 점차 확대되고 있었다. 그리스와 로마 작가들은 습관적으로 유대인들을 모든 인종 중에서 가장 반사회적인 인종으로 묘사하였다. 유대인들은 그리스와 로마의 인문정신을 경멸하고, 아주 터무니없는 음식물에 대한 규제와 미신을 가지고, 그들 자신을 인문정신으로부터 분리시켰다.19 키케로는 유대교를 '야만적인 미신'이라고 평가했다.20 당시에 만연된 반 유대 정책에 직면해서, 바울 같은 유대 영지주의자들은 예수의 신비적 종교가 유대와 이방인을 구분하는 벽들을 허물어뜨리기를 희망했다.

영지주의에서는 구약의 학살자 예수가 기독교의 온화한 예수로 변모하였다. 그들의 새로운 예수는 자유로운 사고를 하며, 인정 많은 영지주의의 초인이며, 또한 그는 유대의 메시아며, 동시에 이교도의 신인이다. 그는 학살자 예수처럼 극단적인 야만성을 가지고 그의 적들을 정복하며, 이방인을 싫어하는 애국자가 아니다. 그는 비폭력을 옹호하는 평화주의자다. 그는 「출애굽기」에서 발견된 '눈에는 눈, 이에는 이'라는 타리오의 법칙에 호소하지도 않았다.21 대신에 그는 우리의 적조차도 사랑해야 한다는 소크라테스의 메시지를 선언하였다. 이러한 예수의 가르침은 국가의 구원이 아니라 개인의 구원을 가져다주었다. 그의 신은 오직 유대인만을 사랑하는 편파적이고 분파적인 신이 아니라, 유대인과 이방인을

제1부 필요 없는 것(The Bathwater)

똑같이 사랑하는 보편적인 신이며, 영지주의의 신이다.

복음서 이야기는 문자주의 유대교에 대한 비판이다. 이 이야기의 영웅은 영원히 종교적 권력에 대해 비판하며, 그들을 독사라고 부르며, 구약의 신을 악마라고 선언한 유대교의 이단자다.[22] 그는 끊임없이 유대의 종교적 법을 깨뜨리고, 이와 같은 일을 하도록 그의 제자들을 격려했다. 그는 학대받는 사람들, 즉 매춘부, 세리, 나환자, 그리고 소외된 사람들과 친하게 지냈다. 그는, '영지에 이르는 열쇠'를 가지고 있으나 스스로 들어가지 않을 뿐만 아니라, 다른 사람들이 들어가는 것도 허락하지 않는 '율법의 교사들'을 비난했다.[23] 이 이야기의 예수는 영지주의자처럼 말하고 행동한다. 왜냐하면 그는 그들의 문학적 대변자이기 때문이다.

이 예수 이야기는 한꺼번에 모두 만들어진 것이 아니라, 기본적으로 시간이 많이 지나면서 만들어진 것이다. 1세기 초에 바울은 예수에 대한 단순한 신화를 알고 있었다. 우리는 동일한 시대에 존재했던 「도마복음서」를 알고 있으며, 이 복음서는 예수의 입을 통해서 나온 지혜로 구성되었다. 한 세대가 지나기 전에 예수 이야기는 유대교와 이교도 신화로부터 이끌어낸 더욱더 많은 비유적 주제들로 점차 구체화 되어갔다. 마리아, 베드로, 유다와 같은 인물들도 소개되었으며, 영지주의자들은 그들 모두를 비유적으로 표현된 입문 의례에서 상징적인 역할을 하는 것으로 간주했다. 2세기 중반에 이르면, 이 이야기는 팔레스타인 지역에서 일어난 심오하

4. 생존치 않았던 가장 유명한 사람

고, 복합적인 비유의 성격을 갖는 소설로 발전되었다. 그러나 (소설로 인식되기) 이전에 일단 예수의 상징적인 이야기는 사이비 역사적 이야기가 되어 버렸다. 이제 사람들이 이 이야기를 실제 사건의 기록으로 받아들이는 것은 시간 문제였다.

이단인 문자주의자

1세기경에 유대는 종교적 극단주의가 초래한 위기로 파괴되었고, 그 결과로 로마의 한 지방이 되었다. 메시아가 출현할 것이라고 주장하는 당시의 유대교 열성당원들은 줄기차게 헛된 반란을 주도하고 있었다. 70년에 로마군은 예루살렘을 포위 공격하여 사원을 파괴했다. 135년에 그리스, 로마 세계에 산재한 도시들로 갑자기 반란이 확산되었다. 반란 지역에서 봉기한 유대인들은 그들의 이웃을 집단 학살하였다. 이에 대한 로마의 복수는 철저했다. 예루살렘은 완전히 해체되었으며, 노예가 된 또 다른 유대인들은 로마 제국의 각 지역으로 흩어졌다.

이스라엘이 파괴된 후, 유대 종교의 배타성이 이룬 결과가 실제로 무엇인지 분명해졌다. 구약의 집단 학살을 초래한 예수는, 유대인들을 이끌고 나가, 적과의 싸움에서 승리를 위해 돌아와야 했지만, 결국 돌아오지 않았다. 사실 그는 전혀 나타나지 않았다. 메시

제1부 필요 없는 것(The Bathwater)

아에 대한 믿음이 압제로부터 유대인을 해방시키지 못했다. 그 정반대였다. 이 믿음은 유대인들을 약속의 땅으로부터 추방당하게 하고, 이교도의 노예가 되도록 하였다. 유대 문자주의는 실패하였다.

절망적인 상황에 직면한 유대인들에게, 영지주의 예수에 대한 숭배는 어떤 희망과 새로운 확신을 제공하였다. 영지주의적 기독교는 고대 세계 여러 곳에 흩어져 있던 유대인들 사이에 확산되기 시작했다. 그리고 바울이 희망했던 것처럼 이방인들도 받아들였다. 그러나 기독교가 로마에 왔을 때, 극적인 변화가 일어났다.

2세기에 이르러 로마인들은 마침내 다양성을 용인할 수 있을 정도로 충분히 상황이 안전하다고 느꼈으며, 그들을 당황하게 만드는 다양한 철학들과 의식들이 급증하는 것을 목격하였다. 도시는 근동(터키, 이란, 이라크, 시리아, 이스라엘 등 유럽과 가까운 서아시아 지역을 부르는 말. 역주) 전 지역을 떠돌아다니는 예언자들을 자석처럼 끌어 들였다. 신비를 이용하여 돈을 벌어들였으며, 곧잘 속는 사람들을 이용해 돈을 번 떠돌이 기적시행자에 대한 풍자는 곧 인기 있는 문학 장르가 되었다.

이상한 믿음들과 이국적인 종교들은 더 이상 가난한 자를 위한 것이 아니었다. 현대의 할리우드의 스타들이, 돈과 명성보다 더 나은 어떤 것들을 찾아 새로운 유행에서 또 다른 유행으로 떠도는 것처럼, 부유한 로마인들은 이해할 수 없는 동방의 신비한 종교들을

4. 생존치 않았던 가장 유명한 사람

취미로 접하며 그들의 여가 시간을 보냈다. 부유한 귀족, 정치인, 그리고 황제들까지, 죽었다 부활하는 다양한 신인 의식의 입문자가 되었다. 마크 안토니는 그의 수호 신성으로 디오니소스를 선택했고, 클라우디우스는 아티스를 지지했으며, 베스파시안은 세라피스를 숭배하고, 도미티안은 오시리스를 공경했다. 로마인들이 가장 증오하는 적인 페르시아인들이 섬기는 신조차도, 코모도스 황제가 미트라스 미스테리아에 입문함으로써 황제의 총애를 받았다.

많은 영지주의 지도자들이 2세기 중엽에 철학 학교를 만들기 위해 로마로 이주하였다. 이 당시에 유스티누스라 불리는 한 기독교 철학자도 로마에 이주하였다. 그는 대도시로 이주하기 전에 피타고라스학파와 플라톤 양 학파에서 거부당하게 되자, 철학자로 받아들여지지 않는 것에 절망하여, 스스로 그 자신의 기독교 종파를 설립하였다. 우리는 그의 글 속에서 예수가 빌라도에 의해 죽임을 당한 실재의 인간이라는 말을 처음 듣게 되었다. 유스티누스는 최초의 문자주의 기독교인이다.

문자주의 기독교는 혼란스러운 영적 시장에서 지지자를 모으기 위해 경쟁을 벌였던 또 다른 소수 종파였다. 그들은 죽었다가 부활하는 신인에 관련된 다른 종파들보다 우위에 설 수 있는 새로운 시장 전략을 가지고 있었다. 그들은 이교 이야기는 신화지만, 예수는 실제로 이 세상에 태어난, 육체를 가진 존재로서 이 신화들을 실현하였다고 주장하였다. 이교 철학자들에 의해 그렇게 사랑스럽게

제1부 필요 없는 것(The Bathwater)

묘사된 신의 아들이며, 그리고 유대인들이 결사적으로 기다렸던 메시아는 한 인간으로, 한 장소에서, 그리고 어느 한 시점에 이르러 육화肉化(incarnation)되었다. 이것은 혁명적인 새로운 주장이었다.

물론, 이교도들은 예수 이야기는 이교 신화를 표절한 것이라고 끊임없이 불만을 토로하였지만, 이 비난에 대해 문자주의자는 점점 더 많은 사이비 역사적 자료로 예수 이야기를 보강하여 반박하였다. 물론 1세기 반이 훨씬 지났으므로 예루살렘에서 예수와 관련된 그러한 일이 실제로 발생했는지를 알 수 있는 방법이 없었고, 그 점이 문자주의자들을 도와주었다. 예루살렘은 로마로부터 멀리 떨어져 있어 중요하지 않은 곳이었다. 어느 누구도 그 자리에서 문자주의자들의 주장이 사실에 반하는 터무니없는 주장이라는 것도 확인할 수 없었다. 왜냐하면 이미 그 현장은 철저하게 파괴되었기 때문이었다. 바로 유스티누스가 로마에 도착하기 몇 해 전에, 예루살렘의 도시는 유대인들에게는, 법을 위반하면 죽임을 당하는 조건으로 출입이 허락된 로마 도시로 재건되었다.

유스티누스는 문자주의 기독교의 첫 번째 증거를 우리에게 보여줄 뿐 만 아니라, 영지주의와 문자주의 간에 발생한 불화의 첫 번째 조짐을 보여준다. 영지주의자들은 문자주의자들에게는 하나의 문젯거리였다. 왜냐하면 그들은 예수는 실제로 한 인간이 아니며, 비유적 신화의 영웅이라는 주장을 하여, 문자주의의 새로운 종파의 선전 운동을 계속해서 방해했기 때문이다. 유스티누스는 영지주의

4. 생존치 않았던 가장 유명한 사람

자들이 여성을 유혹하여 그들의 지지자들을 모으는 것과 같이 여러 가지 더러운 술책을 쓴다고 비난하여 그들을 제거하였다. 심지어 그는 영지주의자들이 사람을 잡아먹는 풍습을 가지고 있다고까지 비난하였다.

문자주의자들은 영지주의자들을 중요하지 않은 이교로 만들기 위해, 그리고 그들 자신을 보편적이거나 일반적인 교회로 묘사하기 위해, 그들이 할 수 있는 모든 일을 하였으나, 실제로는 사실이 완전히 왜곡된 것이다. 3세기 초에 문자주의 기독교는 중요치 않은 종파였으며, 영지주의 기독교가 보다 더 대중적이었다. 이것이 바로 문자주의자들이 그렇게 많은 시간을 들여 영지주의자들을 공격한 이유이며, 영지주의자들이 거의 대항하지 않은 이유이기도 하다.

유스티누스가 로마에서 저술 활동을 할 때에, 영지주의 기독교는 고대 세계에 널리 확산되어 있었다. 이집트, 시리아, 소아시아에 있었던 우리가 아는 초기 기독교인들은 모두 영지주의자다. 110년에 카포크라테스는 알렉산드리아에 영지주의 종파를 설립하였으며, 117년에 바실리데스는 알렉산드리아에서 또 다른 학파를 창시하였다. 그리고 120년경에 케린투스는 에페수스에서 저술 활동을 하고 있었다. 발렌티누스는 그의 학파를 세우기 위해 로마로 가기 전인 136년에 알렉산드리아에서 공부했다. 이미 동방에서 수천 명의 추종자가 있었던 마르시온은 144년에 로마에 왔으며, 150년에는 마르쿠스가 뒤따라 로마로 왔다. 3세기에 서쪽으로는 스페인으로부터, 동쪽으로는 중국에까지 영향을 끼친 마니가 영지주의 교회를 설립하였다.

이교도 작가들은 영지주의 기독교의 대중성을 입증하였다. 철학자인 켈수스는 다양한 영지주의 단체들과 문서들을 언급하였으나, 문자주의 기독교와 신약성서에 대해서는 아는 것이 없었다. 이교도 철학자인 플로티누스는 그의 몇몇 친구들이 영지주의 기독교라고 말하며, 나그 함마디에서 발견된 것과 같은 그들의 문서에 대해서도 언급하지만, 그 역시 문자주의 기독교나 신약성서 중의 어느 복음서에 대해서도 알지 못하였다.

영지주의 기독교의 대중성은 문자주의 기독교 자신들에 의해서 입증되었다. 폴리카르포스의 편지는 기독교인 대다수가 예수가 '육체의 형태로' 존재했다는 것을 믿지 않는다는 것을 인정하였다.[24] 터툴리아누스는 영지주의자들이 '전체 세계'를 채우고 있다는 사실을 슬퍼하였다.[25] 또한 초기 문자주의 기독교의 위대한 영웅들조차도 점차 동조되어 갔다. 유스티누스의 뛰어난 제자인 타티아노스는 문자주의를 포기하고, 영지주의에 동참하였다. 그는 터툴리아누스가 했던 것처럼, 결국 문자주의의 로마 교회를 '영적인 사람을 위한 영적인 교회'라기보다는 차라리 '다수의 주교'를 위한 조직이라고 비난하였다.[26]

4. 생존치 않았던 가장 유명한 사람

마태, 마가, 누가, 그리고 요한

유스티누스 한 세대 후에, 로마에서 살았던 문자주의자 주교인 이레네우스는 그의 영지주의적인 라이벌을 폄훼하기 위해 '이교도에 반대해서'라는 방대한 글을 쓰는 데 열중하였다. 그는 예수에 관한 비유적인 해석들이 '비경험자들의 정신을 빼앗고, 그들을 사로잡기 위하여' 정교하게 계획되고, 꾸며진 그럴듯한 이야기라고 비하하는 글들을 연이어 장황하게 늘어놓았다. 영지주의는 사람들을 뛰어난 영지의 가면 아래로 유인함으로써, 충성스러운 사람들을 속이려는 음모라고 하였다.27 이에 대응하여, 영지주의자들은 문자주의자들이 모방 교회를 만들었다고 비난했다. 왜냐하면 그들은 영적 비유인 예수 신화를 아주 진부하게, 혹은 기만적일 정도로 단순한 것으로 대체했기 때문이다.28

문자주의자들에 따르면, 오로지 우리가 해야 할 것은, 예수 이야기는 사실이며, 우리가 구원될 것이라는 것을 믿는 것이다. 문제는 이미 유포된 많은 기독교 복음서가 있으며, 그들 중 많은 것은 나그함마디에서 발견된 것으로, 분명히 예수를 신화적인 모습으로 묘사하고 있다는 것이다. 이에 대해 이레네우스는 갑자기 예수 이야기가 역사적인 사실이라는 것을 보여주는 4복음서를 들고 나온다. 그는 예수의 삶을 입증하는 목격자 4사람이 있다고 주장하며, 그들이 마태, 마가, 누가, 그리고 요한이라는 것이다. 그리고 그 외의 사

125

제1부 필요 없는 것(The Bathwater)

람이 쓴 다른 기독교 복음서는 모두 가짜라고 주장한다.

이레네우스 이전에는 어느 누구도 단지 네 종류의 참된 복음서만이 있다고 주장하지 않았다. 한 세대 이른 유스티누스도 결코, 마태, 마가, 누가, 그리고 요한복음서에 대해 언급하지 않았다. 그러나 이레네우스는 이 4복음서를 명백한 기독교 경전으로, 그리고 신약성서의 근거로 만들기 위한 일을 시작했다. 아무튼, 그의 논증은 부정不正한 것이었다.

복음서들이 현재 숫자보다 더 많다거나 적다는 것은 불가능하다. 왜냐하면 우리가 사는 세상에는 4지역이 있고, 4가지 주요한 바람이 있다. 교회는 전 세계에 흩어져 있지만, 교회의 기둥과 기반은 복음서들과 영적인 삶이다. 즉 교회는 모든 방면에 불멸의 호흡을 하고, 모든 사람에게 신선한 생기를 주는 4개의 기둥을 가지는 것이 적합하다.[29]

이레네우스의 수사학적인 주장들은 다른 문자주의자들을 확신시킬 수 있을지도 모르나, 그것들이 실제로 우리에게 말하는 것은 '4복음서' 계획은 절망적인 옹호를 필요로 하는, 기이한 생각에 지나지 않는다는 것이다. 이것은 오늘날에도 여전히 절망적인 옹호를 필요로 한다. 왜냐하면 학자들은 이 복음서들 중에 어느 것도 예수의 삶을 입증할 수 있는 목격담이 아니라는 것을 논증했기 때

4. 생존치 않았던 가장 유명한 사람

문이다.

학자들은 마가복음서를 복음서 중 가장 이른 것으로 본다. 그러나 주의 깊은 분석을 통해 이 복음서가 역사적 사건들에 관해서 한 사람이 쓴 것이 아니라는 것을 밝혀냈다. 이것은 시대를 뛰어넘어 앞서 존재했던 이야기와 교훈적인 이야기들을 잘라내고, 붙여서 편집한 창작품이다.30 마가복음서에서의 단편들은 외견상 역사적이고, 지리적으로 상세한 설명들을 혼합한 이야기들과 함께 짜여져 있다. 그러나 누가 이것을 했다하더라도, 한 학자가 '팔레스타인 지리에 대한 한탄스러울 정도의 무지'라고 할 정도로 온갖 종류의 실수를 범했다.31

마찬가지로, 마태와 누가복음서도 예수의 삶에 대한 목격담이 아니다. 학자들이 처음에 마태, 마가, 그리고 누가복음서를 서로 비교해 보았을 때, 그들은 마태와 누가복음서의 많은 부분들이 단지 마가복음서를 축어 적으로 베낀 것임을 지적했다. 다른 격언이나 이야기들, 예를 들어, 동정녀 탄생이나, 부활 같은 전승된 이야기들이 서로 다른 원천으로부터 삽입되었다. 그러나 근본적으로 마태와 누가복음서들은 이야기를 덧붙인 마가복음서다.

요한복음서는 완전히 다른 방식으로 서술되었으며, 예수의 삶에 대해 의미 있는 다른 견해를 이야기한다. 이 복음서는 실제로 '사랑받는 제자'가 쓴 것으로 추정된다. 이레네우스는 어렸을 때의 기

제1부 필요 없는 것(The Bathwater)

억에 근거해서, 사랑받는 제자는 요한이라고 주장했다. 그러나 이것이 맞는 말인가? 나그 함마디에서 발견된 기독교의 다른 문헌에서, 예수의 사랑을 받는 제자는 막달라 마리아로 나타난다. 그리고 학자들은 예상된 저자를 마리아가 아닌, 요한으로 만들기 위해 복음서를 세련되지 못하게 개조했다는 것을 밝혀냈다. 마지막 만찬에서 예수의 무릎에 친근하게 엎드려 있는 사람은 요한이 아니라, 마리아라는 것이 본래의 문헌에 나타나 있다.[32]

이레네우스는 로마에 있는 문자주의자들의 의례가 대중적인 인기를 얻을 수 있도록 사랑받는 제자의 성을 바꿔 버렸다. 왜냐하면 여자를 싫어하는 로마인들은 겨우 여자가 쓴 책에 의해 결코 감동받지 않을 것이기 때문이었다! 이레네우스가 이러한 글을 쓰고 있을 당시에, 이교도 철학자인 켈수스는 오직 여성에 의해 기록된 복음서만을 알고 있었다.[33] 그러나 이레네우스는 오직 4복음서만 존재하며, 그것은 남자가 쓴 것이라고 주장했다.

저자의 이름이 잘못 명명된 요한복음서는 사랑받는 제자인 마리아의 작품이다. 고대 세계에서 영적인 문학 작품들은 관습적으로 신비한 모습을 갖는 것으로 생각되었다. 마리아는 영지주의 신화에서 매우 중요한 의미를 갖는다. 왜냐하면 그녀는 예수의 배우자이자, 기독교의 여신 소피아를 상징하기 때문이다. 문자주의 기독교인들은 기독교에서 소피아를 완전히 지워버렸다. 그러나 한 때 그녀는 예수처럼 중요한 상징이었다.

4. 생존치 않았던 가장 유명한 사람

이레네우스의 4복음서는 어느 것도 역사적 사건에 대한 실제적인 목격담이 아니다. 훌륭한 신학자인 루돌프 불트만은 자신의 삶을 이 복음서들을 연구하는 데 바쳤다. 그러나 그가 내린 마지막 결론은 이 복음서들은 '예수의 인격이나 삶에 관해 거의 아무것도 말해 주진 않는다. 왜냐하면 초기의 기독교 자료는 예수의 인격이나 삶에 관심을 보이지 않았으며, 그것들은 기껏해야 단편들이나 전설집에 지나지 않는다'[34]는 것이다. 지금 우리는 불트만보다 학문적으로 더 발전된 위치에 있지만, 우리 역시 복음서들은 역사적 예수에 대해 전혀 아무것도 말하는 것이 없다는 결론을 내렸다. 왜냐하면 그러한 사람은 결코 존재하지 않았기 때문이다. 이 4복음서는 당시 로마에 살았던 문자주의자들에게 기초적인 문헌을 제공하기 위해 계획적으로 만들어진 문학적인 창작물들이다. 그것들은 권위주의적 종교를 만들기 위한 의제에 맞도록, 문자주의자들이 후에 윤색한 영지주의적 신화들이다.

사도행전?

예수가 실재한 역사적 존재라면 그의 제자들에게는 어떤 일이 일어났을까? 이 질문에 답하기 위해 이레네우스는 이전에 어느 누구도 언급한 적이 없는 '사도행전'(이하 행전)이라고 불리는 또 다

제1부 필요 없는 것(The Bathwater)

른 새로운 문헌을 만들어냈다. 그러면 행전에 등장하는 사도들은 무엇을 했을까? 당연히 그들은 영지주의자들을 공격했다. 많은 영지주의자들은 그들의 전통이 1세기 성인 시몬 마구스Simon Magus에서 기원하는 것으로 생각했다. 행전은 시몬에 굴욕을 안겨준 예수 제자 베드로를 묘사하고 있다. 이레네우스는 시몬이 베드로에 의해 사기꾼임이 밝혀졌다는 증거로서 행전을 인용하였다. 한 세대 앞선 유스티누스도 시몬을 공격했지만 그는 행전을 인용하여 그의 주장을 보강하지 않았다.35 왜 그랬을까? 그 이유는 유스티누스 시대에는 행전이 존재하지 않았기 때문이다. 영지주의자들은 행전을 경전으로 인정하는 것을 거부했는데, 우리는 그 이유를 알 수 있다. 행전은 2세기 후반에 이르러 진전된 반영지주의적 의제 선정을 꾀하는 노골적인 단편이기 때문이다.

비록 이 책 제목이 예수의 제자들에게 일어났던 일을 우리에게 말하고 있다는 것을 시사한다 할지라도, '사도행전'은 실제로 그들의 이름 중 9명에 대해 어느 것도 우리에게 말해주는 것이 없다.36 그 이유는 조작된 행전에 나타난 실제 문자주의자들의 협의 사항은 베드로의 정체성을 확립하고, 그들 자신의 교회인 문자주의 교회의 창립자로서 베드로를 내세우기를 원하는 것이었기 때문이다. 문자주의자들은 영지주의의 '위대한 사도'인 바울에 필적할 만한 권력을 가진 그들의 사도를 필요로 했다.

문자주의자들은 바울이 너무 많이 알려져 있어서 그를 무시할

4. 생존치 않았던 가장 유명한 사람

수 없었다. 그러한 이유로 행전에서 그들은 바울을 문자주의자로 만들었고, 베드로의 지배 아래 두었다. 그들은 예수를 만난 적이 없다는 바울의 말을 이용하여 이러한 일을 꾀하였다. 이제 행전은 예수를 만난 적이 있는가를 사도가 되는 조건으로 만들기 시작했다.37 이것은 단순한 책략이었지만 바울과 그를 변함없이 따르는 잘못 인도된 영지주의자들(문자주의자의 입장에서 볼 때. 역주) 모두를 문자주의자로 만드는 데에는 효과적이었다. 그래서 문자주의자들의 교회를 세웠을 것이라고 생각되는 베드로는 그 자신이 사실상 전혀 역사적인 인물이 아니었음에도 불구하고 참된 사도가 되었다. 그리고 영지주의자들의 영웅인 바울은, 사실상 그 자신이 기독교의 설립자 중 한 사람이었음에도 불구하고 참된 사도가 되지 못하였다.

행전은 바울과 베드로가 예루살렘에서 만났으며, 바울이 베드로의 권위를 받아들인 것으로 꾸며져 있다. 그러나 실제로는, 바울이 편지에서 자신에 대해 말한 내용과 행전에서 바울에 대해 언급하고 있는 거의 모든 내용이 서로 상충한다.38 그리고 바울은 베드로라는 사람을 만났다는 사실을 결코 언급한 적이 없었다. 문자주의자들의 해결책은 편집자적 기질을 보여주는 두 가지의 교묘한 단편들이다. 하나는 바울의 「갈라디아서」고, 또 다른 하나는 「요한복음서」다.

「갈라디아서」에서 바울은 게바라고 불리는 한 기독교인을 예루

제1부 필요 없는 것(The Bathwater)

살렘에서 만났다고 하였다. 이것에 근거해 문자주의자들은 단순히 문장 하나를 끼워 넣어 게바를 '베드로'로 바꾸어 놓았다. 이것은 분명히 그 문헌에 끼워 넣은 것이다. 왜냐하면 바울은 다음 문장에서 즉각 게바에 대한 이야기로 되돌아갔기 때문이다. 그럼에도 불구하고, 이것은 게바와 베드로를 동일 인물로 만들기에 충분했다.

베드로는 예수 신화에서 중요한 가공의 인물이다. 신약성서에서 베드로에 대한 언급은 150번이 넘는다. 「요한복음서」에서 이들 중 하나가 '게바'로 읽히는 것으로 바뀌었다. 편집자는 이해를 돕기 위해 '그가 베드로'라고 알려 준다.[39] 그 이후로는 게바에 대해 다시 언급함이 전혀 없었다.

게바라는 이름은 신약 전체에서 오직 단 한 번 나타나며, 베드로라는 이름은 바울의 전체 편지에서 오직 한 번만 언급되었다. 그러나 간단하게 삽입된 이 두 문장은 신화적 모습의 베드로와 역사적 인물인 게바를 동일 인물로 만들기에는 충분하였다. 그리고 이 연결은 행전을 만드는 근거가 되었으며, 행전에서는 영지주의 사도인 바울이 문자주의 사도인 베드로의 지배 하에 있는 것으로 묘사된다.[40]

조금씩 고쳤지만 많은 부분에 조작이 가해진 바울 편지에 또 다른 수정이 행해졌다. 이레네우스와 터툴리아누스는 「갈라디아서」를 인용했지만, 중요한 문장에서 '아니다'라는 단어를 빼버렸다. 원래의 편지에서 바울은 예루살렘에서 만난 기독교인의 권위에 자

4. 생존치 않았던 가장 유명한 사람

신을 종속시키지 '않았다'라고 했지만, 그러나 새로운 버전에서는 바울이 그들의 권위를 받아들인 것으로 바뀌어졌다. 그 권위는 문자주의자들의 의제 설정에 완전히 들어맞는 것이었다.[41] 그래서 그들은 바울이 베드로(별칭 게바)를 예루살렘에서 만났고, 베드로의 권위를 받아들였다고 주장하는 것이다. 이 이야기는 여전히 지금도 믿어지지만, 그러나 이 이야기의 어느 것도 사실이 아니다.

해가 지남에 따라 베드로의 전설을 다룬 '사도행전'과 같은 창작물이 기하급수적으로 증가하였다. 베드로가 어떻게 로마에서 문자주의자들의 교회를 설립했는지와 십자가에 거꾸로 매달려 순교한 것과 관련된 극적인 이야기들이 만들어졌다. 그러나 이 판타지들은 창조성과 환영받을 만 한 가치를 가졌음에도 불구하고, 너무 늦게 창작되었기 때문에 신약에는 포함될 수 없었다.

문자주의자 바울

이레네우스는 마태, 마가, 누가, 요한복음서와 사도행전에 대해 역사상 처음으로 언급한 사람일 뿐만 아니라, 그는 이전에 어느 누구도 들어 보지 못한 바울의 여러 편지를 가지고 있다고 주장하였다. 교서로 알려진 이 편지들에서 바울은 영지주의자에서 문자주의자로 변모되었다. 신약의 바울 편지 13편 중 대다수의 학자들에 의해서 가짜로 판명된 3편의 편지는 바울을 목사와 같은 활동을 하는 사람으로 묘사하는 것이었고, 그 당시의 영지주의자들도 실제로 인정하기를 거부하였다.[42]

목회 활동을 하는 자들은 그들의 지위를 부여받았다. 왜냐하면 그들의 목적은 교회의 구성을 지도하기 위한 목회 활동 규칙을 제공하는 것이기 때문이었다. 그러나 본래 바울은 그러한 문제에 관심이 없었다. 그가 편지를 쓸 때에는 주교와 부사제로 구성된 교회 자체가 없었기 때문이다! 실제로 목회 활동이 우리에게 보여주는 것은 이레네우스와 같은 2세기 문자주의자들의 목적과 야망이다. 문자주의자들은 권위주의적인 교회를 만드는 데 절망적이었고, 그래서 그들은 구성원들이 이탈하거나 그들이 두려워했던 영지주의자들에게 합류하는 것을 방해하였다.

이단에 반대하는 이레네우스의 많은 글들은, 영지주의자들의 영웅인 바울이 '소위 거짓된 영지'에 반대해서 경고의 목적으로 쓴 것으로 생각되는 교서를 인용하였다.[43] 본래 바울은 항상 신화적인 예수에 대해서만 언급했지만, 목회자 바울은 빌라도 앞에서 떳떳하게 그 자신을 옹호하는 생생한 예수를 말하고 있다.[44] 바울의 목회 활동에 대한 날조는 또한 여성을 비판하는 계기를 제공하였다.

문자주의자들에게는 수치스러운 일이겠지만 영지주의자들은 여성을 남성과 평등하게 대한 것으로 유명하였다. 영지주의 여성들

4. 생존치 않았던 가장 유명한 사람

은 설교를 하고, 침례를 하며, 성찬식을 거행하였다. 뿐만 아니라 대부분의 영지주의 그룹들은 영지주의 복음서처럼 여성의 이름을 따서 명명하였다. 이레네우스와 터툴리아누스 같은 문자주의자들은 격노하였다. 그들은 영지주의 여성들이 '토의에 참여'할 뿐만 아니라, 주교처럼 행동할 수 있다는 사실에 충격을 받았다.45 그들의 이러한 여성 혐오적인 견해는 목회 활동을 하는 바울의 입을 통해서 나타난다.

> 여성들은 전적으로 순종하며, 묵묵히 배우라.
> 나는 여성들이 가르치는 것과 남자를 주관하는 것을 용납하지 않으리라.46

이러한 목회 활동은 바울을 로마화시키는 데 효과적이었다. 로마 사회에서 여성이 남성과 동등하다는 것은 생각할 수 없는 것이었다. 여성이 종교 집단의 지도자가 될 수 있다는 것은 신성을 더럽히는 것에 지나지 않았다. 로마 여성이 종교에 대해 가지고 있는 권리는 간단하다. 그들은 아무것도 가지고 있지 않다는 것이다. 그들은 종교적인 의례에서 직무를 행하는 것이 금지되었으며, 로마법은 전통적으로 여사제에 의해 거행되던 동방 교회의 의례조차도 남성으로 대신할 것을 요구하였다. 이레네우스는 교서에서 바울을 여성 혐오자로 만들어, 로마 대중들이 그의 문자주의 기독교를 받

제1부 필요 없는 것(The Bathwater)

아들이기를 꾀하였다.

실제로 바울은 역사적인 예수를 언급하지 않았다는 문제가 여전히 남아 있다. 그러나 이것은 다시 또 간단하게 해결되었는데, 그것은 바울의 편지를 복음서 뒤로 돌려놓는 것이다. 그러면 독자들이 바울의 편지를 읽을 때, 바울이 언급한 예수는 자연스럽게 앞선 책들에서 묘사된 역사적 예수에 대해 말하는 것으로 생각할 것이기 때문이다. 오늘날 설득을 담당하는 보좌관들은 이러한 문자주의자들로부터 한두 가지 정도를 배울 수 있을 것이다. 여러분은 그들의 교묘함을 칭찬해야 할 것이다.

'성스러운' 책?

권위를 차지하려는 싸움에서 텍스트는 무기다. 3세기 문자주의 기독교의 성스러운 위조 공장은 신약에 덧붙일 새로운 기록들을 줄기차게 쏟아 냈다. 예를 들면, 2권의 데살로니가서와 3권의 고린도서처럼 바울을 문자주의자로 묘사한 편지들이 더 많이 만들어졌다.[47] 편지들은 또한 요한과 베드로의 이름으로 위조되었다. 요한 2서는 예수에 관해 무엇이라도 전하려는 모든 가식들조차 포기했다. 이것의 유일한 목적은 '예수 그리스도가 육체로 부활했다'는 사실을 인정하지 않는 '많은 사기꾼들'을 공격하는 것이었다.[48]

4. 생존치 않았던 가장 유명한 사람

현재 신약을 구성하는 모든 책은 3세기 초기에는 신성한 책으로 열렬하게 받아들이는 사람도 있었지만, 또 다른 사람들은 위조된 것으로 여겨 조롱을 쏟아 부었다.[49] 그럼에도 불구하고, 세월이 지나자 신약은 명백한 기독교 경전이 되었다. 또한 문자주의자들은 초기 영지주의자들이 격렬하게 타나크(구약)를 거부했음에도 불구하고, 이를 채택해서 그들 자신의 목적에 맞도록 중대한 수정을 하여 자신들의 구약으로 만들었다.

타나크는 율법서(모세 5경이라고도 함. 역주), 예언서, 성문서 3부분으로 나누어진다. 문자주의 기독교인들은 예언서와 성문서의 순서를 바꾸어 놓았다. 그래서 구약은 예수 등장을 위한 하나의 오랜 준비로 보이게 되고, 예수는 '다윗의 집안에서 태어나게 된다.' 구약은 「말라기」의 예언, '보라, 나는 선지자 엘리야를 당신에게 보낼 것입니다'[50]라는 말로 끝을 맺고, 엘리야를 세례자 요한의 신약에 그 모습을 등장시켰으며, 세례자 요한을 예수를 위한 길을 예비하기 위해 다시 온 엘리야라고 주장하였다.

타나크를 그들의 구약으로 채택하는 것은 문자주의 기독교도를 위한 두 가지 목적에 도움이 되었다. 이것은 기독교를 유구한 전통의 연속선상에 있는 것처럼 보이게 만들었고, 로마법이 오직 고대로부터 기원하는 신앙에 대해서만 신앙의 실천을 허락하였을 때 극히 중요한 것이 되었다. 그리고 이후에 교회가 로마 제국의 공식적인 종교가 되었을 때, 구약이 바로 구약을 만들어낸 당파성이 강한 하스몬가에 성서적인 정당성을 제공한 것처럼, 모든 반대자에 대한 야만적인 탄압에 대해 성서적인 정당성을 제공하였다.

신약을 만든 과정은 구약이 만들어지는 과정과 신비할 정도로 같다. 양자는 자신들의 힘과 권력을 만들고 유지하는 데만 열심인, 당파성이 강한 문자주의자들에 의해 짜 맞추어졌다. 양자는 노골적인 정치적 선전의 확산에 묻혀버린 영지주의의 신화를 포함하고 있다. 양자는 그렇게 많은 편집자들의 손에 의해 개조되거나 수정되어서, 모순과 변칙적인 것투성이다. 문자주의자의 성서는 성스러운 경전이 아니다. 이것은 신성하기보다는 난잡한 것이다.

영광뿐인 상처

3세기 중엽에 로마 제국은 붕괴에 직면하였다. 페르시아인들은 동쪽에서, 그리고 야만인들은 북쪽에서 위협하였다. 역사상 처음으로 로마 황제가 전장에서 죽었으며, 또 다른 황제는 포로로 잡혀 죽었다. 흑사병이 전 지역을 황폐화시켰다. 이 '혼돈의 시대'에 세상의 종말이 가까이 왔음을 주장하는 문자주의 기독교를 포함하여, 모든 종류의 다양한 미신들이 널리 확산되었다. 세상의 종말이 가능하게 보였을 뿐만 아니라, 정말로 그럴 것 같았다.

결국 디오클레티아누스 황제는 명령을 내렸다. 그는 신들을 섬

4. 생존치 않았던 가장 유명한 사람

기는 것을 소홀히 해서 이러한 혼란이 일어났다고 믿어, 신들을 달래기 위해 로마 군인은 누구나 황제와 제국의 건강을 위하여 제물을 바칠 것을 선포하였다. 그러자 디오클레티아누스 황제의 군대에서 꽤 많은 숫자를 차지하는 소수 민족이었던 기독교인들이 그 명령을 거부했다. 이에 대한 응징으로 디오클레티아누스 황제는 제국 전체에 산재하는 모든 교회를 파괴할 것과 기독교 지도자들을 투옥할 것을 명령했다. 그리고 모든 기독교인들은 로마의 신들에게 제물을 바치고, 그렇지 않으면 사형에 처할 것을 선포했다.

기독교인들이 로마로부터 박해를 받은 것은 이번이 처음이 아니었지만, 이전의 박해는 단기간이었고, 광범위하게 시행되지도 않았다. 디오클레티아누스 황제 치하의 박해는 야만적이었지만, 기대하지 않았던 결과를 가져왔다. 그러나 현대에 와서 알려진 것처럼, 종교적 광신 행위를 더욱 자극할 박해는 전혀 없었다. 종교적 극단론자들을 제거하는 것은 쉬운 해결책으로 보이지만, 모든 순교자의 죽음은 오히려 그들의 헌신을 모방하기를 바라는 더욱 많은 사람들을 자극한다. 디오클레티아누스 황제보다 1세기 전에 일어난 박해 당시에 터툴리아누스는 이렇게 말했다.

당신들이 우리를 처형하면 할수록 우리는 그만큼 더 성장한다. 순교자의 피는 교회의 씨알이다.51

제1부 필요 없는 것(The Bathwater)

　다른 많은 종교적 극단론자들이 그랬던 것처럼, 문자주의 기독교인들도 열광적으로 순교 기회를 기꺼이 받아들였다. 그들은 순교자를 정신적인 운동선수나 성스러운 전사로 이상화했다. 그들은 '한 시간의 고통을 인내함'으로써 '영생을 얻을 수 있다'는 것을 믿었다. 문자주의자 키프리아누스는 '영광스러운 상처에서 흘러나와 지옥의 불과 화염을 끄는 피'의 '숭고하고, 위대하며, 만족스러운 장관'을 지켜보는 주의 기쁨을 생생하게 묘사하였다.[52]

　영지주의 기독교인들은 속기 쉬운 사람들을 거짓된 약속으로 무의미한 고통을 받게 만드는 광신도가 문자주의자들이라고 생각했다. 그들은 구원이란, 영지의 실현을 통해서만 이루어지는 것으로 믿었기 때문에, 천국에 이르는 빠른 길로 순교를 택하는 자들을 어리석은 자로 간주했다. 「진리의 증언」은 신이 '인간 희생'을 바란다고 가르치는 자들은 신을 식인종으로 만드는 자라고 선언한다. 문자주의 기독교인들은 '그의 형제를 압박하여' 순수한 동료 신앙인들을 '암살자로 만드는' 자들이다.[53] 「베드로 계시록」은 '약자'의 고통에서 기쁨을 느끼는 문자주의자에 대해 섬뜩한 전율을 표현한다.[54]

　영지주의자의 항의는 영향을 주지 못했다. 한 때 순교자는 천국을 보장받았으며, 문자주의 기독교는 적극적으로 죽음을 갈망하는 신봉자들에 의해서 집단 자살 의례가 되었다. 아무튼, 순교에 대해 가장 많은 목소리를 냈던 순교 옹호자인 이레네우스와 터툴리아누

4. 생존치 않았던 가장 유명한 사람

스 자신들은 그럭저럭 이 운명을 회피할 수 있었다는 것은 흥미로운 일이다. 항상 순교를 요구받는 사람들은 운동 조직의 말단에 있는 사람이지, 이 영광스러운 희생을 다른 사람에게 재촉하는 지도자들이 아니라는 것은 정말 이상한 일이 아닐 수 없다.

성스럽지 못한 로마 제국

디오클레티아누스 황제가 죽었을 때 문자주의 기독교인들은 행운의 완전한 반전을 맞이하였다. 주교들은 감옥에서 나와 제국을 지배하는, 예상치 못했던 자신의 모습을 발견하게 된 것이다. 거기에는 콘스탄티누스라고 불리는 새로운 군사 독재자가 있었다. 그리고 그는 기독교를 제국의 종교로 삼았다. 무엇 때문에 그는 전임자들에 의해 채택된 죽음과 부활의 신인神人에 대한 다양한 의례 중의 하나가 아니라, 기독교를 선택한 것인가? 아마 이것은 그의 어머니가 기독교인이었기 때문인지 모른다. 아무튼, 사람들은 결코 어머니의 영향을 과소평가해서는 안 된다! 아마 그 자신이 독재자였기 때문에 그는 문자주의 교회의 권위주의적 성향에 매력을 느꼈을 것이다. 우리는 이후에 문자주의자들에 의해 만들어진 환상적인 이야기, 바로 콘스탄티누스가 대규모 전투에 나가기 전날 밤, 예수가 그의 꿈속에 나타나 적에 대한 승리를 보장했다는 이야기

제1부 필요 없는 것(The Bathwater)

를 적어도 받아들이고 싶지 않을 것이다. '평화의 왕자'인 예수가 콘스탄티누스 같은 사악한 독재자를 편들었을 것으로는 생각되지 않는다.

콘스탄티누스는 제국을 통일하고 지배하기 위해 문자주의자 교회의 조직을 이용할 계획을 세웠다. 문제는 초기 기독교 시절부터 기독교인들은 서로 일치하지 않았다는 것이다. 그의 해결책은 처음으로 기독교 협의체를 만들어 기독교의 교리를 확정하도록, 니케아에 기독교의 주교들을 초대하는 것이었다. 그러나 주교들이 도착하자마자 그들은 동료 기독교인들에 대해 불평하는 탄원서를 가지고 황제를 공격하였다. 그는 고민할 필요 없이 모든 탄원서를 태워 버림으로써 문제를 해결하였다. 그는 통합을 원했고, 그리고 시행하였다.

문자주의자 교의敎義는 니케아에서 만들어졌으며, 그리고 당근과 채찍을 사용하여 말썽 많은 주교들을 굴복시켰다. 새로운 교리에 찬성하는 주교들은 콘스탄티누스의 손님으로 사치스러운 연회를 즐기며, 몇 달 동안 머물도록 초대했지만, 반대하는 주교들은 범죄자가 되어 제국 밖으로 추방당했다. 니케아 신경(4세기 초 그리스도 교회의 신앙의 도리를 재확인하기 위해 니케아에서 결정된 신조. 역주)은 포악한 로마 황제에 의해 계획되었고, 무력으로 기독교에 강요된 것이다. 그러나 믿을 수 없게도 이것은 여전히 오늘날에도 세계에 산재한 교회에서 반복되고 있다.

4. 생존치 않았던 가장 유명한 사람

유세비우스 주교는 신경信經이 된 많은 개념들에 반대하기 위해 협의체에 참석했으나, 그는 권력의 바람이 부는 방향을 알아차리고, 콘스탄티누스의 오른팔이 되어 니케아를 떠났다. 그는 콘스탄티누스의 전기 작가가 되어, 황제를 살아 있는 성인이며, 거의 신적인 존재이며, 지상에 존재하는 확실한 신의 대리자라고 미화하는 「연설」을 썼다. 그러나 실제로 콘스탄티누스는 다른 로마의 황제들처럼 괴물이었다. 그는 니케아에서 집으로 돌아와 그의 아내를 목 졸라 죽이고, 아들을 살해했다. 그는 임종 전까지 세례를 받지 않았으며, 그래서 그는 자신의 권위에 도전하는 모든 사람들을 계속해서 암살할 수 있었고, 그리고 마지막에는 세례를 통해 용서를 받았다. 그러나 유세비우스를 통해서는 이러한 이야기를 전혀 들을 수 없다.

또한 유세비우스는 후대에 막대한 영향력을 끼친 『교회사』라는 책을 저술하였다. 그러나 그가 말하는 '역사'는 「연설」에서 콘스탄티누스의 참된 모습을 그렸다는 수준 정도로, 초기 기독교의 설명에 대한 정확성을 가질 뿐이었다. 이것은 완전히 터무니없는 공상의 비약으로 독재적인 로마 교회의 요구를 충족시키기 위해 계획된 것이다. 그런데도 유세비우스의 책은 기독교 역사에 대한 전통적인 이해의 토대가 되었다. 왜냐하면 몇 세기 동안 모든 역사가들이 그들의 가장 중요한 자료로 그의 책에만 의존해야 했기 때문이다. 왜 그랬을까? 그 이유는 선택할 수 있는 모든 자료는 보는 것이

제1부 필요 없는 것(The Bathwater)

금지되거나 불태워졌기 때문이다.

　문자주의 기독교인들은 4세기 초기부터 로마 제국의 후원을 받아 그들의 라이벌인 영지주의자와 이교도를 절멸시키는 박해를 가하기 시작했다. 이교도를 논박하는 신약과 모든 반대자를 초토화시키는 정책을 합법화하는 구약을 무기로, 신성 로마 제국은 전혀 신성하지 않은 폭력을 실행했다. 그러나 문자주의 기독교인들은 다른 모든 종교를 박멸시키는 것보다 더욱 중대한 일을 범했다. 그들은 문명 자체를 파괴한 것이다. 기독교인들은 오랫동안 계시를 실현시키고자 하는 꿈을 가지고 있었고, 이제 그 꿈을 현실화하는 데 성공하였다.

　누구나 야만인들이 로마를 파괴시켰다는 것은 알지만, 그 야만인들이 기독교인이라는 사실을 아는 사람은 거의 없다. 5, 6세기에 검은 옷을 걸친 기독교 수도승들은 이교 문명이 이룩한 경이로운 대상들을 모두 초토화시키면서 붕괴하고 있는 제국을 배회하였다. 당시의 이교도 작가는 그들을 '모습은 인간을 닮았지만 돼지 같이 사는 수도승'이라고 묘사하면서, '검은 옷을 입은 사람은 누구나 난폭한 힘을 가지고 있다'고 한탄하였다.[55]

　아프가니스탄의 고대 불교 유적을 다이너마이트로 파괴한 탈레반처럼, 기독교 수도승들은 천 년을 넘게 그 자리를 지켜오던 고대 이교 신전을 파괴했다. 이교의 사제와 여사제는 추방당하거나 살해됐고, 아니면 그들의 신전에 쇠사슬로 묶인 채 버려져 굶어 죽었

4. 생존치 않았던 가장 유명한 사람

다. 빼앗은 신전의 재산은 황제와 주교들이 나누어 가졌다. 철학자들과 이교도들도 살해되거나 추방당했으며, 대도서관들은 불태워졌다. 그리고 고대의 저작들이 불더미에 던져질 때, 아우구스티누스는 문자주의의 승리를 선언하면서 이렇게 말했다.

경전의 권위를 제외하고는 어떤 것도 받아들여서는 안 된다. 왜냐하면 모든 인간정신의 힘을 합한 것보다도 경전의 권위가 더 위대하기 때문이다.56

문자주의 기독교인들은 성서를 오류가 없는 신의 말로 숭배함으로써, 그들은 기독교 개화의 새로운 시대로 인도될 것을 믿었다. 그러나 그들의 믿음은 완전히 잘못된 것이다. 실제로 전 유럽에서 빛은 사라졌고, 서구는 무지와 미신의 야만적인 삶으로 되돌아갔다. 문자주의 기독교인들은 신의 왕국이 도래하기를 희망했지만, 실제로는 '암흑기'라 불리는 비참한 천 년의 시간이 시작되었다.

가능성 있는 근거

만일 당신이 충분하게 시간을 갖고 거짓말을 한다면, 사람들은 결국 그 말을 믿게 될 것이다. 바로 이것이 문자주의 기독교에서 일어난 것이다. 우리는 예수 이야기에 너무 친숙해서 다른 유사한 이야기를 대하는 것처럼 다룰 수 없다. 그러나 열린 마음을 가지고 보라. 그러면 예수 이야기는 명백한 신화로 보일 것이다. 복음서들이 죽었다가 부활하는 기적적인 신인神人의 삶을 직접 보고 기록한 목격담인가? 아니다. 예수의 실재를 증명하는 증거는, 실재성을 의심받는 모세, 여호수아, 다윗, 솔로몬, 그리고 나머지 존재들이 정말 실재했었다는 증거보다 더 많지 않다. 복음서는 모두 유대인들의 문학적인 창작품이다. 예수 이야기는 고대 이교 신화들에 근거한 상징적이며, 비유적인 이야기다. 이 이야기는 복음서에 포함된 많은 비유들처럼 바로 그러한 비유인 것이다. 실재했던 예수를 찾는 일은 선한 사마리아인을 찾는 것처럼 무익한 일에 지나지 않는다.

현대에는 2,000여 개의 서로 다른 다양한 기독교 분파가 존재한다. 그들 대부분은 문자주의로, 로마 교회가 만든 신약을 예수의 삶에 대한 참된 이야기라고 생각한다. 아무튼, 그들에게 왜 기독교를 믿게 되었냐고 물으면, 그들 대부분은 예수와 인격적인 내적 소통을 경험했기 때문이라고 한다. 이러한 경험은 문자주의 기독교인이 되는 것이 아니라, 영지주의 기독교인이 되는 훌륭한 이유로, 이것은 대단한 아이러니가 아닐 수 없다. 영지주의자들은 예수를 내적인 영적 존재로 생각한다. 이러한 존재는 우리 내면에 존재하는 그리스도를 상징하는 것이다. 사람들이 예수와 인격적인 관계를 경험한다는 것은, 실제로는 영지주의 기독교의 전통을 따르고

4. 생존치 않았던 가장 유명한 사람

있다는 것이다.

자신의 내면에서 예수를 경험한다는 것은 문자주의 기독교인이 되기 위한 좋은 이유가 아니다. 왜냐하면 내면에서 크리슈나와 오시리스를 경험한다는 것이 그들과 같은 신인의 존재를 입증하는 것이 아닌 것처럼, 인간 예수의 실재성을 입증하는 것이 아니기 때문이다. 문자주의 기독교인이 되어 당신의 영원한 영혼의 운명을 역사적으로 정확한 복음서 이야기에 맡길 수 있는 유일하고 타당한 근거는, 예수가 실제로 죽음으로부터 부활했다는 증거를 찾는 것이다. 그러나 정말로 거기에는 어떠한 증거도 없다.

앞서 출판한 책인 『예수 미스테리아』와 『예수 그리고 잃어버린 여신』에서 이 장에서 다룬 주제에 대해 더 상세하고 많은 증거를 제시했다. 우리는 매일 독자들로부터 이메일을 받는다. 근본주의에서 벗어난 사람들이 많은 메일을 보내오는데, 그들은 자신들을 자유롭게 만들고, 그들의 정신적 지평을 넓혀준 것에 고마움을 표시한다. 다른 사람들은 기독교의 역사를 수정하는 것에 대해 격노를 표현한다. 그러나 이것이 격노할 일인가? 우리는 그렇게 생각하지 않는다. 우리의 합리적인 이론에 비하여 부당한 것은 기독교 초기 역사에 관한 전통적인 이론이다.

우리의 주장이 틀릴 수 있다는 이메일을 보낸 한 기독교 경찰관에게, 우리는 단지 가능한 근거를 토대로 생각해야 한다는 것을 제안하는 답장을 보냈다. 증거를 비교, 검토하는 훈련을 받은 경찰관에게 이러한 접근법이 호소력이 있을 것이라 생각했다. 기독교는 이교와 유대교의 영지주의적 종합으로부터 시간을 거쳐 등장했다는 것이 우리의 주제다. 문자주의 기독교인들은 이 모든 것이 물 위를 걸으며, 죽음으로부터 부활한 신의 아들을 동정녀가 낳았다는 사실로부터 시작한다는 것을 믿는다. 만일 한 증인이 법정에서 그러한 일이 실제로 일어났다고 주장한다면, 그 주장은 무의미해서 증언으로 받아들여지지 않을 것이라는 것을 제시했다. 그리고 서는 더 이상 답장을 받지 못했다.

5. 무함마드 : 신비주의자에서 폭도로

> 경전을 날조하고, 이것은 신으로부터 온 것이라고 말하며,
> 이로부터 이득을 얻는 자들에게 화가 있을 것이다.
> ─코란1

　　　　　태초에 알라는 그가 창조한 세상에 무함마드라는 지도자를 태어나게 했다. 무함마드는 아담과 이브가 만들어지기 이전인 이 세상 처음부터 이미 예언자였다. 무함마드가 570년에 메카에서 태어났을 때, 그는 이미 할례割禮를 받았으며, 어머니 몸으로부터 분리되어 있었다. 그가 태어날 때, 그의 집 전체는 빛으로 가득 차고, 별들이 마치 지상으로 떨어질 것처럼 고개를 숙였다. 이란의 불 숭배자들은 천여 년 동안 빛을 받아 빛나던 그들의 사원에 있는 화로가 얼음 같이 차가워진 것을 관찰하였다.

　40세가 되었을 때, 무함마드는 명상을 하기 위하여 메카 근처의 히라 산에 있는 동굴에 가곤 했다. 이곳에 천사 가브리엘이 나타나 신이 쓴 메시지를 주며, '읽으라'고 하였다. 그러나 무함마드는 문맹이었다. 세 번째에는 무함마드의 목을 조르며 읽을 것을 명했으

제1부 필요 없는 것(The Bathwater)

나, 무함마드는 읽을 수 없다는 것을 가브리엘에게 말했다. 가브리엘과의 만남 때문에 무함마드는 너무 혼란스러워 자살을 하려고 하였다. 그러나 친절한 아내인 카디쟈에 의해서 자신이 신에 의해 마지막으로 선택된 예언자라는 것을 확신하게 되었다.

  무함마드는 점점 더 신으로부터 많은 메시지를 받았으며, 이것이 결국 코란이 되었다. 그리고 예언자로서 하나의 참된 이슬람 종교를 창시하였다. 이 종교는 이전의 모든 예언자들의 계시를 완성했으며, 대체하였다. 신이 직접 지도함으로써, 무함마드는 힘과 영향력이 점차 강력해지고, 경건해진 무슬림의 이슬람 공동체를 고취시켜 나갔다. 몇 년이 안 되서 무함마드는 위대한 군사적 지휘자가 되어 신의 적들을 쳐부수고, 이슬람 제국을 일으켰다. '이슬람'은 '복종'을 의미하며, 신은 무함마드를 통해서 모든 인간들이 신 자신의 신성한 의지에 복종할 것과 무함마드를 그가 선택한 예언자로 인정할 것을 요구하였다.

  무함마드는 죽음에 이르러, 어느 날 밤, 하늘을 나는 말을 타고 아라비아를 떠났다. 그리고 예루살렘에서 멈췄는데, 이곳에서 바위의 둥근 천장 밑에 기적적으로 여전히 보존되어 있는 말의 발자국과 무함마드의 손자국을 볼 수 있다. 예루살렘에서 아브라함, 모세, 그리고 예수를 만났으며, 그들은 무함마드가 마지막 예언자이며, 그의 새로운 종교는 그들의 종교와 연속선상에 있는 것이 아니며, 더 나은 종교라는 것을 인정하였다. 마침내 그는 하늘로 올라

5. 무함마드 : 신비주의자에서 폭도로

가 지금 신의 오른편에 앉아 있으며, 누가 영원한 삶을 누릴 것인가를 판단한다.

이것은 또 다른 위대한 이야기다. 그러나 이 이야기의 어느 것이 사실인가? 그렇다! 마침내 아브라함, 모세, 솔로몬, 예수, 베드로, 그리고 그 밖의 나머지 사람들과 달리 무함마드는 진실로 역사적 인물이라는 것이다. 유감스럽게도 우리가 역사상의 무함마드가 실제로 어떤 인물인가를 말할 때, 여러분들은 그가 실제로 존재하지 않았던 인물이기를 바랄지 모르겠다.

수피라 불리는 신비주의적인 무슬림에 따르면, 이슬람은 무함마드 주변에 형성되었던 작은 영지주의자들의 모임으로부터 시작되었으며, 그는 신성한 지혜와 소통하는 영감을 받은 예언자였다. 그러나 몇 년이 지나지 않아, 그는 아라비아에서 신학적으로, 사회적으로, 그리고 군사적으로 가장 강력한 존재가 되었다. 무함마드는 폭도가 된 신비주의자였다.

무함마드는 자기 스스로 선언한 신의 메신저라는 지위를 이용하여, 이전에는 서로 전쟁을 벌이던 지역 부족들을 강력한 공동체인 '움마umma'로 아랍 민족을 단결시켰다. 움마의 구성원들은 서로 약탈하지 않을 것을 맹세했으며, 이것은 몇 세기 동안 공통된 관습이 되었다. 그들은 무함마드의 이슬람 공동체에 가입을 거부하는 모든 사람들을 강력하게 응징하기 위하여 함께 단결하였다. 이 조직화된 신앙집단은 신의 선택을 받은 군사적 절대 권력자인 무함

151

제1부 필요 없는 것(The Bathwater)

마드에 의해 군사화 되고, 그리고 제국이 되었다. 만일 기독교 역사가 어떻게 몇 세기 만에 평등주의적인 영지주의가 전제주의적인 문자주의 종교로 타락할 수 있었는가를 입증하는 것이라면, 이슬람 역사는 동일한 과정이 몇 십 년 만에도 일어날 수 있다는 것을 보여준다.

영지주의자 무함마드

무함마드는 그에게 지대한 영향을 준 유대인들과 기독교인들 사이에서 성장했다. 그러나 그가 아라비아 반도에서 만난 유대교와 기독교는 현재 우리에게 익숙한 유대교와 기독교가 아니었다. 히브리 예언자와 예수에 대한 코란의 많은 이야기들은 우리가 성서를 통해 알고 있는 것과는 매우 다르다. 그러면 이 이야기는 어디에서 온 것인가? 무함마드는 유대교와 기독교가 실제로 다른 믿음이라는 것을 알고 충격을 받았다고 한다.[2] 어떻게 그는 서로 너무나도 다른 종교적 전통을 혼동할 수 있었을까?

위대한 학자인 하르낙이 이에 대한 해답을 찾았다. 무함마드가 아라비아에서 실제로 만난 것은 영지주의적인 유대－기독교였다. 무함마드는 이것을 우리가 이슬람으로 알고 있는 종교로 바꾸었다.[3] 에비온파Ebionites와 엘카지에파Elchasiates와 같은 유대－기독교 영지주

5. 무함마드 : 신비주의자에서 폭도로

의 집단은 무함마드가 태어난 곳에서 번성하였으며, 이슬람에 대한 그들의 영향은 명백하다.

이 영지주의 분파들은 그들이 예언자의 역할을 중시한 것으로, 그리고 광야에서 신비주의적인 비전을 찾은 것으로 유명하다. 그래서 무함마드가 광야에서 계시를 간구할 때, 그는 매우 체계화된 지역 전통을 따른 것이었다. 그가 신으로부터 메시지를 받기 시작했을 때, 그 메시지가 많은 영지주의적인 주제들을 포함하고 있다는 것은 놀랄만한 일이 아니다.

영지주의가 무함마드에게 영향을 주었다는 가장 명백한 증거는 예수의 죽음에 대한 코란의 언급이다.

그들은 예수를 죽이지 않았다. 그리고 그를 십자가에 못 박지도 않았다. 단지 예수가 십자가에 못 박힌 또 다른 자신을 보듯이 그들에게도 그렇게 보였을 뿐이다.[4]

이러한 생각은 문자주의 기독교인들에게 완전히 이교적인 것이다. 그러나 십자가에 처형된 예수가 단지 '외형'만이라는 사실은 많은 영지주의 문헌에서 당연시되었다. 외견상 이 이상한 생각은 실제로는 영지를 깨닫는 것에 대한 심오한 가르침을 암호화한 공통된 비유다.

무함마드에 대한 영지주의 영향의 또 다른 예는, 비록 후에 메카

153

로 바꾸기는 했지만, 예루살렘을 무슬림을 위한 숭배의 중심으로 정한 그의 결정이다. 특정한 도시를 숭배의 중심으로 삼으려는 생각은 어디로부터 온 것인가? 물론 유대교로부터 온 것은 아니다. 유대인들이 지금까지 예루살렘을 향해서 기도를 했다는 증거는 없다. 또한 문자주의 기독교로부터 온 것도 아니다. 기독교인들은 해가 뜨는 동쪽을 향해서 기도를 한다. 그렇지만, 엘카지에파Elchasiates 영지주의자들은 예루살렘을 향해 기도를 한다.5

무함마드는 여성을 대우하는 데 영지주의가 행한 평등주의의 예를 따랐다. 초기 무슬림 공동체에는 양성 간의 평등이 두드러졌다. 무함마드의 가까운 추종자 중에는 여성이 있었으며, 그들은 사회생활에 참여하였다. 심지어 남자와 같이 전투에 참가하여 싸우기도 하였다. 무함마드는 여아를 살해하는 것과 여자로 태어난 것을 후회하는 것을 금지시켰으며, 서구보다 몇 세기 앞서 유산상속과 이혼의 권리를 부여하였다.6 그러나 애석하게도 이 평등주의적인 영지주의는 오래 가지 못했다. 무함마드가 신비주의자에서 폭도로 변하게 됨에 따라, 신으로부터의 계시는 더욱 권위주의적이고, 가부장적인 분위기로 변하기 시작한 것이다.

5. 무함마드 : 신비주의자에서 폭도로

신과의 소통

무함마드의 첫 계시는 610년에 발생했으며, 마지막은 그가 죽기 전인 632년에 일어났다. 그러므로 코란의 내용은 20여 년간에 걸쳐 계시된 단편들이다. 그러나 이 계시들은 무함마드 생존 당시에는 책으로 만들어지지 않았다. 무함마드의 계시를 기록한 것은 예언자의 동지라고 알려진 그의 추종자들에 의해서 이루어진 것이다. 그들은 당시 기록 가능한 것들, 즉 양피지, 가죽, 돌, 야자나무 잎, 심지어 낙타의 갈비뼈나 어깨뼈에도 기록을 남겼다. 이 단편들에다 번호를 매기거나 날짜를 기록하지 않았으며, 연대나 체계를 고려하지도 않고, 단지 다양한 용기에 담아두었을 뿐이었다.

660년경에 무함마드의 양자인 우트만Uthman의 감독 하에 흩어져 있던 모든 단편들이 코란으로 만들어지기 시작했다. 그렇지만 어떤 학자들은 10세기 이전에는 코란의 정형화된 형태가 없었다고 결론을 내렸다.7 또한 이 시기를 지나서야 무함마드와 그 교우들의 언행에 대한 기록들이 코란을 보완하기 위해 수집되었는데 바로 이것이 하디스Hadiths다. 이러한 언행과 관계되었던 사람들은 대부분 무함마드가 생존해 있을 때 전장에서 죽었기 때문에, 잘해야 이 이야기들은 간접적으로 들은 것에 지나지 않는다. 그러나 이러한 사실에도 불구하고 하디스는 '권위 있는' 것으로 천명되었다.

코란과 하디스는 시간이 흐르는 동안 어지럽게 뒤섞여, 이 성스

제1부 필요 없는 것(The Bathwater)

러운 경전에서 틀리고, 생략되고, 중간에 삽입되는 예들이 무수히 많이 발견되었다. 예를 들어, 무함마드의 첫 번째 계시는 코란의 처음에 나와야 하는데, 실제로는 끝에 기록되어 있다.[8] 이외에 또 다른 무슨 일이 일어났을지는 각자의 추측에 달려 있을 뿐이다. 텍스트에는 종종 말을 한 사람이 실제로 누구인지가 모호하게 나타나 많은 학자들이 이것을 비판하였다. 때때로 신은 그 자신을 제3자로, 다른 곳에서는 '나'로, 또 다른 곳에서는 (심지어는 같은 문장에서도!) '우리'로 그 자신에 대해 언급을 한다. 심지어 신이 그 자신에게 맹세하기도 하는 언급 때문에 많은 사람들이 코란을 조소하는 것이다.[9]

코란은 실제로 뒤죽박죽되어 있다. 그러나 이것이 어떻게 함께 묶이게 되었는지에 대해 놀라서는 안 된다. 그러나 확실히 코란이 신성한 책이라면, 무함마드 자신이 생존해 있을 때에 이것을 편집하는 것이 예언자의 의무가 아닌가? 아무튼, 이 메시지들은 신의 계시로 인정되었다! 코란이 처음 만들어졌을 때 많은 아랍 사람들로부터 비판을 받았는데 그 이유는, 신으로부터 전해진 책은 한 권으로 계시되어야 한다는 것과 반복적이어서는 안 된다는 점 때문이었다.[10] 이슬람에 대한 초기 비판들은 옳다. 코란은 지나치게 반복적이고, 그리고 아주 가끔 사소한 것에 대해서도 반복적이다. 이러한 이유로 사람들은 알라가 치매에 걸리지나 않은 것인지 의심하게 되었다.

5. 무함마드 : 신비주의자에서 폭도로

코란은 그 자체에 대해 인상적인 주장을 하고 있다. 즉 '이것은 한 점의 의혹도 없는 책이다'[11]라고 단언적으로 주장하는 것이다. 그러나 이 진술조차도 의심을 벗어날 수 없다. 이것은 무함마드에 내린 신의 계시일 수가 없다. 왜냐하면 무함마드가 살아 있을 때에는 코란이 편집되지 않았으므로 '책'은 없었기 때문이다. 사실 코란은 출발부터 매우 이해하기 힘들다. 완전히 글자 뜻 그대로! 코란은 무슨 의미인지를 모르는 'ALIF LAM MIM'라는 말로 시작한다.[12] 무함마드 자신조차도 그 뜻이 무엇인지를 모른다. 신이 그 자신의 명백한 말씀을 모호하게 시작한다는 것이 이상하게 보이겠지만, 그러나 이것은 소위 '신성한' 문헌들을 만드는 데에 흔히 나타나는 전형적인 속임수다.

코란은, 신은 절대적이며, 그의 조직에 어느 누구도 포함시키지 않으며, 어떤 사람의 의견이나 말도 코란에 들어 있지 않다고 주장한다. 그러나 무슬림 학자들은, 적어도 2대 칼리프인 우마르의 아이디어 50여 개 정도가 코란에 섞여 있다는 것을 인정한다. 이러한 것들은 비잔틴 기독교도들로부터 모방한 것으로, 여성들이 베일을 쓰는 관습을 규정하는 것과 이슬람에 지대한 영향을 준 또 다른 교리들이 포함되어 있다. 그러나 이러한 예외에도 불구하고 코란에는 모순된 것들이 없다고 코란 자체가 스스로 선언한다. 그리고 수사학적으로 이렇게 묻는다.

제1부 필요 없는 것(The Bathwater)

왜 그들은 코란을 곰곰이 생각해보지 않는가? 만일 이것이 신이 아닌 다른 것으로부터 온 것이라면, 그들은 틀림없이 이것에서 많은 모순점들을 발견했을 것이다.13

사실, 코란을 심사숙고해 본 사람들이라면 누구나, 모순으로 인해 이해하기 힘든 코란의 주요 교리들이 모두 자가당착이라는 것을 곧 발견하게 된다. 확실히 코란은 신에 의해서 써진 것이 아니라는 것을 입증한다. 이 모순점들은 영지주의자에서 아는 체하는 자로 변해가는 무함마드의 인생 여정을 반영한다. 예를 들어, 평등주의자 무함마드는 어떤 인간 존재도 신이 아니므로 남자와 여자는 서로 공평해야 함을 신으로 하여금 선언하게 하지만, 그러나 몇 줄 뒤에서 권위주의자 무함마드가 완전히 다른 메시지를 전하는 것을 볼 수 있다.

신이 여자보다 남자를 더 우수하게 만들었기 때문에 남자는 여자에 대해 권위를 가지며―선한 여자는 복종적이며―반항할 우려가 있는 아내는 먼저 말로 타이르고, 그래도 말을 안 들으면 그녀만 잠자리에서 제외시키고 그래도 말을 안 들으면 때려라.14

무함마드가 변함에 따라 그의 새로운 의제에 맞도록, 그의 수많은 '계시들'을 수정하는 것이 피할 수 없게 되었다. 무함마드의 어

5. 무함마드 : 신비주의자에서 폭도로

떤 추종자들은 그가 계시에 간섭하는 것은 문서위조에 지나지 않는 것으로 간주했다고 코란이 우리에게 알려 준다. 코란에서 신은 방어적으로 이렇게 말한다.

우리가 한 문장을 다른 문장으로 바꾸려고 할 때,-신은 그가 계시한 것이 무엇인지를 잘 알고 있다.-그들은 '너는 단지 날조자일 뿐이다'라고 말한다.15

무함마드가 자신의 변화에 따라 계시의 본질을 바꾼다는 비판에 다행히도 신이 대답을 제시해 주었다. 이러한 주장은 몇 세기를 거치면서 종교적 문자주의자들에 의해서 사용된 친근한 표현이다. 즉 신은 그 자신에 모순되는 것을 포함해서, 그가 원하는 것은 뭐든지 할 수 있다. 그리고 우리는 맹목적으로 예언자를 믿어야 한다. 왜냐하면 의심은 나쁜 것이기 때문이다. 코란은 이렇게 단언한다.

신께서는 어떤 계시를 없애거나 잊혀지게 할지라도 그것을 그와 비슷한 것이나 혹은 더 나은 것으로 바꿔주신다. 너희는 신께서 모든 것을 할 수 있는 권능이 있음을 모르느냐?16

그러나 만일 신 자신이 무함마드가 생존해 있는 동안 어떤 문장을 바꿔야만 한다면, 참으로 어떻게 신의 말씀이 영원하고 불변의

제1부 필요 없는 것(The Bathwater)

말씀일 수가 있는가? 확실히 신은 처음에 올바르게 계시를 했을 것이다!

   이슬람의 영지주의자들은 코란의 많은 부분을 신비한 가르침들을 암호화한 신화로 해석하였으며, 무함마드의 초기 계시들을 그렇게 해석한 것은 십중팔구 타당할 것이다. 그러나 이슬람의 새로운 신앙이 군사력을 바탕으로 성장하게 됨에 따라, 무함마드는 자기 선언적인 많은 예언자들처럼, 자신의 본래 계획을 잃어버리고, 점차 자신의 명성을 과신하기 시작했다. 시간이 지남에 따라 무함마드의 신성한 계시의 목적은 점점 더 그 자신을 과장하고, 그의 정치적 야망을 정당화하는 것으로 단순하게 변화한 것으로 보인다. 무슬림들이 이 '계시들'을 역사적인 사실로 인정함에 따라 실제로 무엇이 전개될지가 명백해졌다. 무함마드는 이기적인 결정을 했으며, 알라는 이 결정들을 도울 수 있도록 고맙게도 새로운 계시를 드러내 주었다.

   무함마드는 개인적인 원한을 풀기 위해 그의 신성한 계시들을 사용하기도 하였다. 그의 삼촌인 아부 라하브Abu Lahab는 무함마드를 사기꾼이라고 했으며, 그의 연설을 방해하기 위해 그를 따라 다니며 대중들에게, '이 사기꾼을 믿지 마라. 그는 거짓말쟁이다'라고 소리쳤다. 아부 라하브Abu Lahab의 부인 역시 무함마드에게 남편과 같은 적개심을 가지고 있었다. 무함마드에 따르면, 신은 당연히 아부 라하브Abu Lahab와 그의 사악한 부인에 대해 참을 수 없어,

5. 무함마드 : 신비주의자에서 폭도로

그들에 대해 소름끼치게 하는 형벌을 고안해냈다.

아부 라하브Abu Lahab의 두 손에 재앙이 임하여 멸망할 것이다. -그는 타오르는 불 속으로 들어갈 것이며, 예언자를 비방하던 그의 아내는, 연료를 운반할 것이요, 목에 억센 밧줄이 감길 것이다.17

만일 우리를 빈정대는 사람이라고 부르고 싶다면, 그렇게 불러도 좋다. 그러나 잘못된 자를 구제할 수 있는데도, 삼촌을 매도하기 위해 그의 시간을 낭비하는 것은 이상한 일이 아닐 수 없다.

이슬람의 대부

무함마드 원래의 의도는 온건했지만 야망이 커짐에 따라 그가 주장하는 의제는 점점 더 편파적인 성격을 갖게 되었다. 무함마드는 크레쉬 부족이었다. 그는 먼저 '알라'라고 불리는 크레쉬 부족의 신성을 유일신으로, 그리고 크레쉬 부족을 신이 총애하는 부족으로 확립시키기 위한 일에 착수했다. 무함마드 이전에 이미 크레쉬 부족은 '알라의 사람'으로 알려졌었지만, 이 당시에 알라는 메카의 카바 신전에 모셔진 아라비아 반도 지역에 존재했던 350신위

제1부 필요 없는 것(The Bathwater)

중 단지 하나에 지나지 않았다. 무함마드는 그 모든 것을 바꿔 버렸다. 그는 크레쉬 부족이 다스리는 아랍 왕조를 설립했으며, 하나의 참된 신인 알라에 의해 보증받았다.

무함마드는 결혼을 통해 긴밀한 가족 연합을 만듦으로써 그의 왕조를 세웠다. 무함마드를 계승한 4명의 칼리프들은 결혼에 의해 그와 연결되어 있으며, 무함마드 이후 몇 세기 동안 모든 칼리프는 그의 크레쉬 가족으로부터 배출되었다. 이것은 명백히 무함마드의 의도로, 그는 확실하게 이렇게 말했다.

통치의 특권은 크레쉬 부족에게 있다. 그리고 그들에게 대적하는 누구든지 알라가 그들을 멸망시킬 것이다.

오직 두 사람만이 남을지라도 통치의 권리는 크레쉬 부족에게 있을 것이다.[18]

무함마드는 다른 아랍 부족들과 그들의 신들보다, 그 자신의 부족과 그들 특유의 신성을 우월한 존재로 만들기 위해, 그는 이제 전체 아랍 민족을 다른 민족보다 더 우월한 민족으로 만들기 시작했다. 무함마드는 '지금까지 태어난 백성 중 너희는 인류의 성숙을 위해 태어난 최고의 백성'[19]이라고 신이 선언했다고 한다. 코란의 이 구절은 이슬람의 국제적 공동체에 대해 언급한 것이라는 후기

5. 무함마드 : 신비주의자에서 폭도로

무슬림의 이의 제기가 있었지만, 이것은 사실일 수가 없다. 왜냐하면 무함마드가 이 계시를 받았을 때는 국제적 공동체가 없었고, 단지 아랍 무슬림들만 있었기 때문이다.

무함마드는 무엇보다도 특히 아랍의 종교를 진작시키려는 아랍 민족주의자다. 코란에서는, '사실을 밝혀주는 이 성서에 맹세하니라, 신은 아랍어로 계시하였다'[20]고 말한다. 이것이 오늘날까지 모든 무슬림이 축복받기 위해서 아랍어를 배워야 할 이유다. 실로 아랍의 신이 선택한 민족일 뿐만 아니라, 신은 그의 가장 위대한 예언자를 그들에게 보냈다. 뿐만 아니라 신은 천국에서 사용할 언어로 아랍어를 선택하였다. 무함마드는 이렇게 말한다.

세 가지 이유로 아랍을 사랑한다. 그 이유는 내가 아랍 사람이고, 성스러운 코란이 아랍어이며, 천국에 사는 자의 언어도 또한 아랍어이기 때문이다.[21]

예언자 무함마드는 '조국을 사랑하는 것은 신앙의 필수불가결한 요소'[22]라고 분명히 말한다. 이런 것들이 정말 하나의 신으로부터 부여된 신성한 계시인가? 아니면, 단지 알라라고 불리는 아랍 부족신의 예언자로부터 기대되는 민족주의적인 정서를 표현한 것에 지나지 않는가?

무함마드의 민족주의는 아랍 민족이 서로 전쟁을 일삼던 분산된

제1부 필요 없는 것(The Bathwater)

민족이 아니라 보다 위대한 민족으로 자신들을 볼 수 있는 비전을 제시했다. 그러나 슬프게도 좁은 민족적 정체성을 넘어 '우리'라는 고양된 경험을 하자마자, 이슬람 공동체인 움마는 '우리 대 그들'이라는 폭력적인 분파주의로 타락했다. 그렇게 많은 다른 민족주의나 종교적으로 고집불통의 공동체와 마찬가지로, 무함마드의 무슬림은 근본적으로 한 가지에 의해 일치단결되었다. 즉 그들은 그들의 적에 반대하여 결속하였다.

20년이 지나는 동안에 무함마드는 아라비아 반도에서 그의 이웃들에 대해 82번의 공격을 감행하였다. 이것은 6주에 한 번씩 공격을 한 것이다! 다른 아랍인들, 유대인들, 그리고 기독교인들은 무함마드 움마의 힘과 부를 확립하려는 목적에 의해 잔혹하게 약탈당했다. 그러나 이것은 이미 당시에 관습적이었던 통상적인 약탈행위가 아니었다. 이것은 무함마드가 신으로부터 받은 계시에 의해 합법화되었다. 신 자신이 '전리품으로 너희가 취한 것을 가져라'[23]라고 선언하였다. '전리품spoil'이라는 코란의 한 장에서는, 무함마드가 그의 포로들에게 자비를 베푸는 것을 금한 것이 바로 신이라고 말한다. 신은 이렇게 말했다.

이 땅에서 대량 학살을 마치기 전에는, 예언자는 포로를 산 채로 남겨두어서는 안 된다.[24]

5. 무함마드 : 신비주의자에서 폭도로

정복된 자들의 재산과, 여자, 그리고 어린 아이들은 무함마드와 그의 동료들에게 분배되었다. 신이 허락한 4명의 아내 외에 무제한 적으로 아내를 가질 수 있는 것을 합법화한 무슬림의 정책은 무함마드 추종자들의 인구 증가가 급격히 이루어지는 결과를 가져왔다. 여러분들이 믿는 이야기에 따르면, 무함마드 자신은 9명 혹은 27명의 아내를 두었다고 한다. 이것은 가능한 이야기다. 왜냐하면 신은 시의적절하게 무함마드에게 특별한 분배를 해주었기 때문이다.

예언자여, 실로 하나님이 그대에게 허용하였나니, 그대가 이미 지참금을 지불한 부인들과 하나님께서 전쟁의 포로로서 그대에게 부여한 자들, 그리고 그대의 오른손이 소유하고 있는 이들과 삼촌의 딸들과 고모의 딸들과 외삼촌의 딸들과 이주하여 온 외숙모의 딸들과 예언자에게 스스로를 의탁하고자 하는 믿음을 가진 여성들과 예언자가 결혼하고자 원할 경우, 그대에게는 허용되나 다른 믿는 사람들에게는 허용되지 아니함이라.25

무함마드 움마의 군사력이 증가함에 따라 공동체 지도자로서의 야망도 점차 커졌다. 그러자 그는 이렇게 선언했다.

모든 예언자는 그 자신의 국가를 위해 하늘이 임명하지만, 나는

제1부 필요 없는 것(The Bathwater)

모든 국가를 위한 예언자로 임명되었다.[26]

무함마드는 신성한 명령에 의한 임무를 확신함에 따라, 그의 군대에 3가지 간단한 지침을 주어 외국에 파견하기 시작했다.

1. 이슬람에 참여할 것을 권유하라.
2. 만일 그들이 받아들이지 않는다면, 복종하고 세금을 내야 한다.
3. 만일 이것을 받아들이지 않는다면, 그들은 공격의 대상이 될 것이다.

'이슬람'은 원래 신의 의지에 대한 신비한 '복종'을 의미하였지만, 이제는 단지 '복종 아니면 죽음'을 의미하게 되었다. 그러나 무슬림의 세력범위가 확대됨에 따라, 개종하지 않는 사람 모두를 대량 학살한다는 것은 매우 비현실적인 것이 되었다. 그래서 믿지 않는 자에게 부과되는 세금은 아랍 제국 전체에 통용되는 정책이 되었다. 무함마드는 자신을 신성하게 임명된 대부로 만들어 성스러운 보호자가 되었다. 이러한 입장에서 본다면, 마피아mafia라는 말의 기원이 어떤 학자들의 생각처럼 아랍에 기원을 두고 있다는 것이 아마도 그리 놀랄 일은 아닐 것이다.[27]

무슬림, 유대인, 그리고 기독교인

신비주의자인 무함마드는 전도 초기에 유대교인이나 기독교인을 그 자신과 반대되는 것으로 생각하지 않았다. 완전히 그 반대였다. 그는 자신이 그들의 예언자적 전통과 연속선상에 있다고 생각했으며, 유대인과 기독교인이 자신을 신의 메신저로 받아들일 것을 희망했다. 무함마드는 이슬람을 새로운 종교라고 주장하지 않았다. 왜냐하면 그는 전에 전혀 예언자가 존재하지 않았던 아랍 민족에게 단지, 하나의 신에 대한 신앙을 제시한 것뿐이라고 생각했기 때문이다. 그는 예수를 존경했지만, 신의 아들로서 존경한 것이 아니다. 무함마드가 볼 때, 예수는 자신과 동일한 종교를 가르치는 예언자로 자신의 선배였다. 코란에서는 이렇게 말한다.

그분(알라)은 노아에게 내려진 종교를 너희를 위해서 확립하였나니, 그분이 그대에게 계시한 것이라. 또한 그분은 아브라함과 모세와 예수에게도 명령하였다.28

우선, 무함마드는 유대인들이 존경할 만한 예언자적 전통을 가지고 있었고, 이미 하나의 신을 숭배했다는 사실 때문에 유대인들이 주장하는 인종적 우월성을 인정했다. 코란에서 신은 이렇게 선언한다.

제1부 필요 없는 것(The Bathwater)

이스라엘의 자손들아, 내가 너희에게 베푼 은총을 기억하라. 그리고 다른 모든 민족 가운데서 너희를 택한 것을 기억하라.29

이 시기에 신비주의자 무함마드는 '종교를 강요해서는 안 된다'30고 선언한다. 그러나 이슬람이 유대교인들이나 기독교인들에 의해서 기꺼이 받아들여지지 않음을 깨닫게 되자 그는 변하기 시작했다. 이제 그는 모든 다른 신앙 위에다 이슬람을 위치시키는 일을 착수했다. 코란은 대담하게 주장한다.

신의 참된 종교는 이슬람뿐이다.31

복음과 진리의 종교를 신(알라)의 메신저(무함마드)에게 보내어, 모든 다른 종교 위에 있도록 하신 분이 바로 하나님이다.32

이슬람을 새로운 종교로 묘사하려는 의도는, 유대-기독교적인 성서에서 언급된 이야기를, 그 자신의 민족적인 의제에 맞추기 위해 재구성할 수 있는 기회를 주었다. 아브라함에 대한 성서 이야기는 철저한 조사가 필요하였다. 무함마드가 속한 크레쉬 부족은 자신들이 아브라함의 아들 이스마엘의 후손이라고 주장하였다. 크레쉬 사람들은 아브라함과 이스마엘이 먼 옛날에 카바 신전을 다시 세우기 위해 아라비아에 왔다고 믿었다. 물론 말할 필요도 없이,

5. 무함마드 : 신비주의자에서 폭도로

성서에서는 이것에 대해 한 마디 언급도 없다. 이스마엘에 대해서 성서가 말하는 것은 완전히 경멸적이다.

성서에 따르면, 이스마엘은 아브라함의 아들이기는 하지만, 아브라함의 부인인 사라가 낳지 않았다. 이스마엘은 아브라함과 사라의 '하녀bondswoman'인 하갈 사이에서 태어났다. 사실대로 말하자면, 이스마엘은 사생아다. 유대 이야기의 메시지는, 아랍인들은 노예로부터 태어난 사생아의 후손이라는 것이다. 성서에 따르면, 신은 아브라함의 적자인 이삭을 좋아했으며, 그는 유대인들의 조상이 되었고, 아버지인 아브라함에게 하갈과 이스마엘을 사막으로 쫓아내 죽게 하라고 말했다고 한다. 분명히 무함마드는 이와 같은 어떤 이야기도 참을 수 없었을 것이다.

무함마드는 그의 가르침들과 성서의 이야기들을 통합할 필요가 있었다. 왜냐하면 이러한 통합은 종교성과 고대에 대한 독특한 분위기를 만들어 주기 때문이다. 그러나 그는 통합된 이야기가 중요한 부분에서 성서와 서로 구분이 되기를 원했다. 그래서 그는 이야기들을 바꾸었다. 이전에 신의 말씀으로서 성서를 인정했음에도 불구하고, 그는 이제 아브라함의 이야기에 대해 완전히 다른 해석을 제시했다. 그러나 이야기를 바꾼 것은 무함마드가 아니다. 결코 그렇지 않다. 무함마드는 단지 사실대로 바로 잡았을 뿐이다. 그가 받은 신의 계시에 따르면, 신의 말씀을 왜곡한 것은 유대인들과 기독교인들이다. 물론 이것은 '어떠한 사람도 신의 말씀을 바꿀 수

169

없다'33는 그의 또 다른 계시와 완전히 모순되는 것이다.

무함마드는 그가 받은 계시를 통해서 그보다 앞선 종교적 극단론자들이 했던 그대로 하였다. 그는 자신의 목적을 위하여 과거의 신비적인 모습들을 이용했다. 그는 아브라함은 유대인이 아니라 무슬림이라고 말할 정도에까지 이르렀다. 실제로 처음에 이슬람의 추종자들을 '무슬림'34이라고 명명한 것은 아브라함이었으며, 성서의 이야기처럼, 신에게 제물로 바쳐진 아브라함의 아들은 이삭이 아니라 이스마엘이라고 무함마드는 주장한다.35 그리고 신이 총애했던 아들은 유대인의 조상인 이삭이 아니라, 무함마드의 조상인 이스마엘이다. 무함마드가 개조된 이야기를 통해 전달하려는 핵심적인 내용은 이것이다.

신이 최상의 민족으로 선택한 두 민족은 이스마엘과 이삭의 후손이다. 신은 이스마엘의 후손을 총애했다. 그리고 신은 크레쉬 부족(이스마엘의 후손)을 선택하고 그 부족에서 무함마드를 태어나게 했다. 그런 다음 신은 크레쉬 부족 중에서 무함마드의 가족을 최상의 가족으로 선택했으며, 무함마드를 모든 인간 중에서 최상의 존재로 태어나게 했다.36

성서에 따르면, 아브라함이 망설임 없이 자신의 아들을 번제燔祭에 바쳤기 때문에, 신이 유대인들을 선택받은 민족으로 만들었다.

5. 무함마드 : 신비주의자에서 폭도로

무함마드가 근본적으로 개조한 이야기는 성서의 이러한 주장을 완전히 훼손하는 것으로, 아랍 민족을 신이 선호하는 민족으로 만드는 것이다. 생각해 보면, 성서와 코란은 둘 다 신의 말씀이다. 그러면 어느 것이 사실을 말하고 있는가? 유대인들에게는 의심할 것도 없이 성서는 사실이며, 무함마드는 거짓 예언자다. 유대인들에게 있어서는, 무함마드는 순수한 예언자일 수가 없다. 왜냐하면 이미 예언자의 시대는 지나갔기 때문이다.

유대인들의 이러한 거부는 무함마드 일생에서 가장 큰 실망 중 하나라고 전해진다. 이 시기로부터 무함마드는 유대인들에 대해 무자비해졌으며, 이제 그는 초기의 계시를 뒤집는 신의 계시를 만들어냈다. 유대인들은 더 이상 축복받은 민족이 아니다. 그들은 '저주받은' 민족이며, '신의 왕국에 들어갈 수 없을 것이다.'[37] 이러한 마음의 변화에 대한 코란의 설명은 간단하다. 유대인들이 신의 예언자로서 무함마드를 받아들이지 않았기 때문이다.

무함마드는 예배의 방향을 예루살렘에서 그의 고향인 메카로 바꿈으로써 유대 전통에 대한 그의 거부를 상징적으로 표현했다. 몇 명의 추종자들이 이러한 변화로 인해 혼란스러워 했지만, 무함마드는 그런 그들에게 답하는 신의 계시를 내놓았다.

제1부 필요 없는 것(The Bathwater)

사람들 가운데 어리석은 자는 이렇게 말할 것이다. '그들은 무엇 때문에 자신들이 지켜온 예배의 방향을 바꾸었는가?' 그러나 동쪽도, 서쪽도 신에 속해 있다. 알라께서는 당신을 기쁘게 하는 자를 바른 길로 인도하신다. 주께서는 너희가 하늘을 향해 얼굴을 이리저리 돌리는 것을 보았다. 이제 너희에게 합당한 예배 방향을 정해 주도록 하려 하니 너희의 얼굴을 성스러운 사원으로 돌려라. 너희가 어디에 있든 그 방향으로 얼굴을 돌려라.[38]

그러나 이 설명은 아무런 의미도 없다. 만일 동쪽이든, 서쪽이든 똑같이 신에게 속해 있다면, 왜 방향을 바꾸어야 하는가? 실제로 이러한 설명이 보여주려고 하는 것은, 무함마드가 유대에 의해 거부됨으로 인해 예배의 방향을 바꾸는 결정을 했다는 것이고, 그리고 그의 결정은 나중에 신의 '계시'로 정당화되었다는 것이다.

메카는 매우 성스러운 곳으로 인정되어, 도시를 향하고 있을 때에는 용변을 보는 것이 금지되었다. 불신자들도 모두 똑같이 금지되었다. 그러나 동일한 일이 한 때 성스러웠던 예루살렘에는 적용되지 않았다. 하디스에는 무함마드 동료 중 한 사람이 말한 것으로, 이렇게 기록되어 있다.

사람들은 용변을 볼 때 예루살렘을 향하지 말라고 한다. 나는 그들에게 말했다. 내가 언젠가 나의 집 지붕에 올라갔을 때, 나는

5. 무함마드 : 신비주의자에서 폭도로

벽돌 위에 앉아 예루살렘을 향해 용변을 보는 신의 사자使者를 보았다.39

유대인들과 예루살렘을 보는 무슬림 태도의 변화는 더 이상 솔직할 수가 없다. '나는 너희들 쪽으로 용변을 볼 것이다.'

성전聖戰

무함마드는 세상에 이슬람을 확산시키는 것이 자신의 임무라고 확신함에 따라, 그가 받은 신의 메시지는 점차 편파적이고 폭력적으로 변해 갔다.

오! 믿는 자들이여, 비무슬림은 순결치 못하다.40

실로 신이 볼 때 가장 나쁜 동물은 불신자들이다.41

비무슬림들이 복종하고 세금을 낼 때까지 투쟁하라.42

믿는 자들아, 불신자들을 죽여라. 그리고 너희들의 엄함을 깨닫게 하라.43

제1부 필요 없는 것(The Bathwater)

무함마드는 무슬림과 불신자들이 대우받는 방식을 서로 달리하며 불화를 일으키는 세계를 만들었다. 코란은 이렇게 말한다. '무슬림은 불신자들을 가혹하게 대하지만, 서로 간에는 자비로워야 한다.'[44] 무슬림이 된다는 것은 '신의 편'에 서는 것이고, 불신자가 된다는 것은 신의 반대편에 서는 것이다. 실로 불신자와 친근해지는 것은 악행자가 되는 것이다. 그 사람이 아주 가까운 친척일지라도.

믿는 자들이여, 유대인과 기독교인들을 친구로, 그리고 보호자로서 택하지 말라. 그들이 친구들이라 하여 그들에게로 향하는 너희가 있다면, 그는 그 무리의 일원이거늘 신은 이 우매한 백성들을 인도하지 아니 하시니라.[45]

믿는 사람들아, 너희의 아버지들과 형제들이 믿음보다는 불신을 택한다면 그들을 보호자로 택하지 말라 하였으니, 그들을 보호자로 하는 자는 누구든 우매한 자들이라.[46]

그대는 신과 내세를 믿는 자들이 자신의 아버지이던 아들이던 또는 형제들이나 친척들이던 그들이 하나님과 그분의 선지자에게 거역하는 것을 발견치 못하리라.[47]

5. 무함마드 : 신비주의자에서 폭도로

종교적인 열광에 사로잡힌 무함마드는, 무슬림들이 모든 불신자에 대해 성전jihad을 수행할 것을 신이 원한다고 주장하기 시작했다.

선지자여, 믿음으로 싸움에 임하는 그들에게 힘을 북돋우라. 너희 가운데 이십 명이 인내한다면 불신자들 이백 명을 물리칠 것이며, 너희가 백 명이라면 불신자들 천 명을 물리칠 것이다.48

이제 무함마드는 '인종 청소'라는 야만적인 정책을 실행하여, 결국 아라비아 반도로부터 모든 유대인과 기독교인을 추방하였다. 무함마드는 선언한다.

유대의 무리들아―너희는 이 땅이 신과 그의 메신저인 무함마드에 속한 것임을 알아야 한다. 그리고 나는 이 땅에서 너희를 추방할 것이다.49

나는 아라비아 반도에서 유대인들과 기독교인들을 추방할 것이며, 무슬림 외에 어느 누구도 남겨 놓지 않을 것이다.50

이슬람을 받아들이지 않은 유대인에 대한 무함마드의 복수는 크게 놀랄 정도로 잔인했다. 유대인 바누 카이누카Banu Kainuka 부족

제1부 필요 없는 것(The Bathwater)

은 한 때 무함마드와 동맹을 맺었으나, 그의 눈 밖에 나게 되었다. 무함마드의 군대가 그들의 도시를 오랫동안 포위한 후 그들은 항복했다. 무함마드는 700명의 군인 모두를 처형하려고 하였다. 그러자 그의 동료 중 하나가 자비로운 마음으로 용서할 것을 간청했다. 그래서 그 부족은 처형 대신에 아라비아 반도에서 추방되었다. 이 부족과 달리 바누 퀴레이즈Banu Quraize 유대 부족은 운이 없었다. 천사 가브리엘은 무함마드에게 그들을 철저히 파멸시키라고 명령했다. 800명의 유대인 남자들은 학살당했으며, 여성들은 첩이 되었고, 아이들은 노예가 되었다.51

   바누 퀴레이즈Banu Quraize 부족은 그들의 요새에서 쫓겨나, 가축우리에 감금당했다. 예언자 무함마드의 명령에 따라, 무슬림들은 밤사이에 긴 참호를 팠다. 날이 밝자, 무함마드는 기도문구인, '자비롭고 인정 많은 알라여'라고 말하고, 일을 지휘하기 위해 구덩이 옆에 앉았다. 손이 등 뒤로 묶인 유대 남자들이 5, 6명씩 무리지어 끌려 왔다. 그들은 구덩이에 목을 내민 채 꿇어 앉혀졌다. 그런 후에 무함마드의 동료인 알리Ali와 주바이르Zubair가 칼로 그들의 목을 베었다. 이 일은 땅거미가 질 때가 되서야 끝이 났다. 전쟁의 전리품이 된 유대 여성들 중에 22살의 리하나Rihana라는 매혹적인 여성이 있었는데, 그녀의 남편, 부모, 친구들, 그리고 친척들 모두가 예언자 무함마드의 명령에 의해 학살당했다. 그러한 그녀의 슬픔에도 불구하고, 무함마드는 즉각 결혼할 것을 청했다. 그러나 그녀

5. 무함마드 : 신비주의자에서 폭도로

는 그의 청을 거부했고, 그러자 무함마드는 망설임 없이 그녀를 첩으로 만들었다.

무함마드는 이제 아라비아에서 가장 사악한 갱의 우두머리가 되었다. 그리고 감히 그에게 반대하는 모든 불신자들kafirs은 가혹한 운명을 맞게 되었다.

실로 하나님과 선지자에 대항하여 지상에 부패가 도래하도록 하려 하는 그들은 사형이나 십자가에 못 박히거나, 그들의 손발이 서로 다르게 잘리거나 또는 추방을 당하리니, 이는 현세에서의 치욕이며, 내세에서는 무거운 징벌이 그들에게 있을 것이다.52

이전에 무슬림이었던 안와르 샤이크Anwar Shaikh는 젊었을 때는 비무슬림을 살해했던 종교적인 열성당원이었다. 그는 열정적으로 무함마드의 '극단적인 사회적 갈등 교리'에 반대하는 글을 썼다.53 그는 있는 그대로 진술했다.

코란 전체가 지향하는 목적은 불신자를 증오하는 무슬림 공동체를 만드는 것이다. 무슬림은 자신들이 지배 권력을 차지할 수 있도록 성전聖戰의 정신을 배워야 한다. 비무슬림을 살해하고, 약탈하고, 정복함으로써 알라와 무함마드를 찬양하도록 끊임없이 준비해야 한다.54

제1부 필요 없는 것(The Bathwater)

과대망상 환자인 무함마드

  예언자들은 그들이 신을 대변하는 체하기 때문에 위험하다. 신은 절대적 권위의 자격을 그들에게 준다. 예언자의 지위는 우상의 한 형태다. 왜냐하면 동상과 같은 방식으로 신을 대변하기 때문이다. 살아있는 예언자들은 돌로 된 동상보다 더 위험하다. 그 이유는 예언자들은 자신들의 개인적 의제를 가지고 있기 때문이다. 그들은 자신들의 중요성으로 인해 우쭐해져 있으며, 실제로 그들은 신이 생각하는 것을 다른 사람들에게 전해줄 수 있다고 믿는다. 그들 스스로가 훌륭하다는 착각에 빠진 채 고무되어 있으며, 자신들이 신처럼 대접받기를 요구한다. 말하자면, 무함마드 같은 사람이다.

  무함마드 당시에는, 예멘의 알-아사드Al-Aswad와 같이 베일에 가려진 예언자와 예언의 힘을 가진 타리하Taliha, 그리고 기적을 일으킨다는 무사이리마Musailima와 같은 사람들이 아라비아 지역을 돌아다니고 있었다. 그러나 무함마드는 그들 모두 위에 군림한다는 것을 분명히 하였다. 실제로 그는 전대미문의 가장 위대한 예언자다. 그는 모세나 유대의 어떤 예언자보다 위대하며, 예수 보다 위대하다. 그의 계시들은 그 이전의 모든 계시를 대체하였고, 그 이후에는 어느 다른 계시에 의해 결코 대체되지 않을 것이다. 그는 가장 위대한 예언자이며, 최후의 예언자라고 그 자신 스스로 선언

5. 무함마드 : 신비주의자에서 폭도로

하였다. 그의 자만심이 극에 달해 있었다.

이슬람은 한 개인인 무함마드를 찬양하기 위해 만들어진 신앙이다. 무함마드에 따르면, 구원의 길은 그를 모방하는 것이다. 그러나 어느 누가 예언자 자신과 동등하게 되었는지에 대해서는 어떤 암시도 없다. 무함마드는 그의 추종자가 따라오기만을 기대한다. 코란에서 이렇게 말한다.

믿는 자들이여, 예언자에 앞서 걸어가지 말며, 그 앞에서 목소리를 높이지 말라.55

초창기에 신비주의자 무함마드는 그가 신성한 존재가 아니라는 것을 분명히 했다. 기독교인들이 예수를 신의 아들이라고 주장하는 것과는 다르게, 그는 신의 아들이 아니라고 하였다. 그러나 무함마드의 신앙이 확산됨에 따라 신의 의미는 점차 퇴색하게 되고, 무함마드 자신이 전면을 차지하게 되었다. 지금도 여전히 신의 노예라고 주장하지만, 무함마드는 실제로는 지배자가 되었다.

어느 누구도 알라와 동등할 수 없다는 코란의 명령에도 불구하고, 무함마드 칭송은 모든 무슬림의 일상적인 기도문에 절대적으로 필요한 부분이 되었다. 가장 중요한 무슬림 고백인 샤하다 shahada(신앙고백)에는 알라의 이름과 무함마드의 이름이 나란히 포함되어 있다. 코란은 알라와 무함마드 양자에 대한 복종이 요구된

179

다는 것을 분명히 하였다.

> 믿음이 있는 남자건, 여자건 하나님이 결정하신 일에 그들이 선택하려 함은 온당치 아니하다. 만일 하나님과 선지자께 거역하는 자 있다면 그것은 분명히 길을 잘못 들어 있다.[56]

무함마드의 과대망상이 커짐에 따라, 신과 무함마드의 전체적인 관계는 아래와 같은 진술처럼 뒤집어졌다.

> 신에 대해 소홀히 할 수 있으나, 무함마드는 존중되어야 한다.[57]

무함마드는 생을 마칠 때에, 기적적으로 하늘에 올라가 이제 우리 모두를 심판하기 위해 신의 오른편에 앉아 있다고 한다. 이 신화를 통해 겸손한 예언자에서 신성한 초월적 존재로의 변화가 완성되었다. 무함마드는 마침내 신의 힘을 완전히 자신의 것으로 만들었다. 왜냐하면 천국에 갈 수 있는 열쇠를 쥐고 있는 자는 더 이상 신이 아니라 무함마드이기 때문이다.

이전에 코란은 심판의 날에 '신 이외에 어느 누구도 구원을 할 수 없다. 왜냐하면 명령은 신에 속한 것이기 때문이다'[58]라고 가르쳤을지 모른다. 그러나 이제 무함마드는 우리를 대신해서 중재할 수 있으며, 그의 중재는 신과 결부되어 있다. 그래서 누가 구원을 받고, 누가 받지 못하는지를 결정할 수 있는 자는 무함마드라고 한다. 그 이유는, 신은 무함마드의 견해에 따라 좌우되기 때문이다. 그리고 무함마드의 견해는 분명하다. 너희가 신을 얼마나 믿는지, 그리고 얼마나 선하게 살았는가는 문제가 아니다. 만일 무함마드를 거부한다면, 영원한 저주를 받는 불신자가 될 것이다. 비록 코란에서 '신이 심판의 날을 지배하는 자다'라고 분명히 서술하고 있지만, 이제 무함마드는 신 보다 더 막강한 힘을 가지고 있다. 신은 그를 믿는 자를 지옥에서 구원해 줄 수 있는 힘조차 가지고 있지 못하기 때문이다. 천국에 갈 수 있는 평가는 신에게 달려 있는 것이 아니라 무함마드에게 달려있다. 하인은 주인이 되었다. 예언자 무함마드는 신이 되었다.

천국과 지옥

공포는 문자주의 종교의 기본적인 도구다. 그리고 사후에 행해지는 신의 벌 이외에 죽음보다 더 큰 공포는 없다. 많은 자기 선언적 예언자와 마찬가지로, 무함마드는 사람들을 자기편으로 만들기 위해, 믿는 자들에게는 아름다운 사후 세계를 약속하고, 불신자들에게는 지옥의 공포로 위협하는, 채찍과 당근이라는 세련되지 못한 기술을 이용했다. 코란은 주장한다.

제1부 필요 없는 것(The Bathwater)

하나님의 말씀과 그들의 신앙을 팔아, 하찮은 대가를 얻은 그들은 내세에서 아무것도 얻지 못할 것이다.59

실로 성서의 백성들(유대인들과 기독교인들) 중에 진리를 거역한 자들과 불신자들은 불지옥에 있게 될 것이며, 그들은 그 안에서 영주할 것이다.60

하나님의 계시를 불신하는 자들을 우리Allah가 틀림없이 불로 태울 것이며, 그들의 피부가 불에 익어 다른 피부로 변하니 그들은 고통을 맛보게 될 것이다.61

무함마드는 이슬람을 알고 있으면서도 개종치 않은 자는 (지금 구성 비율에서 본다면 인류의 4/5 정도를 의미한다!) 상상할 수 있는 가장 고통스러운 방법으로 영원히 고문을 당할 것이라고 선언했다.

불신하는 자들은 불길에 옷이 찢기며, 머리 위에는 끓는 물이 부어지리라. 그것으로 인하여 그들의 내장과 피부도 녹아내릴 것이다. 그 외에도 그들을 벌할 철로 된 회초리가 있으니, 근심으로 말미암아 그들이 그것으로부터 피하기를 원하나, 그들은 다시 그 안으로 되돌려와 불의 징벌을 맛볼 것이다.62

5. 무함마드 : 신비주의자에서 폭도로

지옥에 떨어진 자들은 그 안에서 피가 섞인 곪은 물을 마실 것이다. 그것을 마시되 거의 삼킬 수 없으며, 죽음이 모든 곳에서 그에게 다가오되 아직 죽지 못하니, 그 앞에는 고통스러운 벌뿐이다.63

이러한 것에 비추어 보면, 한 장을 제외하고 코란의 모든 장이, '은혜롭고 자비로우신 알라의 이름으로'라는 말로 시작한다는 것은 놀라운 일이다. 그러나 알라는 무함마드를 따르고, 그들에게 명해진 것을 따르는 자들에게만 은혜를 베푼다. 그들만이 천국에 들어갈 것이다.

신과 예언자의 부름에 응하라. 그분은 너희를 (천국의) 정원에 들어가게 할 것이다.64

의로운 자들은 축복 속에 있게 될 것이며, 그들은 안락의자에서 바라볼 것이다. 너희는 그들의 얼굴에서 밝은 축복의 빛을 인식할 것이며, 봉인된 순수한 술로써 그들의 갈증을 식힐 것이다.65

독실한 자들을 위하여, 정원과 포도밭이 있는 안전한 장소와 솟아오른 가슴을 가진 처녀가 틀림없이 기다리고 있을 것이다.66

183

제1부 필요 없는 것(The Bathwater)

다른 언급들이, 천국에 거하는 모든 남자가 상대할 수 있는, 항상 젊음을 유지하는 천국의 미녀들, 혹은 처녀들에 대해 상세히 설명하고 있다.

천국의 미녀는 투명한 몸을 가진 가장 아름다운 여성이다. 그녀들은 진주나 루비 안에 있는 선처럼 보이는 골수를 가지고 있다.67

천국의 미녀는 처진 가슴이 아닌 둥글게 솟아오른 가슴을 가진 어린 나이의 처녀다.68

천국에 들어가는 모든 남자에게 이러한 천국의 미녀 72명이 주어질 것이다. 그리고 죽을 때의 나이와 상관없이 그는 100명의 남성적인 힘을 가진 30세의 나이가 될 것이다. 또한 다른 성性을 가진 자들을 위해 역시 은팔찌를 한, 늘 진주 같이 아름다운 젊은 소년들이 있다. 이 모든 상부에 있는 천국의 거주자들은 그들이 가고 싶은 곳으로 데려다 주는 루비로 된 날개 달린 말이 주어질 것이다.69

그리고 보상과 벌에 대한 이 모든 것은 실제로 무함마드에 달려 있다. 어떤 경구에 따르면, 임신 40일 후 태아가 자궁 안에 형성되

5. 무함마드 : 신비주의자에서 폭도로

면 '신이 태아의 삶, 죽음, 행위, 그리고 4가지 운명에 관한 지침'70 을 지닌 그의 천사를 자궁으로 보낸다고 쓰여 있다. 또 다른 설명들은 이렇다.

남자들이 필연적으로 범하게 되고 빠지게 될 간음에 대한 그 부분을 신은 수정했다.71

신이 방황하게 만드는 한 그들은 안내자가 없다. 신이 안내하는 자, 어느 누구도 그를 방황케 할 수 없다. 신은 매우 강력하며, 복수심으로 충만하지 않은가?72

코란은 누군가를 이슬람으로 이끌거나 이끌지 않을 수 있는 존재는 신이라는 것을 분명히 하였다. 그러나 같은 절에서 신은 불신자 자신들이 그들의 행위에 전적으로 책임이 있다고 주장한다.73 이러함에도 불구하고 신은 어떻게 사람들이 자신에게 부여된 운명을 위해 노력하도록 심판의 날을 지정할 수 있는가? 어떤 사람들에게는 부당하게 고통을 주고, 또 어떤 사람들에게는 분수에 맞지 않게 호의를 베푸는 것이 어떻게 무함마드의 알라일 수가 있는가? 이것은 이치에 맞지 않는 것이다. 그러나 종교는 종종 그렇게 한다.

185

제1부 필요 없는 것(The Bathwater)

무함마드의 유산인 증오

무함마드는 인류를 위해 새롭고 보다 나은 종교를 창출했다고 주장한다. 그러나 이것은 지난 시대의 어리석은 생각에 아라비아적인 향료가 버무려진 것에 지나지 않는다. 바로 타나크나 신약성서처럼, 코란은 그들의 편파적인 의제를 실행하려는 종교적 극단론자들에 의해 짜 맞추어진 것이다. 그리고 코란은 다른 '성스러운 경전들'처럼 오늘날에도 분열과 갈등의 원천이 되고 있다. 특히 성스러운 땅이라고 불리는 곳에서.

예배의 방향을 예루살렘에서 메카로 바꾸었음에도 불구하고, 무함마드는 예루살렘에 대한 그의 주장을 완전히 포기하지 않았다. 그가 이제까지 그 도시를 방문했다는 기록이 없을지라도, 그가 밤에 날아서 예루살렘에 갔다는 신비한 이야기는 코란에 첨가되었다. 이 이야기는 예루살렘이 무슬림에게 신성한 장소라는 것과, 신이 이 도시에 대해 합법화된 권한을 그들에게 주었다는 것을 보증하는 것이다. 결과적으로 이제는 유대인, 기독교인, 무슬림, 모두 예루살렘을 그들의 성지로 간주하게 되었고, 이 성지는 몇 세기를 악마에 의해 고통 받는 세기로 만들었다.

무슬림이 유대인들을 파멸시킬 때까지 심판의 날은 오지 않을 거라는 무함마드의 가르침에 고양되어, 이슬람의 근본주의자들은 여전히 유대인들을 학살하고 있다.[74] 그리고 신화에 근거한 다윗의 왕국을 재건하기 위해 아랍의 땅을 합병하길 원하는 유대 근본주의자들도 무슬림을 살해하고 있다. 또한 재림을 필수불가결한 것으로 생각하기 때문에, 이스라엘에 유대왕국을 재건하길 원하는 기독교 근본주의자들은 유대인들을 철저하게 무장시켰다. 오늘날 예루살렘은 어느 순간에 폭발할지 모르는 신이 내린 가장 위험한 화약고다. 이슬람, 유대, 기독교의 근본주의자들은 예루살렘이 폭발한다 해도 그것 역시 신의 계획에 들어있다고 확신한다!

이러한 위기는, 유대인들은 신의 저주를 받았기 때문에, 그들이 예루살렘으로 돌아오는 것과 그들의 자체적인 정부를 세우는 것이 신에 의해 결코 허락되지 않았다는 무슬림의 믿음에 의해 악화되었다. 실제로 유대인이 돌아와 국가를 설립함으로써 이슬람 전통의 토대와 충돌하게 되었다. 누가 옳은가? 이스라엘은 신이 유대 민족에게 내린 약속의 땅이라고 주장하는 모세가 옳은가? 아니면, 유대 민족은 신으로부터 저주를 받아 결과적으로 예루살렘으로 돌아올 수 없다고 주장하는 무함마드가 옳은가?75

무슬림 세계에는, 예언이 이루어지지 않아 잘못이 입증된 코란을 갖기보다는, 이스라엘의 모든 유대인들이 바다에 빠지는 것을 보는 것이 더 좋다는 사람들이 있다. 또한 유대와 기독교 세계에서도 그들의 사랑을 받는 성서가 옳다는 것을 입증하기 위하여, 이스라엘에서 모든 아랍인들이 추방되는 것을 원하는 사람들이 있다. 그러나 전 세계의 더 많은 사람들은, 모든 문자주의자들이 그들의 사

제1부 필요 없는 것(The Bathwater)

악한 행위를 정당화하며, 불화를 일으키는 '성스러운 경전'에 더 이상 의존하지 말 것을 바란다. 참으로 이러한 일이 일어날 것인가?

우리는 이러한 일이 일어날 것이라 믿는다. 서양은 이 게임의 최전선에 있다. 서구의 학자들은 3세기 동안 유대–기독교의 성서를 비판해왔다. 무슬림 세계에서는 비판적인 코란 분석을 거의 시작도 하지 않았다. 서양은 편협한 문자주의자의 늪지로부터 서서히 빠져나오고 있으며, 종교적 권위에 대한 집단적인 복종이 아니라, 개인을 강조하는 새로운 전통을 세우고 있다. 새로운 전통은 맹목적인 믿음보다 의심을 더 나은 것으로 본다.

무슬림 세계에서 코란의 권위는 의심의 여지가 없는 것인 반면에, 서양의 세속적인 자유의 가치는 무함마드가 그러하기를 원했던 것처럼, 악마의 행위로 거부될 것이다. 구원은 우리 자신의 사유로부터 오는 것이 아니라, 위대한 지도자 무함마드를 모방하는 것으로부터 온다는 것을 코란은 분명히 하고 있다. 이것이 무슬림 근본주의자들이, 무함마드처럼 걷고, 말하고, 먹고, 마시고, 입고, 그리고 생각하는 것이 그들의 의무라고 믿는 이유다.[76] 또한 무함마드처럼 전쟁을 하는 것이 그들의 의무라고 믿는 이유이기도 하다.

'자비로운 알라'의 이름으로 무함마드는 증오의 유산을 세상에 남겼다. 그는 그의 추종자들에게 '우리 대 그들'이라는 사고방식을 심어놓았고, 경건한 무슬림을 인류의 반과 영원히 싸우도록 만들

5. 무함마드 : 신비주의자에서 폭도로

었다. 플라스틱 폭발물이 칼을 대체했으며, 이슬람의 종교적 열광과 이것이 야기한 고통이 그대로 남겨졌다. 지금 우리는, 무함마드처럼 여전히 순교의 보상으로 천국에서의 끝없는 섹스를 약속하고, 무함마드처럼 여전히 젊은이들에게 불신자들의 대량 학살을 강요하며, 동굴에 은신해 있는 오사마 빈 라덴의 으슬으슬한 망령을 떠올리고 있다. 무슬림 작가 만지Irshed Manji는 그녀의 책, 『이슬람의 문제점The Trouble with Islam』에서 이렇게 말했다.

그것은 자폭의 대가로 사정射精할 수 있는 영원한 보증서와 같다.77

왜 이 젊은 남자들이 그들의 목숨을 헛된 약속과 바꾸는 것에 열광하는가? 그 이유는 이들이, 코란은 신의 생각에 대한 권위 있는 설명이라는 믿음으로 세뇌당했기 때문이다. 그리고 그들은 무함마드가 천국에서 신의 오른편에 앉아 있으며, 그의 명령을 얼마나 충실히 실행했는가를 판단하기 위하여 기다리고 있다고 확실하게 믿는다. 물론 기독교 문자주의자들은 이것이 사실일 수 없다는 것을 안다. 왜냐하면 신의 오른편에 앉아 있는 존재는 예수이기 때문이다. 그렇다면, 신이 만든 세계에서, 종교가 야기하는 참혹함을 신 자신이 중단시킬 수 없는 이유가 신의 오른편에 앉아 있는 예언자들 때문이란 말인가?

6. 깨어나야 할 꿈

역사는 내가 깨어나려고 하는 하나의 꿈이다.
―제임스 조이스, 율리시스(James Joyce, Ulysses)

오랫동안 세계의 위대한 종교를 연구한 후에, 우리는 그들이 성스러운 텍스트라고 부르는 것에 포함된, 거짓으로 가득 차 이해하기 힘든 표현들에 대해 예민한 반응을 보여 왔다. 우리는 연구를 통해 이 책들이 '신의 말씀'일 수 없다는 결론을 얻었다. 사실상, 만일 우리들이 신의 변호사였다면, 명성에 대한 명예훼손과 오역에 대해 고발하라고 충고했을 것이다. 그러나 이러한 결론이 그들의 텍스트들이 완전히 값어치 없는 것이라고 말하는 것인가? 물론 그렇지는 않다. 어쨌든 우리는 플라톤, 루미(1207-1273, 가장 유명한 페르시아의 이슬람 신비주의자·시인. 역주), 셰익스피어의 말은 당연히 뛰어난 인간의 말이라는 것을 받아들이지만, 그렇다고 해서 그들의 말이 모두 숭고하다고 생각지 않는다.

우리는 단 한 번도, 타나크, 신약성서, 코란에, 아름다움, 통찰,

지혜의 내용이 없다고 말하지 않았다. 마찬가지로 그것에 들어 있는 증오, 편협함, 비관용의 무시무시한 문장을 감히 무시할 수 없다는 것도 당연하다. 텍스트 자체가 우리 대 그들이라는 대립되는 세상을 만들어 내고, 그 텍스트를 읽는 사람들이 신성하게 성화된 폭력을 행사하도록 선동하는 것이 신성한 텍스트의 '참된' 메시지라고, 종교적인 테러리스트들이 왜곡하는 것을 우리는 더 이상 두고 볼 수 없다.

문제는 문자주의의 종교들이 추종자들에게 전부, 아니면 전무라는 양자택일적인 선택을 전제로, 그들의 신성한 경전들을 받아들이길 원한다는 것이다. 물론 이럼에도 불구하고, 대부분의 신앙인들은 그들이 좋아하는 문장들을 정성스럽게 골라 선택하고, 그들이 싫어하는 문장들은 간단히 무시해 버린다. 우리가 잘못된 것을 선택하지 않게 하라. 우리는 이것에 대해 감사한다! 만일 유대인들, 기독교인들, 그리고 무슬림들이 현대의 일반적인 도시에서 성스러운 경전이 요구하는 것을 실행한다면, 분명히 무정부 상태가 될 것이다. 그러나 자제의 시기가 얼마나 지속될 것인가? 역사에 나타난 것을 보면, 모든 문화에는 절대적인 힘으로의 회귀를 꿈꾸고, 그들의 신정주의의 군대를 계획하며, 숨죽여 기다리는 탈레반과 같은 존재가 있어 왔다.

우리는 신이 부여한 선물인 판별력을 모든 경전에 적용하여야 하며, 그 경전들이 내적으로 불합리와 불일치로 분열되어서 우리

제1부 필요 없는 것(The Bathwater)

를 미치게 만든 다는 점을 인정해야 한다. 예를 들어, 성서에서 예수는 '나에게 반대하는 자는 나를 위하는 자다'라고 한다. 그러나 그는 또한 '나를 위하지 않는 자는 나를 반대하는 자다'라고도 한다. 첫 번째는 평등주의적이고, 포용적이다. 두 번째는 편협하고, 배타적이다. 이들은 상호 모순되므로, 양자를 함께 믿는다는 것은 예수를 무모한 사람으로 만드는 것이며, 우리 자신을 정신분열증 환자로 만드는 것이다.

우리는 신약성서에 영감을 주는 문장들이 없다고 말하는 것이 아니다. 원수를 사랑하라는 계명은 매우 심오하다. 그러나 만일 예수가 실제로 존재하지 않았다고 한다면, 그런 사실이 이 가르침의 의미를 덜 심오하게 만드는가? 물론 그렇지 않다. 햄릿, 리어 왕, 혹은 프로스페로Prospero(템페스트 : 1611년에서 1612년 사이에 영국의 극작가 셰익스피어가 지은 희곡. 아우 안토니오의 음모로 영지를 빼앗기고, 외딴섬으로 유배된 프로스페로 공작이, 절망을 딛고 일어서 복수하고, 아우를 회개하게 한다는 전기적 내용의 희비극. 역주)는 실제로 존재하지 않는 인물이지만, 우리는 여전히 셰익스피어의 작품들을 사랑한다. 인간들이 존재하고, 그들 중 누군가가 그들의 영웅인 예수의 입을 빌려 말하기를 바라는 한, 인간 본성에 대한 예수의 통찰력은 그 의미가 퇴색하지 않을 것이다.

우리가 사는 일생동안 세상의 지혜는 지역의 서점에서 구할 수 있으며, 인터넷에서 내려 받을 수 있게 되었다. 확실히 이제 어느 한 전통 혹은 하나의 성스러운 텍스트에 우리 자신을 한정하는 것은 불합리하게 되었다. 또한 어느 누구도 모든 것에 대해 정당할 수 없다는 사실에 직면하였다. 예를 들어, 플라톤 『티마에우스』의 전반부는 그리스의 비교적秘敎的 전통의 신비주의와 우주론에 대한 매혹적 통찰을 보여 주지만, 책의 후반부는 솔직히 매우 우스꽝스럽다. 인간 해부학에 대해 약간의 지식만이라도 있는 사람이라면, 플라톤이 분명히 틀렸다는 것을 알 수 있다. 이와 마찬가지로, 이상하게 전지全知한 것으로 알려진 성서는 위대한 지식을 포함할 수 있지만, 양자 물리학에 대해서는 말할 것이 아무것도 없다. 어느 책이든 단지 그 시대와 그 지역의 산물일 뿐이다.

다른 한 쪽에 훌륭한 책들이 많은데도 한 책에만 집착하는 것은 분명히 미친 짓이다. 우리가 생각할 때는, 『우파니샤드』, 『도덕경』, 그리고 『지혜의 보석Crest Jewel of Wisdom』은 성서보다 더 훌륭하다. 그리고 만일 이들이 너무 동양적이라면, 플라톤과 플로티누스 같은 고대 철학자들을 보라. 루미나 하피즈 같은 수피들의 숭고한 시를 확인해 보라. 중세 기독교 신비주의자인 마이스터 에크하르트의 초월적 지혜를 훑어보라. 그리고 만일 너무 오래되었거나 이국적이라면, 휘트먼Walt Whitman의 무아경의 시나, 엘리엇 T. S. Eliot의 『Four Quartets』(4개의 4중주)를 읽어보라. 왜냐하면 이 두 작가는 모세나 무함마드보다도 훨씬 신비적이다. 그러나 영감의 원천으로서 당신이 무엇을 선택하든지, 이것은 단지 책일 뿐이라는 것을 기억해라.

여기에는 지금 당신이 읽는 책도 포함되어 있다.

  현대 세계는 우리가 선택해야 할 너무 많은 영감의 원천들을 제공해서, 종종 '영적인 슈퍼마켓'으로 불려진다. 그러나 슈퍼마켓이라고 무엇이 잘못된 것인가? 우리가 어렸을 때는, 판매 기일이 지나고 먼지 쌓인 물건만 있어서 제한된 선택 밖에 할 수 없었던 종교적인 구멍가게만 있었다. 지금은 우리가 선호하는 영성을 고르고 선택할 수 있다. 우리는 이것을 좋아한다고 말할 수 있고, 그리고 저것을 원하지 않는다고 말할 수 있다. 환상적이다! 그러나 이에 대해 자만하지 마라. 그리고 이것을 축하하자. 이것은 교회가 진리를 독점했던 지난날로부터 벗어나 앞으로 전진하는 거대한 발걸음이다.

종교적 정신착란으로부터의 회복

  세상은 진보하지만 문자주의 종교는 과거에 집착한다. 인간 문화의 모든 면이 같지 않지만, 새로운 것은 매력적이고, 과거의 것은 시대에 뒤떨어졌다. 그러나 종교의 문제에서는 옛것은 성스럽고, 새로운 것은 이교적이다. 무함마드는 아래와 같은 말로 그의 퇴보적인 태도를 분명히 하였다.

6. 깨어나야 할 꿈

새로운 것을 조심하라. 왜냐하면 새로운 모든 것은 혁신적이고, 혁신적인 것은 잘못된 것이기 때문이다.[1]

삶의 본성은 끝없이 변하는 것이지만 문자주의자들은 변화를 좋아하지 않는다. 종교가 우리의 삶을 지배하게 되면, 과거가 더 낫다고 생각한다. 우리는 무함마드 당시로 돌아가기를 원하고, 초기 기독교 당시로 돌아가기를 원한다. 우리는 최초의 천국으로부터 타락했으며, 우리가 받을 무서운 형벌을 향해 가고 있다. 우리를 기다리고 있는 미래는 아마겟돈Armageddon, 대량 파괴, 신이 내린 벌, 즉 불과 유황이다. 이러한 이미지들이 실제로 우리 어린 아이들의 머리를 채우기 바라는가?

영적인 전통이 문자주의에 굴복하면, 변화는 멈추게 된다는 것을 알 수 있다. 사람들은 왜 그렇게 해야 하는지 이유를 모르면서도, 과거와 동일한 신조를 반복하고, 과거와 동일한 의례를 실행하며, 과거의 복장을 그대로 입는다. 하시드Hasid(유대교 하시디즘 Hasidism 그룹의 멤버. 역주)들은 18세기 폴란드에서 자유사상가들과 유대 신비주의자들의 활기찬 운동으로 시작됐다. 그러나 몇 세기 후에 그들은, 불타는 듯한 뜨거운 중동 지역에 살고 있음에도 불구하고, 동유럽의 냉기를 감안해 만든 18세기 폴란드 옷을 여전히 입고 있으며, 예루살렘의 통곡의 벽에 그들의 헌신을 실행하는 것으로 알려진 문자주의 종교가 되었다. 문자주의자들은 과거에 그들에게 정

제1부 필요 없는 것(The Bathwater)

체성을 주었던 것이라면, 지금은 그것이 아무리 미친 짓이라 할지라도 그것에 집착한다.

종교는 분명히 결함이 많다. 그러나 몇 가지 이유로, 우리는 이 결함에 대해 비판해야 하지만, 그것이 '신앙'이라는 이유로 겸손하고 조심하는 마음을 갖게 되어, 비판을 해서는 안 된다는 감정이 있다. 왜 그래야 하는가? 우리는 정치학이나 과학, 그리고 그 어떤 것에서도 이런 종류의 무조건적인 복종을 강요당한다고 느끼지 못한다. 이제는, 왕이 벌거벗었다고 외칠 수 있는 시대가 되었다. 문자주의 종교는 존경이 아니라 비웃음을 살만하다. 이것은 비이성적이고, 비도덕적이며, 시대에 뒤떨어진 것이다. 그리고 어처구니없는 웃음이 터져 나오게 만드는 것이다.

종교적 문자주의라는 것은 완전히 사고가 빈약한 형편없는 생각이다. 예를 들어, 기독교 문자주의자들은 이교도 반대를 선언하면서도, 이교도 여신 에오스터Eostre의 이름을 본 딴 부활절Easter을 축하한다. 그리고 그들은 이 날을 예수를 십자가에 못 박은 것으로 기록된 날에 근거해서 계산하는 것이 아니라, 이교도의 태음력을 따른 날에 맞추어 가장 중요한 축제를 거행한다. 더욱 불합리한 것은, 그들은 이교도 여신의 상징인 달걀을 먹음으로써 이 성스러운 날을 기념한다는 것이다. 왜 우리에게는 초콜릿으로 만든 그리스도 수난상이 없는가? 만일 있다면, 결국 기독교는 그리스도의 육신을 먹는 것이다. 어디서부터 먹기 시작할까를 결정해야 할 사소한

6. 깨어나야 할 꿈

문제가 있을지라도!

 문자주의는 정상적이지 못하다! 만일 우리가 당신에게 우리들의 친구가 처녀의 몸에서 태어났고, 물 위를 걸을 수 있으며, 그리고 죽은 후 다시 살아났다고 말한다면, 어느 정신 나간 사람이 우리를 믿을 수 있겠는가? 그러나 운 좋게도 수십억 명이, 기괴한 옛날 책에 근거한 이러한 이야기를 믿는다. 만일 우리가 종교적 믿음이 아닌 다른 것에 대해서 그러한 입장을 취한다면, 그러한 불합리성은 정신병이라고 진단할 수 있는 근거가 될 것이다.

 종교적인 광기는, 외견상 지적인 사람들이 진리를 자신들의 독단에 맞게 바꾸어 놓도록 한다. 사우디아라비아의 독재적인 지배 귀족의 멤버이며, 이슬람 문자주의자인 황태자 압둘라Abdullah는 이렇게 선언했다.

사우디아라비아는 인간에 의해 기록된 것이 아니라, 알라의 계시에 의한 헌법을 갖고 있다. 나는 불의가 실행되는 것을 허락할 정도의 단 하나의 허점이라도 코란이 포함하고 있다고 믿는 아랍인이 있다고 생각하지 않는다. 만일 세상에 어떤 참된 민주적인 체제가 있다면, 그것은 현재 사우디아라비아에 있다.[2]

 이처럼 민주주의는 국민의 의지에 달려 있는 것이 아니라, 신성한 계시를 따르고, 그러한 왕에 의해 다스려지느냐에 달려 있다! 종

제1부 필요 없는 것(The Bathwater)

교적인 편견을 정당화하고 자신의 이익을 보호하기 위해 어느 누가 그런 정도까지 민주주의의 의미를 왜곡하기 시작했는지는 알 수가 없다.

그러나 자신들의 명백한 위선 행위를 인정하지 않으려는 것은 광신적인 무슬림만이 아니다. '주'를 숭배하고, 하늘의 '왕국'을 고대하는 미국 기독교의 근본주의자들은 '공화당'의 지지자들이다. 공화주의는 왕과 주를 폐지하려는 것이 아닌가? 풍자와 혼동과 고의적인 자기기만이 엉켜서 그들이 주장하려는 것이 어디서 시작하고, 어디서 끝나는지를 알 수가 없다.

많은 문자주의 지도자들은 자신들의 개인적인 이익에 맞게 그들의 신앙을 짜 맞추는 데에 능숙한 것 같다. 예를 들어, 실제로 미국의 근본주의자들은 그들의 다른 뺨을 내놓지 않으며, 그들의 원수를 사랑하지도 않으며, 가난한 자에게 그들의 돈을 모두 주지도 않는다. 그들은 자신들이 주도하는 복음 전도의 대형 단체를 세운다. 그들은 도덕을 설교하며, 낙태 수술과 임금 투쟁에 반대해 폭탄을 던지는 그들을 잘한다고 승인해준다. 그들은 예수가 성서에서 비난했던 바로 그러한 종류의 위선자들이다.

역설적이게도, 가장 극단적인 근본주의자들이 실제로는 깨어남을 향해 한 발자국 나아간다는 것이다. 그들은 이미 자신들 종교 이외의 모든 종교들이 무의미한 것을 주장하고 있고, 확신한다. 바로 지금 그들이 해야 할 단 한 가지 일은 그들 자신의 종교도 역시

6. 깨어나야 할 꿈

그렇다는 것을 깨닫는 것이다! 그러나 근본주의자들도 신비한 존재에 대해 진정한 믿음을 필요로 하기 때문에, 이러한 작은 걸음은 그들이 아직 발견하지 못한 알려지지 않은 존재에 대한 거대한 도약인 것이다. 근본주의자들은 분명히 진리를 알고 있다는 확신이 필요하다. 왜냐하면 다른 선택이 있다는 것은 두렵기 때문이다. 근본주의자들은 우리들 중에 길을 잃어버린 '우리'다. 기독교 영지주의자인 테오도투스Theodotus는 몇 세기 전에 이렇게 말했다.

생생하고 변치 않는 환상의 권위에 갇혀 있으므로, 가장 깊이 잠든 자들이 가장 깨어있다고 생각하듯이, 가장 무지한 자이면서도 가장 많이 알고 있다고 생각한다.[3]

그러나 그들은 가끔 분리의 환상으로부터 깨달음의 순수한 경험을 함으로써, 근본주의를 받아들이게 된다. 근본주의자들의 회합에서, 어떤 특별한 경험을 한다는 것에 대해 착각을 해서는 안 된다. 그들은 우리가 '정상 상태'라고 생각하는 일상적인 무감각으로부터 고무되어, 다시 살아있다고 느끼기 시작한다. 그들은 초개인적인 경험을 갖게 된다. 그러나 그것은 나치의 누렘버그Nuremberg 집회에 참석한 사람들이 하게 된 경험과 같은 것이다. 그들 또한 개인의 고립으로부터 벗어났다고 생각하지만, 불행하게도 그들은 독일인이라는 보다 범위가 넓은, 그렇지만 독일인이라는 한계에 제한된 정체성에 다시 사로잡히게 된 것이다. 이와 같이 종교적 근본주의자들은 그들의 개인적 정체성을 초월하는 구원을 경험하지만, 기독교인, 무슬림인, 또는 이와 유사한 것인, 더 넓지만 한편으론 제한된 정체성 안으로 휩쓸려 들어간다.

현대의 근본주의의 흥기는 진보적인 많은 사람들을 우울하게 만든다. 근본주의자들은 종교가 세상을 철권으로 통치하던 암흑의 시기로 돌아가도록 우리를 위협한다. 그러나 근본주의는 새로운 것이 없기 때문에 위협적이지 못하다. 새로운 것은 대부분의 사람들이 이제 더 이상 편협한 신앙을 받아들이지 않는다는 것이다. 서양 대부분에서, 특히 유럽에서 변화한 것은, 새로운 사고방식이 꾸준히 과거 기독교 국가의 전체주의적 제도를 잠식해왔다는 것이다. 이것은 조직화된 종교의 소멸이라는 결과를 가져왔다. 그러나 또한 이것은 이미 오래 전에 지나간 중세적 세계관을 악착같이 신봉하는 신앙인들의 마지막 잔당이 드러나게 했다.

세상을 바라보는 새로운 방식이 매우 인기가 있기 때문에 우리는 사물을 바라보는 옛날의 방식에 이름을 지어줄 필요가 있으며, 그래서 이것을 '근본주의'라고 부른다. 그러나 새로운 이름을 지어주는 것은 사실 장례식을 치르는데 명명식을 하는 것과 같은 잘못된 인상을 낳는다. 근본주의는 종교적 문자주의의 힘을 입증하는 것이 아니라, 오히려 이것의 허약함을 보여 주는 것이다. 근본주의는 젊음의 감격에 도취되어 있는 것이 아니라, 임종의 극심한 고통을 겪고 있는 종교적 문자주의다. 근본주의자들은 그들이 이념의 싸움에서 지고 있다는 것을 알고 있기 때문에 수비적인 방법으로 현대와 싸우고 있다. 일련의 믿음들이, 도움을 필요로 하는 '전통'으로 생각되는 순간, 이것은 이미 죽은 것이다.

조지 워커 부시George W. Bush는 9·11의 비극에 대한 반응으로, '우리의 편에 서지 않으면, 반대편에 서는 것이다'라는 성서의 말을 선언으로 사용했다. 우리는 그가 말하고자 했던 의미가 아닌 다른 의미에서 그가 옳았다고 생각한다. 우리가 지금 폭력과 증오로 영구히 분리됨을 선택하는 조지 워커 부시George W. Bush, 오사마 빈 라덴Osama Bin Laden, 그리고 모든 종교적 문자주의를 선택할 것이냐, 아니면 우리 모두가 하나라는 것을 일깨우기 위해, 몇 세기 동안 영지주의자들이 가르쳐 온 것처럼 용서와 사랑을 선택할 것이냐 하는 문제에 직면해 있다. 우리는 부시와 빈 라덴 편에 설 것인가, 아니면 그들과 반대편에 설 것인가? 우리가 이 선택을 어떻게 하느냐가 이 새로운 세기에 우리가 공동으로 만들어 갈 세계의 윤곽을 명확하게 할 것이다.

이교적인 유산

영지주의자들은 역사를 통해서 문자주의의 대안으로 영지gnosis

제1부 필요 없는 것(The Bathwater)

에 대한 깨달음의 가능성을 제시했다. 영지주의자들은 시대에 뒤떨어진 현상유지에 대해 항상 솔직하게 비판했으며, 현상유지를 하려는 자들과 끊임없이 갈등을 일으켰다. 이런 이유로 그들은 이교도로 낙인 찍혔으며, 끔찍하게 박해받았다. 그러나 그들의 용기로, 종교의 영적인 본질은 시대를 거쳐 힘들게 전진하고 있다. 위대한 과학자이며, 자유사상가인 아인슈타인은 이렇게 말한다.

모든 시대의 종교적 천재들이 생각하는 인간의 이미지는 어떤 독단이나 신을 배제한 것으로 또 다른 종교적인 감수성으로 구분된다. 그래서 주요 가르침이 그러한 천재들의 종교적 감수성에 근거하는 어떤 교회도 있을 수가 없다. 많은 경우에 동시대 사람들에 의해 무신론자 혹은 때때로 성인聖人으로 간주되고, 가장 지고한 종교적 감수성을 가진 사람을 우리는 바로 모든 시대의 이교도들에서 발견한다. 이런 관점에서 보면, 데모크리투스, 아시시의 프란시스, 그리고 스피노자 같은 사람들은 서로 매우 유사하다.4

영지주의자들은 여러 종류의 다른 배경으로부터 나왔지만, 깨달음에 대한 하나의 전통을 세웠다. 서양에서 이 전통은 피타고라스학파Pythagoreanism, 플라톤학파Platonism, 신비주의Mysticism, 비교주의Esotericism, 영원한 철학Perennial Philosophy과 이외에도 놀랄 정도로 많은 다양한 이름으로 불려졌다. 우리는 이 전통이 영지 혹은 깨달음으로 이끄는 철학을 가르치기 때문에 '영지주의'라고 부른다. 물론 이 전통을 형성하는 구성원 모두가 이 이름을 사용하지는 않는다. 그러나 우리가 사용하는 이 말을 넓은 의미에서 본다면, '영지주의자들'로 그들을 함께 묶는 것은, 이 중요한 운동을 이념의 진화라는 관점에서 동일함을 증명할 수 있는 전통으로 다룰 수 있게 한다.

문자주의자들은 그들의 종교에 맹목적인 집착을 가르치지만, 영지주의자들은 지혜가 발견될 수 있는 어디에서든지 지혜를 갈구하여 하나의 입장에 얽매이지 않는 사람들이다. 그들은 새로운 방식으로 사고할 수 있어야만 더욱 자각적으로 된다는 것을 강조한다. 그러므로 문자주의 종교가 지배하던 시대에는 폭력에 의해 마음을 빼앗기거나, 혹은 매우 침체되어 있었다. 그러나 영지주의가 짧은 기간 동안에 활성화되었어도, 우리는 지혜와 문화가 꽃피는 것을 즐길 수 있었다.

역사는 모든 전환점에서 약간의 변형이 있을지라도 반복된다. 사건들이 혼란스럽게 나타나는 상황에서도 분간할 수 있는 패턴은 인간성이 깨어나는 것으로 보이는 시기가 있다는 것이다. 똑똑한 아이처럼, 우리는 어떤 흥미 있는 문제에 질문을 하기 시작한다. 그리고 어린 시절처럼, 탐구심의 강렬한 분출은 종종 창조성의 폭발적 증가를 동반한다. 그러한 시기에는 어느 것이든 가능해 보이고, 인간의 상상력에는 한계가 없는 것으로 보인다. 이 결과로 인

제1부 필요 없는 것(The Bathwater)

해 일반적으로 문화가 눈부시게 활짝 피어나는 것이다. 이것은 놀랄 일이 아니다. 왜냐하면 문화라는 것은 인간 상상력의 척도이기 때문이다.

유감스럽게도, 인간성이 독단론과 정통파의 전체주의적인 장악에 압도당하는 오랜 기간이, 깨달음의 발생 이후에 뒤따르게 된다. 문화가 쇠퇴하면 항상 그 반대로 나아간다. 전통과 그 근본으로 돌아가자는 데 대해 많은 논의가 있었다. 시대적 분위기가 너무 위험하면 넓은 의미의 영지주의자들이 나타나지 않는 것처럼, 독창적인 작품은 거의 만들어지지 않는다. 이러한 시기의 문화는 군주나 율법학자들 혹은 도덕적 다수파에 의해 위험성이 없는 것으로 선언된 표현 양식의 반복에 지나지 않는다.

일반적인 시민들은 실제로 무엇이 일어나는지 모를지라도, 모든 유대 교당, 교회, 이슬람 사원에서는 어딘가에 절대적으로 확실한 존재가 있다고 크게 외치고 있다. 그들은 전지전능한 귀를 가지고 있으며, 그들의 크고, 검은 책 안에 모든 해답을 가지고 있다고 한다. 결과적으로 이러한 일들에 대해 그 밖의 어느 누구도 골치 아파할 필요가 없다. 사실, 그들이 그렇게 하는 것에 대해 전혀 생각하지 않는 것이 더 좋다. 그래서 어떤 것에 대해서도 생각하지 않게 되면, 모든 사람은 천천히 잠들기 시작한다.

이 잠은 참견하기 좋아하는 또 다른 영지주의 철학자가 '우리는 어디에서 왔는가?', '신은 존재하는가?', '왜 임금님은 벌거벗었는가?'처럼 어린 아이 같은 질문을 던지며 불쑥 나타날 때까지 계속 된다. 그리고 우리는 그들에게 감사해야 한다. 그들의 확성기로, '이것은 어떠한 것이다', '이것은 누구다', '이것은 우리가 해야 할 것이다'라고 똑똑한 척 떠드는 그들 모두보다 두각을 나타내는 사람이 있어야 한다. 우리가 발견한 놀라운 것은, 확성기를 가진 사람들과 대적하는 데 따르는 섬뜩할 정도의 위험을 각오한 사람들이 많이 있었다는 것이다. 그리고 그들은 모든 인류 문화 최고의 씨앗을 뿌렸으므로 우리는 영원히 그들에게 감사해야 한다.

아테네

가장 위대한 문화 중의 하나가 고대 아테네에서 흥기했다. 기원전 5세기 중반 짧은 기간에, 철학자들은 당시 그리스의 성서였던 호모와 헤시오드의 작품에 대한 문자주의자들의 오역을 비웃었고, 그리스 종교를 공격했으며, 그 시기에 자유로운 탐구가 한꺼번에 터져 나왔다. 소크라테스와 플라톤은 모두가 하나라는 영원한 영지주의 철학을 가르쳤고, '사람들 상호 간의 비난과 수치, 도둑질, 불륜, 서로 속임과 같은 모든 것'을 신들의 탓으로 여기는 그들을 책망하면서, 호모와 헤시오드를 꾸짖었다.[5]

그리스인들은 신, 창조, 그리고 인간이 된다는 것에 대해 이제 깜

제1부 필요 없는 것(The Bathwater)

짝 놀랄 정도의 새로운 방식으로 생각하기 시작했다. 과거의 관념들은 지적인 에너지에서 산출된 것을 담을 수 없으므로 사라져 갔다. 새로운 관념들은 이러한 것이다.—민주주의, 철학, 과학, 교육, 문학, 희곡, 수학, 건축학, 조각, 음악, 스포츠, 그리고 목록은 계속 추가된다. 그리스인들의 성취는 경외심을 불러일으키며, 그들의 문명은 현대 세계의 청사진을 마련해 주었다. 이 활기 있고, 근원을 탐구하는 문화는 믿을 수 없는 경이로움을 산출했지만, 종교적인 독단론이 지배하면서 완전히 붕괴되었다.

  기원전 5세기 말에, 쫓겨난 과두정치 지도자들이 권력을 다시 차지하였고, 과거로 회귀하려는 반발이 시작되었다. 비극적이게도 그러나 전형적이게도, 주요 희생자는 처음부터 문화적 르네상스를 고취시켰던 바로 그 사람들이었다. 괴벽스럽지만 뛰어난 철학자인 아낙사고라스와 고대 아테네의 위대한 지도자의 조언자인 페리클레스는 이교도로 낙인 찍혀 추방당했다. 크세노파네스도 불경죄로 아테네에서 추방당했다. 그의 죄? 그것은 단지 '만일 소나 말이 그들의 신을 그릴 수 있는 손을 가지고 있다면, 그들은 그들의 신으로 소나 말을 그렸을 것이다'[6]라는 불경스러운 표현을 했다는 것이다. 그리고 그는 이렇게 말하기도 했다.

  신들에 대한 진리는 지금이나, 혹은 앞으로도 어느 누구도 알 수 없을 것이다. 설령 우연히 진리를 발견한다 할지라도, 그는 자신

이 알고 있다는 것을 모를 것이다.7

'인간은 만물의 척도'라는 유명한 말을 남긴 철학자 프로타고라스는 이교도라고 비난받았다. 그의 책은 거리에서 불태워졌고, 그는 박해자를 피해 탈출하다 익사했다. 이러한 철학자들 중에서 가장 찬양받는 소크라테스도 유죄 판결을 받고 처형당했다. 이 지성인들에 대한 숙청은 당시 아테네를 지배했던 30인의 참주(기원전 404~403에 아테네를 지배한 집정관들. 역주)에 의해 자행되었고, 이들은 이러한 결과가 초래한 일부 유명한 희생자들에 불과했다. 또 다른 1,500명 정도의 자유사상가와 철학자들 또한 공포의 통치 속에서 사라져 갔다. 아테네는 자신의 머리를 잘라내는 데에 성공했다. 이것은 무서운 각본이지만 역사는 다시 반복될 것이다.

알렉산드리아

아테네의 새로운 시도는 무참하게 좌절되었지만, 기원전 3세기부터 그리스화된 알렉산드리아에서 문화와 지혜의 또 다른 위대한 르네상스를 고취하려는 영지주의가 존속하고 있었다. 이곳에서 세계의 정신적 지혜들이 만났으며, 절충적인 영지주의자들에 의해서 역동적이고, 새로운 형태로 종합되었다. 그들은 그리스와 이집트

철학을 융합해서 헤르메티카Hermetica(이집트의 신 토트〈그리스어로는 '매우 위대한 헤르메스'라는 뜻의 Hermes Trismegistos〉의 계시를 받아, 신비롭고 신학적이며 철학적인 주제를 다룬 작품들. 역주)를 만들었고, 그리스, 이집트, 메소포타미아의 영향이 합해져 신비학의 성서 Chaldean Oracles를 만들었다. 또한 그리스철학은 유대의 신화와 결합하여 기독교를 일으켰다. 연금술, 불교, 그리고 조로아스터교를 통한 모든 다른 정신적 전통들은 공공연하게 실천되고, 논의되었다.

알렉산드리아의 대도서관은 이 도서관에서 작업을 한 유클리드, 아르키메데스, 그리고 프톨레미의 작품들을 포함해 50만 권의 두루마리 책을 소장하였다. 여기에는 지구는 행성 중의 하나이며, 태양 주위를 돈다는 것을 증명한 사모스의 아리스타르쿠스Aristarchus의 책이 포함되어 있다. 그리고 황도黃道의 경사각과, 1%의 오차 내에서 지구의 지름을 계산한 에라토스테네스, 월식을 계산하고, 태양의 크기, 분점分點(춘분점과 추분점으로 대표되는, 천구 상에서 천구의 적도와 황도가 만나는 두 교점. 역주)의 세차歲差(태양과 달의 짝힘에 의해 지구의 극축極軸이 공간에 대해 회전하는 세차 운동. 역주)를 결정한 히파르쿠스Hipparchus, 케플러가 행성의 궤도를 계산하는 데 극히 중대한 수단을 재발견하기 전, 즉 1400년 전에 원뿔 추에 대해 연구 성과를 낸 아폴로니우스Appolonius의 책이 포함되어 있다.

과학자 칼 세이건은, 만일 암흑기에 의해 인간의 진보가 중단되지 않았다면, 성당이 건축된 중세에 성당 대신에 우주 시대의 시작을 봤을 것이라 주장하였다. 그러나 이것은 일어나지 않았다. 문자주의 기독교가 로마 제국의 종교가 되었을 때, 세상은 다시 미치기 시작했다. 자유로운 탐구는 공식적으로 종식되었으며, 대도서관은 길고 헐렁한 검은 옷을 입고 날뛰는 수도사 무리들에 의해 불태워졌다. 아우구스티누스는, 국가는 백성들에게 종교적인 정통 신앙을 강요할 권리와 의무를 갖는다고 처음으로 합법적 논증을 제시했다. 아우구스티누스 반대자들은 가톨릭과 로마 제국 사이에 '성스럽지 못한 연합'을 비난했다. 그러나 그들은 이제 필요하다면 언제든지, 합법적인 폭력에 의해 억압을 받을 수밖에 없었다.[8]

바그다드

아우구스티누스의 주장처럼 국가의 철저한 통제가 시작됨에 따라, 철학자들은 동쪽으로 옮겨 갔다. 그리고 무슬림 세계는 이러한 두뇌 유출의 수혜자다. 8세기에 시작한 영지주의 영성의 쇄도와 과학이 놀랄 정도로 짧은 시간 안에 이슬람 문화를 세상에서 가장 위대한 문명으로 바꾸어 놓았다. 철학자이자 과학자인 하란Harran의 타빗 이븐 쿠라Thabit ibn Qurra는 이렇게 말한다.

제1부 필요 없는 것(The Bathwater)

우리는 이교도의 계승자들이며, 전도사들이다. 만일 이교도의 왕과 귀족들이 아니라면, 그 누가 도시들을 건설하고, 세계를 문명화 시켰겠는가? 또 그 누가 강과 항구를 정비했을 것이며, 숨겨진 지혜를 가르쳤겠는가? 만일 이교도 중에 유명한 사람들이 아니라면, 신성은 누구에게 계시를 했을 것이며, 또 누구에게 신탁을 주고, 미래에 대해 말을 했을 것인가? 이교도들은 이 모든 것을 알려 주었다. 그들은 몸을 치료하는 기술을 발견했으며, 또한 영혼 치료의 기술을 알려 주었다. 그들은 지상을 안정된 형식의 정부와 지고한 선善인 지혜로 가득 차게 했다. 이교도가 없었다면, 이 세상은 공허하고 비참해졌을 것이다.9

그의 주장은 정확히 맞는 말이다. 이교도가 없었다면, 서양은 실제로 공허하고 비참해졌을 것이다. 그러나 그 빛들이 유럽에서 사라지고, 그들은 다시 근동에서 지금까지보다도 더 밝게 타오르기 시작했다. 이슬람 문화는 여전히 젊었고, 무엇이든 가능해 보인다. 항상 그랬던 것처럼, 이 개방된 정신의 결과는 숭고한 문화다.

이 시기에 바그다드에서는 아테네와 알렉산드리아에서 한 때 꽃피웠던, 문예 비평, 철학, 시학, 수학, 천문학, 그리고 의학이 다시 살아나고 있었다. 바그다드에는 천여 명의 물리학자와 무료 병원, 정기적인 우편 서비스, 그리고 멀리 떨어진 중국에까지 지점을 둔 은행이 있었다.10 지혜의 집the House of Wisdom이라 불리는 첫 번째

6. 깨어나야 할 꿈

대학이 이곳에 설립됐으며, 여기서 천문학, 항해술, 지리학, 수학, 의학에 관한 그리스 서적들이 아랍어로 번역되었다. 무슬림의 학문은 이 기초 위에서 형성됐으며, 이 시기 이전에 기록된 역사 시기에서 발생한 과학적 발견 전체보다도, 이 시기에 과학적 발견들이 더 많이 이루어졌다.[11]

이스마일파와 같은 신비주의 교파는 피타고라스학파였던 바로 그들의 선조들처럼, 인류 정신에 초월적인 경이로움의 의미를 일깨워 주는 수단으로써 수학과 과학을 사용했다. 그들은 신은 항상 인간보다 위대하기 때문에, 어떠한 계시도 인간이 최종적으로 이런 뜻이라고 단정 지을 수 없다고 주장하면서 문자주의 종교를 비판했다.[12] 또 다른 교파는 그들 자신을 그리스어인 '철학Philosophs'에서 유래하는 페이라수프스Faylasufs라 부르는데, 이 명칭은 아마도 이슬람 신비주의에 공통적으로 주어진 이름인 '수피Sufi'의 뿌리인 것 같다. 이제 자신들이 이용할 수 있는 수백 권의 그리스 철학서로부터 고무되어, 페이라수프스Faylasufs는 존재하는 것들의 외형상 분리를 초월하여, 모든 것이 하나라는 경험을 할 수 있다고 주장하였다. 또한 그들은 이 철학이 본래 인류의 종교이며, 이외의 모든 다른 종교들은 참된 가르침에 부적절한 변형들이라고 주장했다.

알-킨디Yaqub ibn Ishaq al-Kindi는 무슬림은 진리가 발견될 수 있는 곳이라면 어디서든지, 심지어는 다른 종교를 믿는 외국인들로부터라도, 그들에게서 진리를 찾아내야 한다고 주장하였다. 코란의 가

제1부 필요 없는 것(The Bathwater)

르침은 그들이 대중들에게 쉽게 접근할 수 있도록, 추상적이고, 철학적인 진리를 비유로 나타낸 것이다. 그러므로 계시 종교는 수준 낮은 자들의 철학이다. 알-파라비Abu Nasr al-Farabi는 더 나아가 철학은 계시 종교보다 더 숭고하다고 주장했다. 종교는 실제로 대중을 조작하는 또 다른 수단이므로, 정치학의 분야로 봐야 한다고 주장하였다.

알-아라비Muid ad-Din ibn al-Arabi는 무슬림들에게, 모든 신앙을 똑같이 타당한 것으로 보라고 촉구하며, 코란의, '얼굴이 어디를 향하든지 신을 향해 있다'는 설명처럼, 유대 교회, 모스크, 사원 혹은 교회 어디에 있든지 집에 있는 것처럼 편안해야 함을 강조했다. 수라와디Yahya Suhrawardi는 그가 '본래의 동양 종교'라고 부르는 것에서 이슬람의 기원을 찾아 규명하는 것을 본래 임무로 삼았다. 그러한 그는, 이 지혜는 처음에 이집트에서 나왔으며, 피타고라스와 플라톤에 의해 이집트에서 그리스로 옮겨졌다고 주장한다. 그 자신 스스로가 자신의 주인이 된 알 할라즈Al Hallaj가 출현하기 전까지는, 그리스인들로 성인의 계승이 이루어졌다.

그러나 이 시기에 무슬림 세계는 정통 신앙으로 가라앉고 있었다. 10세기 말에 수라와디Suhrawardi는 이교도로 처형당했으며, 알 할라즈는 종교적 광기에 사로잡힌 폭도들에 의해 십자가 처형을 당했다. 이제 이슬람은 이전에 기독교가 추종하던 것과 똑같은 음산한 궤적을 따라가기 시작했다. 이슬람은 다른 생각을 하는 사람들을 탄압하고, 자신들을 위대하게 만든, 즉 새로운 생각에 대한 개방성을 제거했다. 이제 이슬람은 오직 코란만이 정당하고, 질서 있는 사회를 구성하는 데 필요한 모든 것을 제공할 수 있다고 생각하도록 자신을 기만하기 시작했다. 그리고 '자유로운 사고의 문은 폐쇄되었다'고 선언했으며, 예언자 무함마드에 대한 비판은 주요한 범죄가 되었다.[13]

이슬람 문화는 이미 지나간 중세의 잠 속으로 떨어지기 전까지는 인간의 모험심에 지대한 공헌을 하였다. 이슬람 문화의 운명은 '계시'에 근거하는 사회의 어리석음을 한 번 더 증명하였다. 현재의 사회문제와 관련이 없는 지나간 법에 복종하도록 요구하는 것은 그들을 몇 백 년 전의 지적, 문화적 수준에 맞추어 살도록 하는 것이다. 무함마드 고향에 살고 있는 현대 무슬림 여성들은 여전히 낙타와 같은 정도의 법적 권리를 갖고 있다. 그리고 근본주의자인 남성들은 자랑스럽게 칼라슈니코프Kalashnikov 소총을 어깨에 메고 있음에도 불구하고, 무함마드가 그랬기 때문에 여전히 희생자들의 목을 칼로 베고 있다. 이렇게 이슬람 세계는 중세 시기 어디쯤에서 길을 잃어버린 채, 문자주의에 마취되어 지나간 영화를 꿈꾸며 코를 골며 잠들어 있다.

제1부 필요 없는 것(The Bathwater)

플로렌스

이슬람 세계가 잠들어 있는 동안, 유럽이 이 선잠에서 깨어나기 시작했다. 서양의 문자주의 흥기가 동양에서 영지주의를 급격하게 증가시킨 것처럼, 이슬람 세계의 문자주의로의 타락은 서양에 영지주의의 부활을 가져왔다. 스페인의 무어인Moor들은 신플라톤주의, 연금술, 그리고 잃어버렸던 많은 전통들을 서양에 다시 소개했다. 유대 영지주의는 카발라Kabbalah(히브리어로 '전승'이라는 뜻. 유대교의 비의적祕儀的 신비주의. 역주)의 형태로 다시 바꾸었으며, 기독교 영지주의는 카타리즘Catharism으로 다시 등장했다. 이렇게 숨겨져 왔던 모든 흐름들이 결국 플로렌스에서 활기를 띠며 넘쳐나기 시작했다.

1453년에 비잔틴 학자인 게미스투스 플레토Gemistus Pletho는 플로렌스에 와서, 모세, 예수, 무함마드의 종교적 사기는 끝났다고 발표하여 청중들을 깜짝 놀라게 했다. 철학은 이제 여기서 자리를 잡았다. 플레토Pletho에 의해 놀란 청중들 속에 있었던 부유한 은행가 코시모 메디치Cosimo Medici는, 그의 대리인에게 고대의 철학적 작품을 찾도록 하였다. 몇 년 안에 그는, 칼데아 성서The Chaldean Oracles, 헤르메티카Hermetica, 그리고 피카트릭스Picatrix 같은 비교적 祕敎的인 텍스트뿐만 아니라, 플라톤, 플로티누스, 이암블리쿠스, 포르피리, 그리고 이외의 그리스 철학자들, 극작가들, 역사가들의

6. 깨어나야 할 꿈

작품을 복원했다. 어떤 유럽인도 몇 세기 동안 그리스어를 사용하지 않았지만, 이제 메디치는 마르실리오 피치노Marsilio Ficino를 후원해서 언어를 배우게 하고, 그가 새롭게 입수한 도서들을 번역하게 했다. 코시모Cosimo는, 6세기경의 황제였던 기독교도 유스디누스에 의해 폐쇄되었던, 본래의 아카데미에 근거해서 플로렌스에 '신플라톤 아카데미'를 설립했다.

이 작은 도시에서 서양 세계는 갑자기 그들의 기억을 되살리게 됐다. 천 년간이나 유럽에서 사라졌던 이교도의 작품들이 플로렌스에 쏟아져 들어오면서 사람들은 정신적 충격을 받기 시작했다. 그렇게 많은 천재들이 15세기라는 짧은 기간에 플로렌스에서 활동을 한 것은 단순히 우연한 것이었을까? 물론 그렇지 않다. 레오나르도 다빈치, 보티첼리, 미켈란젤로, 라파엘, 브루넬레스키(1377~1446. 피렌체, 이탈리아의 건축가·기술자. 역주), 그리고 이외의 많은 사람들은 모두다, 이것과 접촉한 모든 것에 자연적인 창조성을 고취시키는 영지주의 혁명의 편에 서 있었다.

피치노Ficino의 재능 있는 제자였던 피코 델라 미란돌라Pico della Mirandola는 겨우 24살에 그리스어, 라틴어, 히브리어, 그리고 아랍어에 능통했다. 1487년에 그는 대논쟁을 위해 유럽 전역에 있는 학자들을 로마에 초대했다. 그는 900개의 제안에서, 기독교, 이슬람교, 유대교, 플라토니즘, 헤르메티시즘, 카발라, 연금술은 모두 하나의 철학적 전통에 속한다고 주장했다. 청년 특유의 이상에 충만하여,

그는 초대장을 부치기 위해 로마 주위를 돌아다녔다. 그러나 그에게 실제로 돌아온 것은, 플로렌스에서 유지되어 오던 교회 권위자들의 경고였다. 교황은 '대논쟁'과 관련된 모든 주장을 그만두게 했으며, 피코Pico는 생명을 부지하기 위해 망명해야 했다.

플로렌스는 30년 동안 철학의 흥기를 잘 지속시켜 왔지만, 불행하게도 이것이 모델로 삼았던 아테네 르네상스의 한계를 넘지 못했다. 또한 그 반작용의 힘이 잠복한 채 대기하고 있었다. 1492년에 프랑스 왕과 은밀히 결탁한 로마 교회는 그 도시를 황폐화시켰다. 그러나 되살아난 '영지주의' 지식으로 불리는 '새로운 배움The New Learning'이 뜻밖의 시기에 일어났다. 유럽 전역에 이러한 사상들을 확산시키는 책들의 범람을 로마가 막으려고 했는지 모르겠지만, 이것이 가능치 않다는 것을 인쇄술의 발명이 확실하게 입증하였다.

몇 년이 지나지 않아 폴란드의 천문학자 코페르니쿠스는, 외형상 보이는 것과는 달리, 실제로 태양의 주위를 도는 것은 지구라는 그의 이론을 공표했다. 그는 피타고라스학파 사람들이 이러한 생각을 진지하게 할 수 있도록 용기를 주었다고 말하면서, 그들에게 빚을 지고 있음을 인정했다.[14] 16세기가 끝나는 시기에 이탈리아 천문학자 갈릴레이는 코페르니쿠스에 동조하며, 종교와 과학 사이에 벌어지는 근대의 첫 번째 주요한 논쟁을 시작했다.

문자주의의 광기를 보여주는 극단적인 예는, 성서의 두 구절과 모순된다고 하여, 지구가 태양의 주위를 돈다는 이론을 교회가 비

6. 깨어나야 할 꿈

난한 것이다. 코페르니쿠스와 갈릴레이가 새로 개발된 망원경으로 수집한 관찰들에 반대하여, 교회는 갈릴레이가 틀렸다는 증거로써, 여호수아가 태양을 멈추게 했다고 주장하는 여호수아서를 인용하였다.15 만일 성서에서 여호수아가 태양이 움직이는 것을 멈추게 했다고 말한다면, 분명히 지구는 태양 주위를 돌지 않는 것이다! 이러한 불합리한 주장의 근거를 가지고, 갈릴레이를 지하 감옥으로 끌고 가서 종교 재판소의 고문 도구를 보여주고, 그의 주장을 철회하도록 협박했다.

갈릴레이는 또 다른 위대한 철학자이며, 과학자인 브루노가 이 공포의 장소에서 생을 마감했다는 사실을 직시해야 했다. 브루노 역시 새로운 배움New Learning의 애호가였다. 그는 신학자들과 논쟁하고, 저술을 하며, 그리고 비교주의자들의 소규모 그룹을 만드는 일들로 유럽을 바쁘게 뛰어 다녔다. 그가 로마에 돌아왔을 때, 그는 우리와 떨어진 곳에 다른 세계들이 있을 수 있으며, 우주는 무한하다고 믿었기 때문에 이교도로 비난받았다. 이런 이유로 투옥되어 8년간이나 고문을 받았지만, 그는 주장을 철회하지 않았다. 그래서 1600년에 캄포 델 피오레campo del fiore에서 끌려나와 화형에 처해졌다. 갈릴레이는 그의 주장을 철회하여 산 채로 화형당하는 것을 면할 수 있었다. 그러나 그는 근대 세계를 창출하고, 교회의 전체주의적인 힘을 파멸로 이끄는 새로운 사고방식을 여전히 가르쳤다.

제1부 필요 없는 것(The Bathwater)

새로운 영지주의의 부흥

우리는 현재 새로운 영지주의의 부흥을 경험하고 있다. 문자주의 종교의 세력이 쇠퇴하고, 자유롭게 사고하는 현대적 풍조로 인해, 영지주의적 관념들에 대해 전에는 결코 볼 수 없었던 논의가 일어나고 있다. 점점 더 많은 사람들이 연금술에서 선禪에 이르는 세계의 모든 정신적 전통의 핵심에는 깨달음에 관한 영지주의적 가르침들이 들어 있다는 것을 알아차리기 시작했다. 영지주의적 가르침들은 인류의 보편적 유산인 영원한 지혜를 만들어냈다. 우리는 이 유산을 인정하고 존중함으로써만, 과거에 일어났던 것처럼, 반동의 힘에 의해 지금 우리가 목격하고 있는 초기의 영지주의 부흥이 파괴되는 것을 막을 수 있다.

이 책 1부에서는 문자주의 종교의 악몽에 초점을 맞추었다. 2부에서는 잠을 깨우는 영지주의적 이상을 탐색해 보기로 한다. 문자주의 종교의 광기를 성실하게 치료하기 위해, 우리는 몇 세기 동안 영지주의의 지혜를 질식시켰던 종교적 화석화로부터, 영지의 살아 있는 지혜를 확실하게 분별할 필요가 있다. 그런 후에, 우리를 분리시키는 독단들로부터 벗어날 수 있고, 우리를 하나로 결합시키는 지혜를 보존할 수 있다. 또한 우리는 아이(중요한 것. 역주)를 지키고, 목욕물(필요 없는 것. 역주)을 던져버릴 수 있다!

영지주의는 실재에 대한 지적 이론이 아니다. 이것은 우리 스스로 실재를 경험할 수 있게 도와주도록 고안된 사고의 방법이다. 문제는 영지주의가 죽은 전통으로 화석화되면, 영지주의 역시 독단적 종교나 비교적秘敎인 우상으로 타락한다는 것이다. 이것은 불가해한 표현의 미로에 빠져서 어디로도 우리를 인도하지 못하고, 이해하기도 힘든 비교의 가르침과 마찬가지로, 두서도 없으며, 맹목적으로 믿어지는 형이상학에 근거한 종교적 주장들이 된다. 독단적 종교나 비교적秘敎인 우상 숭배의 경우, 삶의 참된 경험으로부터 분리되며, 우리를 일깨우고 변화시킬 힘을 상실한다. 이러한 변화의 힘을 유지하기 위한 영지주의 가르침을 위해서, 살아있는 존재의 늘 변하는 경험을 다루는 방법이 재발명됨으로써 지속적으로 삶에 전달되어야 한다. 칼 융은 이렇게 주장한다.

모든 지난 진리들은 새로운 해석을 요구한다. 그래야만 그들은 새로운 방식 안에서 살 수 있다. 우리는 이러한 사고 형태들을 취할 필요가 있다. 이것은 역사적으로 고정되어 있으며, 그들을 다시 녹여 즉각적 경험의 주물에 그들을 부어 넣을 필요가 있다.[16]

세월이 가면 그들은 변한다. 예를 들어, 지금 우리는 베토벤의 음악을 그가 이것을 썼을 때 들렸던 것처럼 그대로 들을 수 없다. 그 당시에 이 음악은 귀에 익숙하지 않고, 혁신적이며, 이해하기 곤란한 것이었지만, 이제는 귀에 익숙하고, 고전적이며, 보수적인 음악이다. 이와 같이 과거에는 의식의 최첨단이었던 정신적인 가르침이, 오늘날에는 무난하고 시대에 뒤진 것으로 보일 수 있다. 영지주의 전통에 충실하기 위해서 우리는 전통을 거부할 필요가 있다! 또한 우리는 상상력을 필요로 하며, 새로운 방식으로 과거의 문제들을 토의하기 위해, 새로운 언어를 만들 필요가 있다.

깨달음의 단순한 메시지가 신비한 우상에 의해 가려지면, 영지주의는 접근할 수 없는 난해한 철학처럼 보이기도 한다. 그러나 초기 기독교 텍스트에서 대담하게 주장된 것처럼, '진실로 어려운 진리는 없다'[17]. 우리의 경험에 비추어 본다면, 이 말은 맞는 말이다. 영지주의 철학은 근본적으로 단순하고, 우리 모두에게 적용할 수 있는 자연스러운 상태를 지적한다. 그래서 우리는 단순한 진리Simple Truth를 지적함으로써, 우리를 일깨우기 위해 현대 언어를 사용하려고 한다.

다른 시대와 다른 문화에 살았던 영지주의자들은 영지주의 가르침을 이해시키기 위해 서로 다른 이미지를 사용한다. 그러나 다양한 비유들은 가끔 갈등을 일으키고, 와해되며, 이러한 점이 본래 영지주의의 단순한 메시지를 혼란스럽게 할 수 있다. 그러므로 우리는 단순하고, 명료하고, 지속적이며, 역사를 통해 영지주의자들이 사용한 하나의 강력한 은유에 집중할 것이다. 삶은 꿈과 같으며, 영지는 깨어남과 같다.

많은 사람들이 깨달음을 경험하지만, 그들의 경험들을 전후 관계에 맞게 짜 맞추는 데에 필수적인 지식을 갖고 있지 못해서, 결국 그 경험들을 무시하거나 잊어버리게 된다. 우리의 희망은 당신들이 즉시 깨달음의 상태를 맛보거나, 당신의 삶에 있어서 영지의 지속적인 탐구를 위해서 깨달은 것을 전후 관계에 짜 맞추어 넣을 수 있도록 도울 수 있는, 영지에 관한 지적인 이해를 전달하고자 하는 것이다. 만일 당신이 언젠가 의식적으로 깨달음의 여행을 한다면, 우리가 탐색할 관념들이 영지에 관한 당신의 이해를 명료하게 하는 것을 도울 수 있기를 바란다. 그리고 이러한 도움으로 불필요하게 복잡한 '정신적인' 개념들에 얽매이지 않고, 보다 쉽게 깨어날 것을 희망한다.

우리는 당신이 우리의 사고방식을 연구하는 것과, 우리의 주장에 동의하는 것도 원치 않는다. 문자로 쓴 글은 쉽게 권위의 함정에 빠지게 하므로, 우리가 맹목적 신앙에 관해 쓴 것을 채택하는 것 역시, 분명히 원치 않는다. 이것이 바로 문자주의로 이끄는 것이다. 우리는 당신이 유일한 권위에 대항해서 우리가 말한 것을 확인할 것을 주장한다. 이것은 당신 자신의 경험이다. 어떤 것은 이후에 더 의미 있는 것일 수 있음에도 불구하고, 우리는 당신이 당신을 위해 도움이 되는 것을 취하고, 그 나머지는 버리기를 바란다. 기독교 영지주의자 테오도투스는 이렇게 가르쳤다.

제1부 필요 없는 것(The Bathwater)

그들의 발전 단계에 따라, 모든 사람은 그들 자신만의 특수한 방식으로 영지를 알고 있다.[18]

만일 영지주의 철학이 우리와 공명하는 정도만큼이나 깊이 당신과 공명한다면, 우리는 당신이 이것을 자신의 것으로 만들기를 원한다. 당신의 방식으로 다른 사람에게 전해준다면, 전해 받은 그는 이것을 자신의 것으로 만들 것이다. 마치 올림픽 성화가 횃불에서 횃불로 전달되는 것처럼, 오직 의식에서 의식으로 영지의 경험을 전달함으로써, 영지주의 철학을 진정으로 꺼지지 않게 할 수 있다.

비록 우리는 이 전통의 불꽃을 꺼트리지 않고 우리에게 전달해 준 위대한 영지주의 스승들의 영감을 감사하게 인정하지만, 과거에 그들이 표현한 것처럼 영지주의 철학을 제시하지는 않을 것이다. 그러나 우리는 그들을 본받을 것이다. 바로 그들이 새로운 시대에 맞게 새로운 언어로 이 전통을 재형성하고 유산으로 남긴 것처럼, 우리는 깨달음을 목적으로 오늘날 인간 존재의 요구에 맞추어 고안된 혁신적인 학습법을 제공할 것이다. 우리는 세계의 모든 영지주의 전통에 대하여 탐구하고, 책을 쓰면서, 삶을 보냈다. 이러한 삶이, 새로운 시대를 위한 새로운 방법으로, 불순물이 제거된 영지주의의 본질을 우리가 이해한 정도에 따라, 당신에게 제공할 수 있는 위치에 서게 했다. 그러나 비록 그 형태가 새로울지라도, 그 메시지는 본질적으로 동일한 것이다. 깨어나라!

제2부

소중한 것 The Baby

7. 신세대 영지

(우리 내면에서 신성이 작용하는) 세상을 희망한다.
―호르헤 루이스 보르헤스, 속심문續審門(Jorge Luis Borges, Other Inquisitions)

영지주의 철학은 격렬한 정신 운동이다. 영지주의 철학은 불확실함 속으로 자유낙하 할 때 밀려오는 흥분을 즐기는 사람들, 더 높은 시야를 얻기 위해 상상의 산을 오를 때처럼 흐트러지지 않는 집중력의 성취감을 즐기는 사람들, 깊은 곳으로부터 밀려오는 '관조'라는 파도타기를 기다리면서 예감의 전율을 즐기는 사람들이나, 그리고 항상 위대한 것을 희망하는 사람들을 위한 것이다. 영지주의 철학은 이론적인 것이 아니다. 이것은 살아 있는 것이기에 위험하기도 하다. 영혼을 진작시키는 영웅적인 모험이다. 어떤 사람들은 모든 철학을 추상적이고 현실과 무관한 것으로 생각해 무시해 버린다. 그러나 영지주의 철학은 우리가 누구이며, 삶에 대한 우리의 생각을 완전히 바꾸어 놓을 수 있다. 이보다 더 구체적이고 현실적인 것이 무엇이 있을 수 있겠는가?

7. 신세대 영지

영지주의 철학의 핵심에는, 만일 영지의 상태를 체험하게 되면, 삶이 하나의 꿈임을 인정할 것이라는 터무니없어 보이기까지 하는 주장이 있다. 이러한 생각은 우리가 누구이며, 삶이 무엇인가, 라는 가장 근본적인 가정에 도전하는 것이다. 처음에 듣게 되면, 이것은 문자주의가 주장하는 허튼소리 중에서 가장 미친 소리보다 더 미친 것처럼 보일 수 있다. 기독교 영지주의자 테오도시우스 Theodosius도 이것이 사실임을 인정한다.

영지주의 가르침이 대부분의 사람들에게 웃음거리라는 것을 나는 알고 있다. 음주 파티의 어둠을 빛이 갑자기 밝힐 때처럼, 어떤 사람들은 그 가르침 때문에 놀라기도 한다. 그러나 진정으로 축복받은 자들은 잠에서 깨어 그들의 눈으로 진리를 보는 자들이다.

영지주의는 고대의 또 다른 정신 나간 이론인가? 아니다. 영지주의는 전혀 이론이 아니다. 이것은 경험이다. 영지주의자들은 삶이 꿈이라는 자신들의 견해를 받아들이라고 강요하지 않는다. 그들은 우리를 깨우기 위해 철학적인 개념을 이용하기를 원할 뿐이다. 그러면, 우리는 스스로 실재의 참된 본성을 볼 수 있다. 이교도 영지주의자 플로티누스는 이렇게 가르친다.

제2부 소중한 것(The Baby)

철학의 목적은 꿈의 환상을 벗어나려는 사람들의 목적과 동일하다. 그들을 만들어낸 의식을, 깨어 있는 상태로 소생시키려는 것이다.

영지주의 철학자가 하는 일은 '사람들을 환상에서 깨어나게 하는 것'이다. 그리고 이것이 바로 우리가 당장 하기를 원하는 것이다. 그러나 깨달음의 여행을 하기 전에 먼저 일반적인 오해를 없애는 것이 중요하다. 왜냐하면 이러한 오해는 영지주의 가르침의 본래 모습인 단순성을 파악하는 것을 방해하기 때문이다.

삶은 꿈이라고 말할 때, 그 뜻은 이 세상은 적절치 못한 환상이므로 버려야 한다는 것이 아니다. 이 세상은 말로 표현할 수 없을 정도로 아름다운 곳이다. 영지주의는 삶을 일종의 유해한 환상이라고 하여 거부하지 않으며, 존재의 신비와 공포를 부정하지 않는다. 영지주의는 단지 사물을 있는 그대로 보려고 할 뿐이다. 그렇다고 해서 삶에 초연하고 무관심해지라는 것이 아니다. 이것은 실제로 삶이 얼마나 매혹적이고, 신비한 것인가를 인식하는 것이다. 그러나 무의식적으로 미몽迷夢의 삶life-dream에 빠져들면, 삶은 악몽이 된다. 그러나 깨어난다면, 아주 멋진 각양각색의 광채 안에서 삶을 사랑하고 있는 자신을 발견하게 될 것이다.

영지가 깨어남의 경험이라고 말할 때, 그 깨어남은 아침에 꿈에서 깨어남을 말하는 것이 아니다. 이것은 꿈의 세계가 사라지고,

현실의 세계로 대체되는 것일 뿐이다. 또한 영지의 체험은 당신의 일상적인 삶이 존재하지 않는 어떤 초자연적인 상태로 들어가는 것을 의미하지 않으며, 이상한 환상이나 과학으로 설명할 수 없는 능력들을 포함하지도 않는다.

영지는 자각몽自覺夢에 비견되는 자연스러운 상태다. 자각몽은 자기가 꿈을 꾼다는 것을 의식하는 상태에서 꾸는 꿈이다. 이와 비슷하게 영지는 자기가 살아간다는 것을 자각하면서 살아가는 것이다. 이것은 곧 삶이 꿈이라는 것을 자각하는 것이다. 자각몽의 상태에서 비록 꿈은 멈추지 않지만, 더 이상 무의식적으로 꿈에 빠져드는 것을 막을 수 있다. 이와 마찬가지로, 깨어 있는 삶을 살면, 미몽의 삶은 멈추지 않지만, 당신은 더 이상 미몽의 삶에 무의식적으로 빠지지 않게 된다.

이 점을 확실하게 하자. 현재 존재하는 당신이라는 사람이 상상 속의 존재라고 말하는 것이 아니다. 전혀 그 반대다. 현실 속의 당신이라는 사람은 삶이라는 꿈의 한 부분이라고 말하는 것이다. 자각몽의 상태에 있을 때, 당신은 꿈속에 나타난 '당신'이 실재하는 존재가 아니라는 것을 인정한다. 왜냐하면 꿈을 꾸고 있기 때문이다. 이와 마찬가지로, 당신이 자각하면서 살 때, 바로 지금 현실에 나타난 '당신'은 참된 '당신'이 아니라는 것을 인정할 수 있다. 왜냐하면 당신은 꿈속에서 모든 존재로 나타날 수 있듯이 현실의 삶에서도 이러저러한 존재로 나타나는 미몽의 삶을 사는 자이기 때

제2부 소중한 것(The Baby)

문이다.

현재를 앎

우리는 삶이 꿈이라는 개념을 어떻게 확인할 수 있는가? 꿈은 오직 꿈을 꿀 때만 존재한다. 만일 삶이 꿈이라는 것을 밝히고자 한다면, 현재 이 순간에 일어나고 있는 우리의 경험을 조사할 필요가 있다. 이것이 깨어남의 비밀을 풀 수 있는 열쇠다. 영지주의는 현재를 탐구하는 것이다. 영지를 체험하기 위해서는 이 순간을 면밀하게 조사해 보는 것과 함께, 놀랄만한 새로운 방식으로 이것을 이해하는 것이 필요하다.

이 순간에 일어난 당신의 경험에 초점을 맞추어보자. 이 순간의 경험이 당신이 이제까지 경험하고, 앞으로 경험할 순간과 무엇이 다른가? 물론 매 순간을 독특하게 만드는 무한한 요소들이 있지만, 현재the now와는 확실히 다른 것이 있다. 즉 이 순간은 존재한다는 것이다. 과거는 지나갔고, 미래는 오직 가능성으로 남아 있을 뿐이나, 현재는 당신이 실제로 경험하는 실재다. 존재를 이해하기 위해 존재하는 것에 주의를 기울여야 하고, 이 순간을 깊이 생각해 보아야 한다.

영지라는 단어는 일반적으로 '지식'으로 번역되지만, 이보다 앎

7. 신세대 영지

의 상태로 생각하는 것이 더 정확하다. 영지는 학교에서 얻을 수 있는 '지식'과 같은 정보가 아니며, 학습될 수 있는 삶의 이론이 아니다. 영지는 이 순간을 탐구해서, 실제로 알고 있는 것이 무엇이라는 것을 자각할 때 즉각 일어나는 깨달음의 상태다.

우리가 안다고 주장하는 대부분은 실제로는 단지 그렇다고 믿는 견해에 지나지 않는다. 영지를 체험하기 위해서는 '믿는 것'과 '아는 것'을 구분해야 한다. 우리가 '믿는 것' 모두는 의심할 수 있지만, '아는 것'은 이 순간에는 자명한 것이라고 생각한다. 영지를 체험하기 위해서는 우리가 가지고 있는 소신을 포기해야 한다. 그들은 유용하고, 아름답고, 타당한 소신일 수 있지만 실제로 지금 '알고 있는 것'과 그들을 구별할 필요가 있다.

문자주의는 역사가 우리를 구할 수 있다는 믿음에 근거한다. 예를 들어, 문자주의 기독교의 근본적인 가르침은, 만일 당신이 예수의 죽음과 부활을 믿는다면 죽어서 천국에 갈 수 있다는 것이다. 그러나 수많은 사람이 믿는 것처럼, 예수가 우리의 죄를 대신해서 죽었다가 부활했다는 것을 열정적으로 믿는다 해도, 이것을 '아는 것'은 불가능하다. 왜냐하면 이것은 지금 이 순간에 발생하지 않았기 때문이다. 우리가 실제로 아는 것은 단지 현재일 뿐이다. 영지주의는 현재 이 순간의 실재에 견고하게 뿌리를 내리고 있다. 영지주의는 역사가 우리를 구할 수 있다고 가르치지 않으며, 오히려 역사는 하나의 문젯거리임을 시사한다. 역사는 현재를 설명하기 위

제2부 소중한 것(The Baby)

해 과거에 대해 말하는 이야기다. 우리는 무엇이 일어나고 있는지를 알고 있다고 믿는 데에 빠져서, 우리 자신의 견해로부터 한 발 물러서서 진정 열린 마음으로 실재를 보려 하지 않기 때문에, 무의식적으로 미몽의 삶에 빠지게 되고 깨어나지 못하게 된다. 이것이 문제다.

이러한 점을 잘 알아야 한다. 우리가 이 책 앞에서 논의한 역사에 대한 모든 주장은 영지와 무관한 것이다. 그들은 단지 과거에 대한 견해일 뿐이다. 훌륭하고, 잘 논증된 견해들, 그러나 그럼에도 불구하고 단지 견해에 불과하다. 우리는 그것이 사실인지 알 수 없다. 왜냐하면 과거는 이미 지나가 버렸기 때문이다. 남겨진 것들은 모두 최선의 이론적 지식으로 짜 맞추기에 필요한 단편적인 증거들일 뿐이다. 그러나 우리는 지금 이러한 문제를 뒤에 남겨두려 한다. 잠시 미루어 놓겠다.

존재의 신비

당신은 지금 이 순간 무엇을 알고 있는가? 만일 지금 현실에서 일어나고 있는 경험에 주의를 기울이고 이것의 참된 의미가 무엇인가를 자신에게 묻는다면, 당신이 안다고 생각했던 대부분의 것들을 실제로는 모르고 있었다는 것을 깨닫게 될 것이다. 삶은 매우 신비한 것이다. 이 순간은 무엇인가? 산다는 것은 무엇인가? 완전히 이 순간에 초점을 맞추어 보라. 그러면 존재의 놀랄 만한 신비를 의식하게 되면서 흥분이 밀려오는 것을 느낄 수 있을 것이다. 선입견의 세계를 벗어나면, 즉시 실재를 깨닫게 된다. 이것은 매우 드물게 일어나는 것으로 해방의 놀라움일 수 있다.

우리는 일상적으로 삶에 대한 이야기에 빠져 있지만, 그러한 이야기는 우리가 처해 있는 곤경에 대해 너무도 중요한 그 무엇을 언급하지 않는다. 우리는 무엇이 일어나고 있는지를 모른다! 우리는 우리가 누구고, 삶이 무엇인지 아는 체하기에 바빠서 놀랄 만한 진리를 그럭저럭 무시하고 있을 뿐이다. 우리는 전혀 삶을 이해하지 못한다. 우리는 삶에 대한 우리 자신의 생각에 빠져서, 지금, 여기서 일어나는 삶의 신비한 경험에 대해 열린 마음으로 주의를 기울이지 못한다. 우리는 음식을 먹는 것이 아니라 메뉴를 먹고 있다. 그러므로 삶을 있는 그대로 받아들이기가 어렵다는 것을 자주 깨닫게 되는 것이 이상한 일이 아니다.

우리 자신에게 익숙한 가정을 배제하고 존재와 직면하면, 우리가 믿고 있는 가정들의 문제점을 깨닫게 된다. 그것은 단순한 이야기들, 개념들, 단어들에 대한 믿음이다. 그리고 삶에 대한 우리의 이야기는 삶 자체에 대한 이야기가 아님을 알게 된다. 삶은 대단히 불가해한 것이다. 단어 '실재'는 실재가 아니다. 우리는 실재가 무엇인지를 모른다. 이 근본적인 무지를 자각하는 것이 순수한 '앎'

제2부 소중한 것(The Baby)

을 향한 첫 단계다. 삶은 이러저러하다고 주장하는 이론을 거부하는 것이 영지를 체험하기 위한 필요조건이다.

대부분의 사람들은 자신이 갑자기 어떤 신비에 휩싸일 때, 적어도 잠깐이지만 순간의 신비를 경험한다. 어느 것이든 이것을 일으킬 수 있다. 가끔은 죽음에 직면할 때 일어난다. 당신에게 가까운 사람이 죽거나, 혹은 당신이 심각한 질병에 걸렸을 때, 갑자기 실제로 삶이 무엇인지 모른다는 사실에 직면한다. 죽음은 말할 것도 없다! 혹은 이것을 자각하는 순간은 절묘하게 결정적인 순간일지도 모른다. 사랑에 빠지거나, 아이를 낳을 때, 갑자기 존재의 신비를 기억할 수 있다. 이것은 산길을 걸을 때이거나, 등 뒤에 따뜻한 햇빛을 받는 순간일 수 있다. 혹은 전혀 분명한 이유 없이 일어날 수도 있다. 그 분명한 원인이 무엇이든지, 우리 대부분은 압도하는 신비의 순간을 경험하거나, 존재의 놀랄 만한 신비를 갑자기 인식하게 될 때, 강렬한 전율을 느낀다. 만일 이 글들을 읽을 때, 당신 자신의 생각을 벗어나서 이 순간의 신비를 깨달을 수 있다면, 당신은 이미 의식상에서 근본적인 변화를 경험한 것이다. 그러면 당신은 마치 일종의 반의식적인 무아지경 속에 있었고, 그 속에서 삶에 대한 자신의 생각에 빠져서, 산다는 것이 얼마나 경이로운 것인지를 눈치 채지 못하고 있었다는 것을 알게 될 것이다. 존재의 신비는 매우 분명해서 일상적으로 이것을 잊고 있다는 것이 놀라울 정도다. 당신이 얼마나 무의식적으로 살고 있었는가를 깨닫지 않을

7. 신세대 영지

수 없을 것이다!

만일 당신이 이 순간의 신비를 깨닫게 된다면, 왜 영지주의자들이 삶을 꿈에 비유하고, 영지를 깨어남에 비유하는지를 이해할 수 있다. 그러면 당신은 마치 무의식적인 상태로부터 깨어난 것처럼 느낄 것이다. 실재 자체를 깨닫게 됨으로써 '참된 삶'이라고 착각한 집단적 혼수상태로부터 벗어나기 시작할 것이다. 이제 당신은 플로티누스의 이러한 가르침을 이해할 것이다. '마치 우리는 사는 내내 잠들어 있으며, 꿈속의 세상을 완전히 믿고 있는 것 같다.'

너 자신을 알라

만일 여러분이 자신의 생각이라는 감옥에서 자유로워져 순간의 신비를 깨달을 수 있다면, 여러분은 심오한 상태로 변화하게 되고, 의심으로부터 자유롭게 될 것이다. 그 다음, 당신이 정말로 확실하다고 할 수 있는 것이 무엇이 있는지 알기 위해서, 맑은 눈을 가지고 지금 이 순간의 경험을 조사할 수 있을 것이다. 우리는 이것을 당신에게 해줄 수 없다. 당신은 이것을 자신 스스로 해야 한다. 그러나 우리는 당신이 잘못 이해할 수 있는 순간의 본성에 관한 것을 지적할 수 있다. 그리고 이것은 전혀 새로운 방식으로 이 순간을 인식하게 해줄 것이다. 우리는 당신이 절대적으로 확실하다고 생

제2부 소중한 것(The Baby)

각하는 것에 대해 지금 즉시 주의를 환기시킬 수 있다. 그리고 이렇게 단순한 확실성을 깨닫는 것이 영지 혹은 앎의 상태다.

지금 당신은 무엇을 '알고' 있는가? 만일 순간의 신비에 당신의 주의를 집중한다면, 진정으로 살아있음을 느낄 것이다. 왜냐하면 존재한다는 것이 무엇인지 정확하게 깨닫게 될 것이기 때문이다. 그리고 당신이 완전히 확신하는 것이 무엇인지를 깨닫게 될 것이다. 즉 당신은 지금 이 순간 존재한다는 것이다. 이것은 단지 생각에 그치는 것이 아니다. 이것은 자명한 사실이고, 의심을 넘어서 있다. 이것은 당신이 이 페이지를 보고 있는 것처럼 확실히 자신이 알고 있는 것이다.

지금 항상 존재하는 것이 있고, 자신은 항상 지금 존재한다. 그러나 지금 항상 존재하는 이 '자신'은 무엇인가? 영지주의는 지금 이 순간에 드러난 자신의 본질에 관해 탐구하는 것이다. 델피에 있는 이교도의 유명한 신전 위에는 '너 자신을 알라'라는 말이 새겨져 있다. 이것이 영지주의의 영원한 도전 대상이다. 기독교 교사인 실바노스Silvanos는 '다른 모든 것을 알기 전에 당신 자신을 알라, 자신은 무엇인가?'라고 묻는다. '나는 사람이다'라는 것이 상식적인 대답이다. 이것은 확실히 당신 자신에게 나타난 자신의 모습이다. 그러나 영지주의는 이것이 실제로 당신 자신이 아니라고 주장한다.

이 순간에 자신이 존재한다는 것을 자신은 안다. 그리고 자신 또한 똑같이 명백하고 심오한 그 밖의 다른 것도 안다. 자신이 어떤 것을 경험하고 있다는 것이 그것이다. 만일 어떤 것도 경험하고 있지 않다면, 무의식적인 상태가 될 것이고, 자신이 존재한다는 것을 모르게 될 것이다. 그러므로 자신 스스로가 경험의 경험자라는 것을 안다. 당신 자신은 우리가 '삶'이라고 부르는 경험의 흐름을 목격하는 의식이다.

「도마복음서」에서 예수는 이렇게 약속한다.

나는 당신에게 보여줄 것이다.
눈으로 볼 수 없는 것을
귀로 들을 수 없는 것을
손으로 만질 수 없는 것을
정신으로 상상할 수 없는 것을,

당신이 들을 수 없고, 만질 수 없고, 볼 수 없고, 상상할 수 없는 것은 무엇인가? 이것은 보는 것, 듣는 것, 만지는 것, 상상하는 것을 목격하는 의식이다. 만일 당신이 실제로 자신을 알게 된다면, 당신 자신이 바로 의식 자체라는 것을 깨달을 수 있다는 것이 영지주의 메시지다.

의식은 무엇인가? 당신은 감각이나 상상으로 의식을 경험할 수 없다. 왜냐하면 의식은 당신의 감각들과 상상들을 목격하는 것이기 때문이다. 이교도 영지주의자 포르피리는 이렇게 가르쳤다.

제2부 소중한 것(The Baby)

인간 조건을 가장 잘 이해한 그들로부터 무엇을 배웠는가? 확실히 감각에 의해 파악되고 만져지는 이 사람이 나라고 생각해서는 안 된다. 나의 참된 자아는 육체와는 무관하며, 색깔도, 모양도 없으며, 인간 손으로 만질 수 없다.

플라톤은 미몽에서 깨어나기 위해서 말로 표현할 수 없고 변하지 않는 의식과 항상 변하는 경험을 구분할 필요가 있다고 가르쳤다. 바로 지금 이 순간을 살펴보라. 당신이 경험하는 것은 한 순간에서 다음 순간까지 동일한 것이 아니다. 모든 변화를 목격하는 의식은 경험이 일어나는 불변의 배경이다. 이것은 동일한 지금—그리고 지금—그리고 지금이다. 이것은 항상 존재하는 현존이다. 항상 지금인 '당신 자신'이다.

나 그리고 이것

우리는 모든 사람들이 이중적인 속성을 가지고 있다는 것을 제시하려고 한다. 하나는 어떤 한 사람으로 나타나는 것이고, 또 다른 하나는 당신 자신이 바로 의식이라는 것이다. 우리가 지적하는 것은 실로 명백한 것이다. 당신은 객체이면서, 동시에 주체다. 객관적으로 당신은 육체적 존재다. 세상의 사물처럼. 그러나 주체적으로는 당신은 전혀 하나의 사물이 아니며, 당신은 의식이다. 깨어 있는 삶은 현재 이 순간에, 두 가지의 전혀 다른 방식으로 당신 자신을 볼 수 있다는 것을 인지하는 것이다. 당신은 '나'이면서, 동시에 '이것'이다. 이 순간의 실재에 정신을 집중하고, 현실에 나타난 외양적 모습과 참된 나를 구별하라.

외양적 모습은 끊임없이 변하고 있지만, 참된 나는 변하지 않는다. 육체는 지속적인 운동 속에 있으며, 생각은 끊임없이 오고 간다. 일생동안 외양적인 모습은 거의 알 수 없을 정도로 변화한다. 그러나 8살 혹은 18살이나, 지금이나, 참된 '나'는 동일하다는 것을 알 수 있는 분별력이 있지 않은가? 이 변하지 않는 자아는 무엇인가? 이것이 바로 늘 변하는 당신의 모습을 지켜보는 의식인 것이다.

우리는 '나는 존재한다'는 느낌처럼 의식되고 있는 앎을 경험한다. 만일 '나는 존재한다'는 의미를 조사한다면, 비록 명백해 보이지만, 이것이 완전하게 정의될 수 없음을 깨닫게 될 것이다. 변하지 않는 의식이 외양적 모습의 변화하는 모든 속성을 지켜보고 있다는 것을 제외하면, '나'에 대해 말할 수 있는 것은 없다. 아무튼, 대부분의 사람들은 외양적인 나와 참된 나를 습관적으로 동일시하며, '나는 어떤 사람이다'라는 것을 믿는다. 그러나 '나는 어떤 사람이다'라는 생각을 벗어나서, 당신의 참된 '나'와 외양적인 나를 구별해 보자.

제2부 소중한 것(The Baby)

　밤사이에 꿈을 꿀 때, 당신의 정체성에는 두 가지 측면이 있다. 당신의 외양적 속성은 꿈속에 존재하는 것으로 나타나는 어떤 사람이다. 그러나 본질적인 속성은 꿈을 꾸고 있는 의식이다. 깨어있는 삶은 자신의 정체성에 역시 두 가지 측면이 있다는 것을 알고 있다. 외양적인 속성은 현실 세계에 존재하는 구체적인 어떤 사람이다. 그러나 본질적인 속성은 모든 경험을 목격하는 의식이다. 지금 당신은, 당신이 꿈을 꿀 때처럼, 어떤 사람으로 나타나는 것을 의식하는 그 의식 자체다.

　밤사이 꿈에 빠져 있을 때, 꿈속의 상황이 때때로 '사실'처럼 무서울 수가 있다. 왜냐하면 꿈속에서 고군분투하는 자신을 당신 자신이라고 믿기 때문이다. 그리고 당신은 꿈을 꾸고 있다는 사실을 모르고 있다. 이와 똑같이, 삶의 경험에 빠져있을 때, 삶은 매우 '사실'적으로 보인다. 왜냐하면 삶에서 고군분투하는 자신을 당신 자신과 동일시하기 때문이다. 그리고 자신은 자신이 의식하고 있다는 사실을 모르고 있다.

　만일 의식이 자신의 본질적 속성임을 깨닫게 된다면, 실재에 대한 당신의 이해는 크게 변화할 것이다. 외양적인 존재는 당신의 본질적인 속성이 아님을 알게 될 것이다. 이것은 고대 영지주의자들이 '에이돌론eidolon'이라고 부른 것으로, 상image 혹은 외양appearance이다. 미몽의 삶에 나타나는 것은 바로 당신의 외양적 속성이다. 만일 이것을 깨닫는다면, 왜 플로티누스가 이렇게 말하는지를 이해하게 될 것이다.

육체와 실재 존재를 동일시하는 사람들은, 꿈속에서 나타나는 허구를 실재로 착각하는 꿈꾸는 사람들과 같다.

깨어남과 잠듦

만일 깨어남과 잠듦이라는 일상적인 경험에 대해 깊이 생각해 본다면, 외양적 속성과 본질적인 속성을 구별하는 데 도움이 될 것이다. 밤에 잠들고 아침에 깨어날 때, 어떤 때는 의식이 있는 육체적 존재로, 어떤 때는 무의식적인 육체적 존재로 나타난다. 이것은 객관적인 관점에서 타인을 바라보는 방법이다. 그러나 이것은 주관적인 관점에서 당신을 바라보는 방법이 아니다. 당신은 잠들 때 실제로 어떤 경험을 하는가?

당신이 잠들면, 의식으로부터 이 세상은 사라지고, 당신이 어떤 다른 사람으로 등장할 수 있는, 또 다른 세상에 있는 자신을 발견한다. 이것이 우리가 '꿈'이라고 부르는 의식의 상태다. 그런 다음에 꿈의 세계는 사라지고, 당신은 어떤 것도 경험하지 못하게 된다. 이것이 당신이 전혀 어떤 사람으로도 존재하지 않게 되는 '깊은 잠'이라고 부르는 무의식 상태다. 그리고 당신이 깨어나면, 이제

제2부 소중한 것(The Baby)

육체는 존재하게 되고, 이 존재가 사는 현실 세계가 다시 나타난다.

객관적인 관점it-perspective에서 보면, 당신은 때때로 의식적인 육체적 존재로 나타난다. 그러나 주관적인 관점I-perspective에서 보면, 당신은 때때로 육체를 의식하고 있는 자각적인 존재다. 객관적인 관점에서 보면 당신은 의식이 내재하는 육체적인 존재로 나타난다. 그러나 주관적인 관점에서 보면 그 반대다. 당신은 육체를 조종하는 의식 자체다. 그리고 이것을 매일 경험한다.

당신이 자신을 꿈속의 자신과 동일시할 때 꿈속에 빠져들게 된다. 그러나 만일 꿈속의 모습을 허상이라고 인식하게 되면, 꿈을 자각하기 시작한다. 이와 같이 지금 눈앞에 보이는 사람과 당신을 동일시한다면, 당신은 미몽의 삶 속에서 헤매게 될 것이다. 그러나 만일 당신이, 의식이 자신의 본질적인 속성임을 알아차린다면 깨어 있는 삶을 살게 될 것이다. 그렇게 되면, 플로티누스의 다음과 같은 말을 이해할 수 있을 것이다.

참된 깨어남은 육체의 깨어남이 아니라, 육체로부터 깨어나는 것이다. 이외의 다른 것들은 모두 꿈에서 꿈으로 옮겨가는 것일 뿐이다.

의식의 공성空性

꿈을 꿀 때, 자신은 꿈꾸는 세상에 존재하는 모습으로 나타난다. 그러나 만일 꿈을 꾸는 것을 자각하고 있다면, 자신이 꿈을 꾸고 있는 사람이라는 것을 의식하게 되며, 꿈속에 나타난 세계는 의식 안에 존재한다. 이와 마찬가지로 현실의 삶에 빠져 있다면, 이 세상에 존재하는 어떤 사람으로 나타난다. 그러나 만일 의식적인 존재가 되어 산다면, 자신이 의식이라는 것을 깨닫게 되고, 세계는 당신 안에 존재하게 된다. 만일 자신의 본질적인 속성의 주관적인 관점을 채택한다면, 이것은 분명해질 것이다.

의식하는 모든 것은 의식 안에서 외양들의 흐름으로 존재한다. 보고, 듣고, 맛보고, 냄새 맡고, 만지는 모든 것은 의식 안에 존재한다. 생각하는 사고도 의식 안에 존재한다. 육체도 의식 안에 존재한다. 이 책도 의식 안에 존재한다. 이 세계도 의식 안에 존재한다. 만일 이것이 의식 안에 존재하지 않는다면, 이것을 의식할 수 없을 것이다.

육체적인 존재로서 자신은 이 세상에 존재하는 하나의 객체이지만, 의식으로서의 자신은 이 세상을 포용할 수 있는 무한한 공空이다. 자신의 본질적인 속성을 의식하는 것은 실재를 드러나게 하는 것이다. 완전히 글자 그대로! 객관적인 관점에서 보면, 의식은 현실에 드러난 자신의 내면에 존재하는 것처럼 보인다. 그러나 주관

제2부 소중한 것(The Baby)

적인 관점에서 보면, 의식은 비어 있는 상태로 존재하는데, 그 속에서 모든 미몽의 삶이 비롯된다.

만일 무한한 공을 얻게 된다면, 또한 그 밖의 놀라운 어떤 것을 보게 될 것이다. 마이스터 에크하르트가 설명한 것처럼 본질적 속성은 전혀 시간과 공간 속에 존재하는 것이 아니고, 이것은 순수하고 단순하게 영원 속에 존재하는 것이다. 의식으로서의 자신은 시간 속에 존재하지 않는다. 시간이 자신 속에 존재한다. 자신은 우리가 '시간'이라고 부르는 외양의 흐름을 목격하는 의식이다. 이것을 엄밀하게 시험해 보라. 시간상에서 어떤 사람으로 나타나는 것을 목격하는 의식과 같은 무한한 존재가 되라.

만일 이것이 참신해 보인다면, 이보다 더욱 참신한 것들이 있다. 「도마복음서」에서, 예수는 만일 깨달음의 가르침을 이해한다면 당신은 '죽음을 맛보지' 않을 것이라고 주장한다. 그러나 이것은 무엇을 의미하는가? 영지가 당신을 죽지 않게 만들 것인가? 아니다. 영지는, 이미 당신은 죽지 않는 존재이며 항상 그러한 존재인 의식이라고 인식하는 것이다. 깨달음은 기독교 영지주의자들이 '태어나지 않음'이라고 부르는 것을 발견하는 것이다.

만일 자신의 본질적인 속성이 의식이라는 것을 알아차린다면, 자신은 죽는다는 것이 불가능함을 알게 될 것이다. 왜냐하면 자신은 결코 태어난 적이 없기 때문이다. 우리 자신은 육체의 탄생을 목격하는, 그리고 언젠가 이 육체의 죽음을 목격하게 될 의식이다. 그러나 의식은 나이를 먹지 않으며, 죽지 않는다. 이것은 그 안에서 미몽의 삶이 일어나고 있는 영원한 존재다. 육체는 시간 안에 존재하기 때문에 죽을 수밖에 없는 운명이고, 시간 안에 있는 모든 존재는 시작과 끝이 있기 마련이다. 그러나 자신의 본질적인 속성은 시간 안에 존재하지 않는다. 이것은 태어나지도, 죽지도 않는 것이다. 「부활론The Treaties on the Resurrection」이라 불리는 기독교 텍스트는 이렇게 묻는다. '당신은—참된 당신은—죽을 수 있는 어떤 존재인가?' 즉시 자신의 본질적 속성을 알아차려라. 그리고 스스로 이 질문에 대답하라.

하나의 의식

만일 삶이 꿈과 같다면, 우리 모두가 동일한 세계를 꿈꾸고 있다는 것이 일종의 우연의 일치인가? 이것을 어떻게 이해할 수 있는가? 영지주의의 설명은 실재의 본성에 대한 놀라운 통찰을 보여준다. 비록 우리가 현실의 삶 속에서 분리된 개별자로 나타난다 할지라도, 미몽의 삶을 살고 있는 오직 하나의 의식이 있을 뿐이다. 자신의 본질적 속성은 자신 이외의 다른 사람들의 본질적 속성과 동일한 것이다. 우리는 많은 모습으로 존재하지만, 그러나 본질적으로 우리는 하나다.

제2부 소중한 것(The Baby)

 이 말은 기이하게 들릴 수도 있지만, 그러나 이것이 모든 문화의 영지주의자들이 가르쳐준 놀라운 메시지다. 초기의 기독교인들은 우리가 공유한 본질적 속성을 '그리스도 안에서'라고 부른다. 불교도들은 '불성'이라 부르고, 힌두교도들은 '우주아宇宙我(Atman)'라고 부른다. 당신은 이것을 '나'라고 부르고 다른 사람들도 모두 그렇게 부른다. 그리고 우리 모두는 자신의 존재를 확실하게 입증하는 '나'를 경험한다. 이것이 우리라는 '존재'의 모습이다.

 깨어난 상태에서 본다면, 잠잘 때 나타났던 모든 사람과 사물은 꿈꾸는 자인 당신의 하나의 의식으로부터 나타난 것이라는 것은 쉽게 알 수 있다. 이와 마찬가지로 우리는, 다양한 개개의 존재로 나타나는 꿈을 꾸는 하나의 의식이 있다는 것을 제시하고자 한다. 개별자로서의 당신만이 미몽의 삶을 살고 있다고 말하는 것이 아니다. 개인으로서의 당신은 다른 모든 사람처럼 꿈의 일부분이다. 당신 혼자 꿈을 꾸고 있는 것이 아니다. 우리가 말하고자 하는 것은, 우리 자신의 의식은 다른 관점으로부터 미몽의 삶을 경험하는 다른 사람의 의식과 동일한 의식으로, 결국 하나의 의식만이 존재한다는 것이다.

 당신 스스로 이것을 검토해 보라. 만일 당신이 자신의 외양적 속성을 살펴본다면, 자신이 다른 사람들과 전혀 다르다는 것을 알게 될 것이다. 당신의 육체와 개성은 뚜렷한 특징을 가지고 있다. 당신은 특정한 시간과 공간을 점유하고 있다. 어느 누구도 당신과 동

7. 신세대 영지

일한 경험을 가질 수 없다. 이제 의식되는 것이 무엇인지를 알아채야 한다. 자신의 본질적 속성은 다른 사람의 것과 다른가? 아니다. 당신은 시간의 흐름을 목격하는 영원한 실재다. 그리고 다른 사람들도 그렇다. 우리는 의식 자체로서는 구별할 수 없는 하나다.

이것이 우리가 빠져있는 곤경의 모순이다. 의식으로서 우리는 하나다. 그러나 우리가 알고 있는 것은 다르다. 우리는 미몽의 삶을 여러 관점에서 경험하는 하나의 의식이다. 우리의 다양한 외양적 속성과 우리가 공유한 본질적 속성은 정반대다. 미몽의 삶에서는 서로 다른 수많은 사람으로 등장하지만, 그러나 의식으로서의 우리는 하나다. '사람person'이라는 말은 고대 그리스어인 '가면mask'으로부터 유래한 말이다. 다양한 모습을 하고 있는 우리는 하나의 의식이 쓰고 있는 다른 가면들이다. 이 하나의 의식은 플로티누스의 설명처럼 '불변하며, 불가분이며, 영원한 존재다.'

우리는 자신을 어떤 하나로, 즉 분리된 개별자로 생각한다. 그러나 현실에 나타나는 한 개인은 실제로 늘 변화하는 특성들의 복합체다. 현실의 모습을 조사해 보라. 그러면 자신의 육체는 수많은 기관들과 사지로 이루어졌다는 것을 알 수 있다. 자신의 개성은 다른 성격의 특징들, 기억들, 욕망들, 그리고 공포들의 복합물이다. 한 개인으로서의 자신은 여러 성격들을 합쳐 놓은 것의 변형된 모체母體다. 그러나 이 모든 것을 목격하는 본질적 당신은 불가분의 단일체라는 것을 '안다.' 이것은 사실이다. 그렇지 않은가? 자신이 개별자라는 것을 알려주는 것은, 자신을 구성하는 개개의 속성이 아니라 자신의 본질적 속성인 하나의 의식이다.

당신은 우주다

피상적으로 보면, 현실에 드러난 자신은 다른 모든 사람들과 분리되어 있다. 그러나 만일 삶을 피상적으로 보는 것을 멈춘다면, 우리는 섬이 연결된 것처럼 표면 아래에서는 서로 연결되어 있음을 알게 될 것이다. 만일 자신의 정체성을 헤아려 본다면, 자신이 미몽의 삶을 사는 자life dreamer라는 것을, 즉 미몽의 삶의 원천이라는 것을 발견하게 될 것이다. 이것이 시몬 마구스Simon Magus가 우리 각각은 '우주의 뿌리'인 무한한 힘 안에 거주한다고 가르친 이유다. 그리고 「빌립복음서」가 이렇게 가르친 이유다.

그 자신을 모르는 자는 아무것도 알 수 없다. 그러나 그 자신을 아는 자는 동시에 모든 사물들의 내면의 영지를 성취한 것이다.

그리고 마이스터 에크하르트Meister Eckhart가 '우리의 참된' '나'는 '신이다'라고 가르친 이유다. 그리고 알렉산드리아의 클레멘트Clement가 이렇게 가르친 이유이기도 하다.

7. 신세대 영지

모든 가르침 중에 가장 위대한 것은 너 자신을 알라는 것이다. 왜냐하면 자신을 알 때, 당신은 신을 알게 되기 때문이다.

대부분의 영지주의자들은 이러한 관념들을 논의하기 위해 사용할 수 있는 유일한 어휘가 종교적 어휘였던 문화 속에 살았다. 그래서 그들은 미몽의 삶이 일어나는 하나의 의식을 가리키기 위해 '신'과 같은 말을 사용했다. 우리는 신을 믿는지 자주 질문을 받는다. 우리의 대답은 신 외에는 어느 것도 믿지 않는다는 것이다! 무한할 정도로 다양한 관점들로부터 발생하는 미몽의 삶을 사는 주체는 하나의 의식인 신일 뿐이다.

만일 당신이 분리의 꿈에서 깨어난다면, 즉시 모든 것이 하나라는 것을 알 수 있다. 노력해보라. 자각적인 존재가 되라. 그러면 어느 것, 어느 누구로부터도 분리되지 않았다는 것을 알게 될 것이다. 당신이 경험하는 모든 것은 의식인 당신 안에 존재한다. 그리고 의식은 이것이 목격하는 대상과 분리되지 않으며, 그것은 객체인 대상과 이것이 점유한 공간과 분리된 만큼도 떨어져 있지 않다. 중세 신비주의자인 루이스 브뢰크Jan Ruysbroeck의 가르침처럼, '당신이 무엇인지 바라보라, 그리고 우리는 우리가 바라본 그것이다.'

꿈과 꿈꾸는 자는 개념적으로 둘이나, 실제로는 하나다. 왜냐하면 꿈꾸는 자 없이 꿈은 없기 때문이다. 이와 같이 경험되는 대상과 바로 그 의식은 개념적으로 둘이나, 실제로는 하나다. 왜냐하면

제2부 소중한 것(The Baby)

의식 없이 경험은 할 수 없기 때문이다. 당신은 당신이 경험하고 있는 것 그 자체다. 당신은 삶을 꿈꾸는 자이면서, 삶의 꿈 자체다. 당신은 모든 사람이고, 모든 사물이다. 르네상스의 신비주의자인 쿠사Cusa의 니콜라스Nicholas는 역설적으로 이렇게 선언했다.

우주는 우리가 그 안에 있는 방식으로 우리 안에 있다. 그러므로 우주의 모든 사람은 우주다.

우리가 처한 곤경의 모순

당신은 배경을 볼 것인지, 전경을 볼 것인지에 따라 변하는 놀라운 그림을 본 적이 있는가? 어떤 시각으로 보면 이 그림은 토끼지만, 또 다른 시각으로 보면 이 그림은 오리가 된다. 이런 그림 중에 늙은 노파를 그린 유명한 그림이 있는데 당신이 보는 방향을 바꾸면, 이 그림은 갑자기 아름다운 젊은 여성의 그림이 된다. 당신이 처한 곤경의 모순은 그러한 그림과 같은 것이다.

객관적인 관점에서 현재의 순간에 일어나는 당신의 경험을 보라. 그러면 이 세상에 나타난 육체적인 존재로서의 당신을 보게 될 것이다. 또 주관적인 관점에서 보라. 그러면 당신은 자신의 의식이 비워져 있음과 당신 안에 세계가 존재하고 있음을 깨달을 것이다.

객관적인 관점에서 이 순간을 보면, 당신은 시간에 제한을 받는 한 사람이다. 그러나 주관적인 관점에서 이 순간을 보면, 우리는 '시간'이라고 부르는 경험의 흐름을 영원히 목격하는 자다. 또 객관적인 관점에서 이 순간을 보면 당신은 분리된 개별적 존재이지만, 주관적인 관점에서 보면 우리 모두는 하나다.

플로티누스의 설명처럼, 자각적인 삶은 '한 번에 두 방향'을 보는 것이다. 이것은 동시에 객관적 관점it-perspective과 주관적 관점I-perspective을 알아차리는 것이다. 기독교 영지주의자들의 가르침처럼, '현실의 세상에 살면서, 동시에 이 세상에 사는 것이 아니라는 것'을 인지하는 것이다. 미몽의 삶에서는 분리된 사람으로 나타나지만, 반면에, 근본적으로 각각의 모든 존재는 우리가 공유한 본질적 속성이 서로 다르게 표현된 것이라는 것을 또한 알고 있다. 이것은 하나인 동시에, 또 다수의 존재로 나타난다. 이것은 실재의 역설적 속성을 포용하며, 플로티누스의 가르침인 '당신 의식 내에 존재하는 세계에 당신이 존재한다'는 것을 깨닫는 것이다.

사람들이 처음 영지주의 철학과 만나면, 우선 비인격적 의식의 관념에 대해 종종 저항감을 갖게 된다. 왜냐하면 이것이 차갑게 느껴지고, 자신들의 인간성을 평가절하하는 것으로 보기 때문이다. 이 저항은 인간이 본래 가지고 있던 관성적인 태도를 보여주는 것으로, 사람들은 신을 인격적인 관점 대신에 비인격적인 관점으로 보는 것을 냉담한 것으로, 그리고 우리의 인간성을 평가절하하는

제2부 소중한 것(The Baby)

것처럼 생각해 왔기 때문이다. 그러나 깨어 있는 삶은 꿈속에 있는 사람 대신에 비인격적인 것으로 생각되는 꿈꾸는 자가 되는 것이 아니다. 이것은 의식적으로 양자, 즉 삶의 꿈속에 있는 사람과 동시에 그 꿈을 꾸는 자가 되는 것이다. 그리고 이것은 전혀 차가운 것이 아니다. 오히려 그 정반대다. 이것은 우리가 '위대한 사랑'이라고 부르는, 모든 것을 포용하는 동정심을 경험하는 것이다.

위대한 사랑

사랑은 우리 모두가 하나라는 것을 알 때 느끼는 것이다. 우리는 매우 친근해져서 외형적인 분리를 넘어서게 되면, 우리가 서로 연결되어 있다는 것을 느끼게 되고, 그럴 때 누군가를 사랑하게 된다. 우리가 자신을 특정한 누구라고 제한할 때, 자신과 관계를 맺는 그들만을, 즉 친구나 가족만을 사랑한다. 우리는 자신의 정체성을 위협하는 사람들을 좋아하지 않으며, 그 밖의 다른 사람들에 대해서는 무관심하다. 그러나 우리가 모든 존재와 하나라는 것을 알게 되면, 우리는 모든 존재를 사랑하게 된다.

영지는 추상적인 지적 이해가 아니며, 실제로 만족을 느끼는 것이다. 참으로 이것보다 좋은 것은 없다. 우리가 깊은 잠으로부터 깨어날 때, 그리고 어느 귀중한 순간에, 완전히 평안함의 따뜻한 느낌에 빠져서 무의식적인 일체감의 여운에 둘러싸일 때, 하나 됨이 얼마나 좋은지 조금 맛보게 된다. 영지는 이 놀라운 하나 됨을 즉시 알아차리는 것이다. 그리고 이것은 위대한 사랑의 경험이다.

위대한 사랑은 특정한 어느 사람을 좋아하는 것과 관계가 없다. 이것은 친구든, 적이든, 상관없이 모든 존재에 대한 무조건적인 사랑이다. 우리는 모두가 하나라는 것을 알기 때문이다. 위대한 사랑은 미몽의 삶에서 일어난 어느 것을 좋아하는 것과도 관계가 없다. 이것은 기쁨과 슬픔 모두를 동반하는 삶에 대한 무조건적인 사랑이다. 우리는 우리 자신이 삶과 하나라는 것을 알기 때문이다. 기독교 영지주의자 바실리데스Basilides의 가르침처럼, '모든 것은 전체의 부분이므로 모든 것을 사랑하라'는 것이다.

모든 부모들이 알고 있는 것처럼, 싫어하면서도 사랑하는 것은 가능하다. 어린 아이가 나쁜 행동을 할 때, 우리는 그들이 행동하는 방식을 싫어할 수 있지만, 이것이 그들에 대한 사랑을 중지하는 것을 의미하는 것은 아니다. 우리는 잘못한 어린 아이를 꾸짖을 수 있고, 벌을 줄 수도 있지만, 이것은 그만큼 그들을 사랑하기 때문에 그렇게 하는 것이다. 이와 마찬가지로, 우리가 모두 하나라는 것을 깨닫는 것이, 그들이 분리의 착각에 빠져서 온갖 악을 저지르는 것에 대해 비난을 멈춘다는 것이 아니다. 그러나 우리가 그들을 '반대편에 선 사람other'으로 거부하기 때문이 아니라, 그들을 사랑하기 때문에 비판하는 것이다. 여기에 '우리와 그들'이 없다는 것을 안다. 단지 '우리'만 있을 뿐이다. '원수를 사랑하라'는 심원한 기독교 명령은 우리 모두가 하나라는 것을 깨달았을 때 비로소 실천 가능한 것이다.

의식으로서의 당신은 이미 위대한 사랑 안에서 조건 없이 모든 것을 포용하고 있다. 단지 당신은 이것을 자각하기만 하면 된다. 지금 실행하라. 모든 존재와 하나가 되는 당신의 본질적 속성을 알아차려라. 조건 없는 위대한 사랑으로 모든 사물과 모든 사람을 포용하라. 당신의 다른 많은 위장된 모습들 속에서 진정한 자신과 자애롭게 소통하는 삶을 꿈꾸는 자가 되라.

삶의 목적

만일 삶이 꿈과 같은 것이라면, 삶의 목적은 무엇인가? 왜 우리는 미몽의 삶을 사는가? 미몽의 삶을 사는 자가 원하는 것은 무엇인가? 우리 자신이 미몽의 삶을 사는 자이므로, 우리가 원하는 것을 자신에게 물어서 그 답을 알 수 있다. 아마도 우리는 서로 다른, 매우 많은 것을 원할 것이다. 그러나 그 뿌리를 보면, 다양해 보이는 모든 욕망은 만족을 얻기 위한 기본적인 충동이다. 모든 사람은 만족하기를 원한다. 이것은 부정할 수 없는 기본적인 욕구다. 우리가 만족할 수 없을 때, 만족할 수 있도록 사물들의 변화를 추진한

7. 신세대 영지

다. 그리고 만족을 하면 우리는 더 나은 것을 얻기를 원한다. 그러나 우리는 충분한 만족을 얻을 수 없다.

당신의 욕망들을 추적해 보면, 이 근저에서 만족하고자 하는 욕망을 발견할 것이다. 당신은 물질적 풍요를 원할 수 있다. 왜 그런가? 이것이 당신을 만족시킬 수 있다고 믿기 때문이다. 또는 성공하기를 원할 수 있다. 왜 그런가? 이것이 당신을 만족시킬 수 있기를 희망하기 때문이다. 그리고 다른 사람을 도울 수 있기를 바랄 수 있다. 왜 그런가? 다른 사람을 만족하게 만드는 것이 당신을 만족시킬 수 있기 때문이다. 다시, 만일 왜 만족함을 원하느냐고 스스로에게 묻는다면, 이것은 어리석은 질문이다. 왜냐하면 그 대답은 자명하기 때문이다. 만족good은 정의定義에 의해서 자신이 느끼기를 원하는 것이기 때문이다.

삶을 즐기려는 욕망보다 더 근본적인 욕망이 있는가? 그렇기도 하고, 그렇지 않기도 하다. 만일 생명이 갑자기 위협받는 경우를 생각해 보라. 그러면 자신이 얼마나 살기를 원하는지를 즉시 깨달을 것이다. 살고자하는 욕망과 비교해 보면, 모든 다른 욕망들은 하찮은 것이다. 왜냐하면 모든 다른 욕망들은 우선 자신이 살아있어야 생길 수 있는 것이기 때문이다! 그러나 단순히 살아있다는 것만으로 만족할 수 없다. 혼수상태에 빠져 무의식 상태에 놓이길 원하는가? 아니다. 왜냐하면 깨어 있는 상태에서 살아가기를 원하기 때문이다. 그리고 단지 어떤 것을 경험한다는 것도 충분치 않다.

제2부 소중한 것(The Baby)

　우리는 나쁜 감정을 느끼는 것을 원치 않는다. 우리는 만족스러운 감정을 느끼기를 원한다.
　'나는 만족하기를 원한다'라는 기본적인 욕망을 어떻게 이해하는가는, 우리 자신을 스스로 누구라고 생각하느냐에 달려 있다. 만일 자신을 분리된 존재라고 믿는다면, 욕망이란, 이기적인 방법으로 만족을 얻는 것으로 이해할 것이다. 그러나 우리가 공유한 본질적 속성을 알고 있다면, 기본적인 삶의 충동은 모든 사람들이 만족하는 삶을 살기를 바라는 것으로 우리들의 보편적 욕망이라는 것을 인정할 것이다. 우리 자신들이 등장하는 미몽의 삶에서 삶의 경험을 즐기기를 원하기 때문에 우리는 미몽의 삶을 살고 있다는 것을 깨닫게 될 것이다.
　미몽의 삶을 살고 있는 개별자로서의 우리는, 깨어남과 자각적인 삶을 삶으로써 이 근본적인 생의 욕구를 충족시킬 수 있다. 우리가 분리의 악몽에서 벗어나지 못하면, 설령 타인에게 고통을 준다하더라도, 분리된 개별자로서의 자기만족을 위해 냉혹한 싸움에 뛰어들려 할 것이다. 그러나 우리가 공유한 본질적 속성을 알아차리면 삶을 사랑하고, 다른 사람이 깨어나도록 도와주게 될 것이며, 삶을 즐기게 될 것이다. 그리고 우리는 집합적인 의식의 장대한 모험에 참여하는 자애로운 사람이 될 것이다.

8. 양극 없이 실재도 없다

8. 양극 없이 실재도 없다

어떻게 모든 사물이 하나가 될 수 있는가.
아직 제각기 분리되어 있는데?
―오르페우스의 시(The Odes of Orpheus)

지금 무슨 일이 일어나고 있는가? 우리가 '삶'이라고 부르는 이 이상야릇한 일은 무엇인가? 이것은 매우 이상하고, 한없이 신비롭다. 아마도 그저 이렇게 말하는 것이 가장 좋을 것이다. 이것을 제외하고 할 말이 없다. 이 무한한 신비를 공정하게 평가할 수 있는 과정이 없을지라도, 우리는 난제를 설명해 줄 이야기가 필요하다. 또한 우리가 누구이며, 삶이 무엇인지, 이 모두에 대해 우리의 삶을 안내해 줄 이야기가 필요하다. 그러나 우리가 말하는 이야기들은 삶에 관한 우리의 경험을 제한한다. 그래서 이 난제에 대한 이야기를 매우 신중하게 선택할 필요가 있다.

우리 대부분은 우리 문화에 유행하는 이야기를 따른다. 그러나 영지주의자는 역사를 통해 삶의 신비에 관한 더 깊은 체험을 위해 개방되어 있고, 선택할 수 있는 이야기를 제공한다. 우리는 당신에

제2부 소중한 것(The Baby)

게 앞에서 언급했던 현재 순간에 대한 우리들의 연구에 근거해서 영지주의 이야기의 새로운 버전을 제공하고 싶다. 그러나 이것에 대해 착각을 해선 안 된다. 이것은 단지 이야기일 뿐이다. 이것은 진실이 아니다. 이것이 우리가 발견한 최고의 거짓말이다!

우리의 영지 이야기는 양극을 주제로 시작한다. 우리는 미몽의 삶을 사는 자이기 때문에 지금 무언가를 경험하고 있다. 의식과 외양이라는 양극이 없다면, 아무것도 존재하지 않을 것이다. 당신은 잠듦과 깨어남의 경험으로부터 이것이 사실이라는 것을 알고 있다. 깊은 꿈의 상태에서는 오직 무의식적 의식이라는 일자—無와 무nothingness만 있을 뿐이다. 당신은 의식과 외양의 대립이 일어날 때 자신을 자각하게 된다. 칼 융이 말한 것처럼(랩 음악 레코드에 사용되어야 할 유명한 구절처럼!) '양극이 없다면 실재는 없다.'

양극은 역설적이다. 양극의 두 극은 조화할 수 없을 정도로 정반대다. 그러나 양극은 오직 함께 있을 때만 존재하기 때문에, 분리할 수 없는 일자다. 이것이거나 아니면 저것으로 서로 분리된 것으로 보이지만 본질적으로 이들은 하나다. 존재의 토대를 형성하는 주요 양극은 미몽의 삶을 사는 자와 미몽의 삶이다. 이들은 둘로 나타나지만, 그 근본에서는 하나다. 존재는 이중적으로 나타나지만, 본질적으로는 하나다.

미몽의 삶을 사는 주체는 무의식적 의식의 일자로, 이 일자는 모든 것을 구현할 수 있는 잠재력을 가지고 있다. 이 정반대의 극은

8. 양극 없이 실재도 없다

미몽迷夢의 삶을 구성하고 있는, 무한하게 다양한 형태들이다. 의식은 이렇게 다양한 형태를 매개로 해서 드러난다. 의식은 미몽의 삶에 등장하는 '나'와 그 꿈을 꾸고 있는 '나' 사이의 관계다. 그러므로 특정한 대상을 통해 알려지는 인식의 속성은 바로 그 특정한 대상의 속성에 달려 있다. 미몽의 삶은 무한하게 다양한 형태를 통해 나타나는 의식의 무한한 범위를 경험하는 자각의 장場이다.

미몽의 삶은 무의식적 일자에서 의식적 일자로 깨어나는 과정에 있는 의식이다. 과학이 '진화'라고 부르는 것은 삶을 꿈꾸는 자가 더 큰 의식을 수용할 수 있도록, 이제까지 없었던 보다 복잡한 형태를 진보적으로 상상하는 것이다. 미몽의 삶을 사는 자는 상대적으로 무의식적이며, 미몽의 삶 속에 나타나는 외양적 속성을 자신과 동일시한다. 그러나 깨어 있는 상태에서 미몽의 삶을 사는 자는 본질적 속성인 의식을 자각하게 됨으로써 자아에 대한 지식 혹은 영지를 체험할 수 있다.

영지란, 그 자체가 의식이다. 그리고 모든 것과 개별자가 하나가 되기를 꿈꾸는 자각의 무의식적 일자다. 이것은 넘어설 수 없는 것을 넘어선 자각의 어떤 절대적인 상태가 아니다. 의식은 미몽의 삶의 이중성 안에서 일어난다. 그래서 우리는 항상 상대적으로 다소 의식적일 수 있다. 미몽의 삶을 사는 자를 더 의식적으로 만들기 위해, 영지는 그들을 끝나지 않는 여행을 하는 사람으로 만든다.

나쁜 소식은 우리는 도착할 수 없다는 것이고, 좋은 소식도 우리

제2부 소중한 것(The Baby)

는 도착할 수 없다는 것이다. 그리고 이것 모두 또한 매우 좋은 소식이다. 왜냐하면 우리는 깨어나면 깨어날수록, 보다 더 삶을 사랑하게 되므로, 단번에 목적을 달성하기 위해 억지스러운 모험을 원하지 않기 때문이다. 영지는 목적이 아니라, 여행의 과정이다. 이것은 삶을 사랑하는 것이다. 그리고 이것은 모두에게 적합하거나 한번에 성취할 수 있는 것이 아니다. 왜냐하면 앞으로 다가올 각 순간은 새로운 방식으로 삶을 사랑할 수 있는 기회이기 때문이다.

재출현

미몽의 삶은 양극과 함께 발생하며, 무한한 양극을 특징으로 한다. 존재를 규정하는 중요한 양극 중 하나는 삶과 죽음이다. 미몽의 삶에 나타나는 모든 존재는 시작과 끝이 있다. 우리가 공유한 본질적 속성인 의식은 시간 밖에 있기 때문에, 이것은 시작도 끝도 없다. 그러나 현실에 존재하는 우리는 시간 안에 존재하므로 시작과 끝이 있다. 자각으로서의 우리는 태어나지도, 죽지도 않는다. 그러나 한 개인으로 태어난 우리는 언젠간 죽을 것이다.

미몽의 삶을 살고 있는 개인life-persona이 죽을 때 무슨 일이 일어나는가? 의식은 우리의 외양적 속성을 매개로 하여 일어난다. 그러므로 이 죽음은 개별자인 우리 자신에 일어나는 의식적 체험의 종

8. 양극 없이 실재도 없다

말을 의미하는가? 우리는 무의식적 자각의 일자로서만 계속 존재하는가? 그리고 이것을 받아들일 수 있을까? 왜냐하면 죽음에 직면하게 된다면 이것은 아주 편안한 것처럼 보이지 않기 때문이다!

문자주의사들은 믿는 자들에게 사후 천국에서 영원한 존재로서의 행복한 삶을 약속한다. 영지주의자들은 일자와 위대한 사랑을 깨달음으로써 죽기 전에 행복한 삶을 사는 데에 더 많은 관심을 기울인다. 영지는 우리가 무엇을 알고 있는지 즉시 알아차리는 것이다. 그리고 우리가 죽게 되었을 때 무엇이 일어날 것인지 지금은 알 수 없다. 왜냐하면 아직 죽지 않았기 때문이다. 죽음은 이것의 속성상 심오한 미스테리다. 삶에서의 죽음의 역할 한 가지는 매 순간마다 늘 존재하는 신비를 일깨워 주는 것이다.

영지주의자들은 역사를 통해서 깨달음의 여행은 단지 한 번의 삶에서가 아니라, 많은 삶을 거치면서 일어난다는 것을 깊이 사색하고, 설명하였다. 소크라테스는 삶과 죽음은 서로 연관되어 있을 때만 존재할 수 있는 양극이라는 것을 이론적으로 설명하였다. 낮과 밤이 서로 이어지는 것처럼, 삶은 죽음으로, 죽음은 삶으로 이어져야 한다. 개인적인 삶은 지속적이지 못하지만, 삶과 죽음은 지속된다. 고대 영지주의자들은 이것을 윤회라고 불렀으며, 우리는 이것을 '재출현'이라고 부른다.

미몽의 삶에서 당신이 죽을 때, 무슨 일이 일어나는가? 그런데 당신은 꿈속에서 자신이 죽는 꿈을 꾸어 본 적이 있지 않은가? 만

제2부 소중한 것(The Baby)

일 그렇다면 당신은 무엇이 일어나는지 알 것이다. 당신은 꿈에서 깨어났을 뿐이다! 꿈속에 존재했던 당신은 사라지고, 다른 사람으로 나타난다. 마찬가지로, 영지주의자들은 미몽의 삶 속에서 현존하는 자신이 죽게 되면, 다른 꿈속에서 다른 사람으로 나타나는 자신을 발견하게 될 것이라고 가르친다. '당신'으로 살았던 경험에 근거하여, 미몽의 삶을 사는 자는 다른 방식과 다른 관계 안에서 다시 '당신'이 마음속에 등장하는 꿈을 꾸게 될 것이다.

우리의 의식적 체험은 매일 밤 깊이 잠든 상태에서 무의식적 의식의 일자로 돌아감으로써 중지된다. 죽음은 다른 사람으로 다시 나타나는 것으로부터 무의식적 의식의 일자로 더 깊이 물러나는 것이다. 삶과 죽음은 의식에서 무의식으로, 그리고 다시 의식으로 되는 순환이다.

삶과 죽음의 지속적인 순환을 통해서 우리는 점점 더 깨어난다. 각각의 윤회 또는 재생은 우리의 진화 정도에 따라 객관적인 한계를 변화시킨다. 부분과 전체의 새롭게 변화된 관계는 부분이라고 할 수 있는 각 개인들이 새로운 방식으로 의식하는 것을 가능케 한다. 미몽의 삶을 사는 한 개인이 탄생과 죽음이 반복되는 순환을 체험함으로써, 우리 자신에 내재하는 불멸의 본질적 속성을 더 잘 알게 된다.

환생 또는 재생은 종종 다시 태어났을 때, 살았던 '여기'에 다시 태어난다는 문자 그대로의 개념으로 해석된다. 그러나 돌아올 '여

8. 양극 없이 실재도 없다

기'는 없다. 우리가 들어가고 나올 수 있는, 독립적으로 존재하는 세계는 없다. 의식 내에 미몽의 삶이 전개된다. 비록 이 세계가 거대하고 다양하지만, 미몽의 삶이 이 세계 혹은 더 나아가 이 우주의 체험에 제한되어 있다고 생각해서는 안 된다. 미몽의 삶 전체는 끝없는 상상의 세계를 포함하는 무한한 심상imagnos으로 생각해야 한다. 우주는 바로 끝없는 심상 내에 존재하는 하나의 가능성이다. 이 세상에 한 사람으로 등장하는 꿈이 끝날 때, 나타나는 것은 심상에 대한 또 다른 관점이다. 그러나 이 새로운 꿈이 필연적으로 현재 체험하고 있는 꿈을 닮았을 것이라고 생각해서는 안 된다. 가능성들은 무한하다.

우리는 현재의 삶 전에 다른 삶을 체험했었는가? 바로 자신의 탄생에 앞선 어떤 것을 기억하지 못한다는 것이 이전에 어떤 것도 체험하지 않았다는 것을 의미하는 것은 아니다. 즉 우리가 어린 아기였을 때를 기억 못한다고 해서 그 시절이 없었다고 말할 수 없는 것과 같다. 탄생은 무의식적 의식으로부터 재생되는 과정의 단초이며, 다시 의식되기 시작한다. 그래서 우리가 태어났을 때, 과거의 삶을 의식하지 못한다고 해서 놀랄 필요는 없다. 왜냐하면 우리는 모든 것을 거의 의식하지 못하기 때문이다.

다른 많은 이론들처럼 재생 이론은 단지 사변적일 뿐이다. 영지주의 관점에서도 우리가 죽을 때 무엇이 일어나는지 설명할 수 있다는 것은 아니다. 이것은 차라리 삶이 꿈이기 때문에, 육체의 죽

제2부 소중한 것(The Baby)

음이 개별적 체험이 끝나는 것으로 믿을 이유가 없다는 것이다. 육체는 우리가 체험하고 있는 외양적 모습의 일시적인 구성 요소이다. 이것은 매일 아침에 일어나고, 저녁에 잠잘 때, 의식 내에서 오고 간다. 왜 특정한 육체는 우리가 죽을 때 영원히 의식을 떠나고 새로운 것이 그곳에 나타나서는 안 되는가?

하나의 실험으로, 탄생 이후 시작된 과거와 죽음으로 끝날 미래를 가진 한 사람으로 자신을 보는 생각을 멈춰보자. 그리고 다른 가능성을 시도해 보라. 경험의 흐름을 목격하고 있는 태어나지도 않고, 죽지도 않는 의식을 자신으로 생각하라. 이 의식은 시작도, 끝남도 없으며, 그리고 그 의식 안에서 당신은 항상 전체와 관계를 맺고 있는 개별자로 나타날 것이다.

생기 있게 만듦

많은 정신적 전통들은 우리가 본질적으로 공유한 속성인 '깨달음'의 중요성을 일깨워준다. 대조적으로 우리는 외면적으로 보이는 우리의 본성을 '무명無明'(Endarkenment)이라고 부른다. 그러나 깨어 있는 삶은 깨달음도 아니고, 무명도 아니다. 이것은 삶을 '생기 있게 만드는 것'이다. 이것은 실제로 미몽의 삶에 한 사람으로 등장하는 것을 즐기는 것이다. 왜냐하면 우리는 본질적 속성을 '또

8. 양극 없이 실재도 없다

한' 알고 있으며, 큰 사랑을 체험하고 있기 때문이다. 깨어 있는 삶은 개별자와 우리의 본질인 전체라는 양극을 이해하는 것이다

아무튼, 어떤 정신적 전통들은 일자를 깨닫기 위해 우리 자신의 개별적 특성을 없애야 한다고 가르친다. 이 일반적인 오해는 이분법적인 사고에서 발생하며, 양자 모두를 포용하는 관점을 선택함으로써 해결될 수 있다. 무명은 이중적 속성에서 오직 그 다른 하나의 속성만 알아차리는 것이다. 한 극단의 속성만 알아차리는 것은 해결책이 될 수 없다. 해결책은 공유한 본질적 속성인 의식과 개별적인 외양적 속성으로 세상에 나타난 개인을 의식적으로 모두 포용하는 것이다.

그러나 이분법적인 정신적 전통은, 깨어나기 위해서는 자각이 결여된 상태에 있는 우리의 외양적 속성을 없애야 한다고 가르친다. 하지만 이것은 깨어나는 것이 아니라 다시 잠드는 것이다! 우리는 매일 밤 숙면하면서 무의식적 의식의 일자와 하나가 된다. 깨어남은 의식적으로 우리의 본질적 속성을 체험하는 것이다. 우리가 의식을 하기 시작할 때는 오직 미몽의 삶에 한 사람으로 등장할 때다. 그래서 우리의 본질적 속성을 또한 의식이라고 알아차리는 것이 가능한 것은 오로지 외양적 속성을 가질 때 가능한 것이다.

이분법적 전통에 의하면, 만일 우리가 깨닫게 되면 우리는 결코 다시 태어나지 않으며, 인간이 되는 이 지겨운 일에서 마침내 벗어날 수 있다고 한다. 그러나 삶에 대한 이 종교적인 혐오는 깨어 있

제2부 소중한 것(The Baby)

는 삶이 아니다. 우리가 꿈꾸는 것을 멈추지 않았지만 꿈을 꾸고 있다는 사실을 자각하고 있을 때, 그 꿈은 꿈이지만 깨어 있는 꿈이다. 이와 같이 우리가 깨어 있는 삶을 살 때, 세상에 개별적인 인간이 되는 것을 벗어나는 것이 아니라, 단지 깨어 있는 상태에서 삶을 살기 시작하는 것이다.

아무튼, '깨닫기' 위해서는 자신의 '자아ego'를 없애야 한다고 믿는 것이 정신적 집단에서 유행한다. '자아ego'의 정의는 사람마다 다르다. 이것이 많은 혼란의 원인이다. 만일 이 말이 미몽의 삶에서 우리를 무의식인 존재로 만드는 부정적인 개인적 습관들의 도식을 상징하는 것으로 사용된다면, 실제로 자아는 우리가 깨닫는 것을 방해하는 그 무엇이다. 이것은 풀어야 할 영혼의 매듭이다. 그러나 종종 에고라는 말은 일반적으로 개별성을 상징하는 것으로 사용된다. 이 경우에 에고는 파괴해야 할 대상이 아니라, 이 착각의 고립으로부터 해방되어야 할 존재다. 그렇게 되면 우리 자신의 개별적 정체성을 더 큰 전체의 부분으로 체험할 수 있다.

깨달음은 우리의 개성을 근절하는 것이 아니고, 개성 없이 살게 만드는 것이 아니며, 일종의 성스럽지만 무기력한 사람처럼 따분한 존재로 만드는 것도 아니다. 깨달음은 의식적으로 우리의 근원인 일자의 의식으로 되돌아가려는 것이고, 미몽의 삶에서 사람으로서 즐거움을 느끼는 것이며, 공포와 고립으로부터 자유로워지는 것이다. 깨달음은 우리 자신의 개별성을 없애버리는 것이 아니라,

8. 양극 없이 실재도 없다

이것을 강화하고 실현하는 것이다. 이런 의미에서, 깨어 있는 삶은 자아의 축제이지, 자아가 파괴는 아니다. 그러나 자아의 축제는 우리 자신이 고립된 자아에서 완전한 자아로 바뀔 때 가능하다.

우리를 깨어나게 자극하는 불만족스러운 느낌이 있다. 우리는 무명의 상태에서 체험하는 불안과 혼몽昏憹(의식장애 중에서 특히 의식 혼탁이 강하고 깊이 잠든 상태)보다 삶에 더 중요한 것이 있어야 한다고 느낀다. 그렇다, 삶에는 더욱 중요한 것이 있다. 그러나 세상에서 사람이 된다는 것이 무엇인지를 안다고 생각하기 때문에 우리는 지금 알고 있는 것은 거부해야 하고, 우리가 추구하는 것을 위하여 그 밖의 다른 것을 찾아야 한다고 생각한다. 그러나 만일 우리가 깨어서, 경험하는 것을 있는 그대로 볼 수 있다면, 하나의 사람으로 존재하는 현재의 경험에 우리가 찾고 있는 모든 것이 실제로 담겨있다. 그리고 그것을 있는 그대로 즐겨라. 이것이 생기 있게 만드는 것이다.

정신적 집단에서는 깨달음을 이룬 '완전히 깨달은' 성인에 대해 많은 이야기가 있다. 깨달음은 존재의 궁극적인 목적으로 보인다. 만일 '깨달음'이 오직 자신을 외양적 속성과 동일시하는 것을 끝내는 것만을 의미한다면, 그러면 그것은 한번만 성취할 수 있는 것이다. 그렇게 심오한 우리의 본질적 속성을 알아차리는 것이 가능하므로, 우리는 결코 다시 자신을 외양적 속성과 동일시할 수 없게 된다. 그러나 이것이 이야기의 끝이 아니다. 이 때가 바로 흥미를 갖

제2부 소중한 것(The Baby)

기 시작할 때다. 왜냐하면 우리는 최종적으로 어떻게 실제로 삶의 경험을 사랑할 수 있는지를 발견했기 때문이다. 깨달음은 무명의 끝이고, 생기 있게 만듦의 시작이다.

인간됨에 대한 사랑

깨어 있는 삶은 삶을 긍정적이고, 생기 있게 만드는 경험이다. 이것은 삶을 부정하는 종교적 현실도피주의자를 위한 피난처가 아니다. 이것은 스스로 죽기를 바라며 침묵하고 있는 가미카제식 명상가들이 갈망하는 미몽의 삶을 중단하는 것과 같은 것이 아니다. 이것은 궁극적으로 인간적인 모험에 참여하는 것이 충분히 안전하다는 것을 느끼는 것이다. 이것은 인간이 되는 것을 사랑하는 것이다.

아무튼, 이분법적인 정신적 전통은 우리 자신의 인간성을 극복해야 할 문제로 취급한다. 깨닫기 위해서는 우리의 많은 자연적인 특성들을 근절해야 한다고 한다. 우리는 사물이 달라지는 것을 원해서는 안 되며, 있는 그대로를 따라야 한다. 또한 모든 인간적인 집착을 버려야 하며, 이로부터 벗어나 멀리 떨어져야 한다. 뿐만 아니라, 우리는 전혀 화도 내지 않고, 두려움도 없는 비이기적인 성인 聖人이 되어야 하며, 육체의 쾌락을 부정하는 성스러운 고행주의자

8. 양극 없이 실재도 없다

가 되어야 한다. 양자 모두를 포용하는 생생한 관점에서 보면, 위의 언급 중 어느 것도 사실이 아니다. 다행이 아닐 수 없다. 인간이 된다는 것은 좋은 것이다. 이것을 진지하게 생각해 보자.

욕망의 딜레마

우리는 깨닫기 위해서 우리의 모든 욕망을 근절해야 한다고 한다. 우리 대부분은 사물을 있는 그대로의 모습보다 다른 것으로 변화시키기에 바빠서 현재 이 순간의 기적을 인식하지 못한다. 우리의 그칠 줄 모르는 욕망은 때때로 좌절과 극단적 고통의 원인이 되며, 대부분의 욕망은 우리가 얻고 싶어 하는 만족을 충족하지 못하게 한다. 왜냐하면 우리가 원하는 것을 얻었을 때, 이것은 우리가 원했던 것이 아니라고 생각하기 때문이다. 그래서 항상 더 많은 욕망이 남아 있으며, 이것이 우리를 영원히 만족하지 못하게 만들 수도 있다.

그러면 우리는 모든 욕망을 근절해야 하는가? 아니다. 이것은 불가능하다. 그리고 바람직하지도 않다! 욕망은 존재의 필수적인 부분이다. 매우 근본적인 수준에서 보면, 먹고 배설하고자 하는 욕망은 삶을 유지시키는 것이다. 욕망은 미몽의 삶에서 변화의 에너지원이다. 삶을 즐기기를 원하고 고통을 원하지 않는 것은 당근과 채

제2부 소중한 것(The Baby)

찍으로, 일자와 사랑을 깨닫게 해주는 것이다.

　해결책은 지금 있는 그대로의 모습을 사랑하는 의식과 미래에는 이 세상이 더 나아지기를 바라는 개인, 이 양자 모두를 포용하는 관점을 채택하는 것이다. 현재는 변화될 수 없다. 무조건 받아들여야 할 사실이다. 그러나 미래가 변하는 것은 막을 수 없다. 사물들을 더 나은 것으로 만들도록 우리를 고무시키는 욕망은 사물들을 보다 나은 것으로 변화시킨다. 깨어 있는 삶은 변화에 대한 욕망을 포함해서 현실을 있는 그대로 받아들인다. 우리는 삶을 사랑하기 때문에 삶이 더 나아지기를 바란다.

성스러운 무관심

　삶을 있는 그대로 사랑하기 위해서는 미몽의 삶에서 일어나는 것에 대해 무관심해야 한다고 한다. 우리가 좋아하고 싫어하는 것 사이에서 방황할 때, 삶을 사랑하는 것은 불가능하다. 왜냐하면 싫어하는 것이 너무 많기 때문이다. 미몽의 삶은 양극의 특징이 있다. 이것은 우리의 삶에는 항상 좋아하는 체험과 싫어하는 체험이 있다는 것이다. 우리가 처한 상황이 이러하기 때문에 우리는 사물의 있는 그대로를 아무 생각 없이 묵묵히 따라야 하는가? 절대로 아니다. 현실의 삶을 사는 개인들처럼, 우리는 받아들일 수 있는

8. 양극 없이 실재도 없다

것과 받아들일 수 없는 것을 구분해야 한다. 우리를 고통스럽게 하는 악을 비난해야 하며, 기쁨을 주는 좋은 것을 키워야 한다.

「권위 있는 가르침」이라는 영지주의 기독교 텍스트는 '가장 나쁜 악'은 '무지와 무관심'이라고 설명한다. 무지는 모든 것이 하나라는 것을 깨닫지 못하게 한다. 무관심은 삶으로부터 물러서게 한다. 깨어 있는 삶은 무지와 무관심의 반대편에 서 있다. 이것은 깨어 있는 상태에서 있는 그대로의 삶을 수동적으로 포용하는 의식의 일자가 되는 것이며, 그리고 동시에 현실 세계에서 추악하고 부적당하며 잔인한 것을, 아름답고 조화롭고 친절함으로 변화시키는 것을 능동적으로 추구하는 것이다.

이기심의 무서움

이기심은 우리가 깨닫기 위해서 극복해야 할 또 다른 요괴라고 한다. 그리고 인간의 자연적 경향에 대한 비난은 다시 이분법적 사고로부터 일어난다. 이러한 사고는 이 이기심이 아니면, 또 다른 이기심을 선택할 것을 요구한다. 깨어 있는 삶은 양자 모두를 선택한다. 오로지 이기심만 남은 존재가 된다는 것은 타인과 자신에게 막대한 고통을 안겨 주지만, 그러나 그렇다고 해서 만족이 일종의 고행자적 극단적 이타심으로부터 온다는 것을 의미하는 것은 아니다. 욕망을 부정하고자 하는 그들은 욕망을 추구하는 자들만큼이나 왜곡된 존재가 된다. 왜냐하면 삶에 접근하는 그 두 방식들이 모두 인간의 난제에 대한 오해로부터 일어난 것이기 때문이다.

만일 우리가 한 개인으로서 만족을 얻기 위하여 욕망을 억압한다면(이것은 실제로 불가능하다!), 현실적 삶의 목적, 즉 삶을 즐기려는 바로 그 목적을 폐기시켜야 한다. 그러나 또한 우리의 본질적 정체성은, 우리 자신과 함께 미몽의 삶을 공유한 다른 개인들과 동일한 것이므로 만족을 얻으려는 그들의 욕망을 부정하기 위해서는 마찬가지로 현실적 삶의 그 목적을 폐기해야 한다. 이 문제의 해결책은 존재하는 개인과 공동의 즐거움을 촉진시키는 것이다. 왜냐하면, 그들은 본래적으로 우리와 동일한 존재이기 때문이다. 깨어 있는 삶은 타인의 행복을 방해하기보다는 차라리 개인의 행복을 증진시키기를 추구하는 것이다. 그리고 우리 모두는 하나이기 때문에 다른 사람을 만족시키는 것은 우리를 만족스럽게 한다. 이기적으로 되는 최상의 방법은 또한 이기심이 없어지는 것이다.

개인적 집착

종종 인간을 악마로 만드는 인간의 또 다른 타고난 속성은 애착이다. 사람과 사물에 대한 집착은 고통의 원인이므로, 이것을 버리

8. 양극 없이 실재도 없다

는 것이 요구된다. 그러나 실제로 우리가 사랑하는 그들에 대해 집착하지 않기를 바라는가? 우리에게 극도로 애착을 보이지 않는 사람의 부모가 되고, 배우자가 되고, 친구가 되기를 원하는가? 그들이 우리가 소중히 여기는 것과 우리가 추구하는 삶의 목적에 무관심해지기를 원하는가? 분명히 그렇지 않다. 다행히 우리는 그렇게 하지 않는다는 것이다. 문제는 집착에 있는 것이 아니라, 오로지 집착만 하는 데에 있다. 집착을 없앨 필요는 없다. 차라리 우리의 본질적 속성이 집착하지 않는 것이며, 앞으로도 반드시 그럴 것임을 깨닫는 것이 필요하다. 깨어 있는 삶은 인간의 집착들과 개인적 관계들을 부정하는 것이 아니다. 이것은 현실의 삶을 사는 사람으로서 일시적인 집착을 가지고 살지만, 한편으로는 본질적으로 우리는 어느 것에도 집착하지 않는 의식 자체라는 것을 알고 있다.

부정적 감정들

깨달음은 종종 언제나 자비로우며, 화를 내는 것과 같은 일반적인 인간 감정은 결코 일어나지 않는 일종의 초인간적 상태로 그려진다. 그러나 화가 항상 나쁜 것은 아니다. 왜냐하면 이것은 나쁜 상황에 대한 적절한 반응이기 때문이다. 문제는 화가 아니라, 오로지 화만 내는 것이다. 우리가 분리된 상황에서 헤매게 되면, 파괴

제2부 소중한 것(The Baby)

적인 분노에 사로잡히기 쉽다. 그러나 만일 우리가 자비로움 대신에 화를 냈다면, 화는 단지 우리가 분리되어 있다는 것을 표현하는 것이다. 화, 조급함, 좌절은 때때로 큰 사랑의 능동적인 표현일 수 있다. 모든 부모는 아이들을 여전히 사랑하지만, 화를 낼 수도 있다는 것을 알고 있다. 화는 '무서운 사랑'일 수 있다.

공포는 매우 해로운 또 하나의 자연스러운 인간 경험이다. 그러나 공포가 부정적이기만 한 감정은 아니다. 이것은 고통처럼 인간의 삶에서 때때로 능동적인 역할을 할 수 있다. 고통은 우리에게 육체적으로 행복하지 않은 상황을 알리고, 그 상황을 변화시키는 경고의 역할을 한다. 마찬가지로, 공포는 발생하면 안 될 것이 미래에 실제로 일어날 수 있다는 것을 경고하는 상상의 산물이다. 그리고 이것은 종종 바라지 않는 것을 피하게 해줄 수 있다.

우리가 자신을 오직 분리된 자아와 동일시하면, 공포와 고통이 우리를 극히 허약하게 만들 수 있다. 정의대로, 공포와 고통은 즐겁지 않은 경험이다. 왜냐하면 그것들은 우리의 상황을 바꾸는 것을 강요하도록 고안되었기 때문이다. 그러나 때때로 우리는 두려운 사건을 피할 수 없고, 고통을 완화시킬 수 없다. 그 해결책은 또한 본질적 속성을 알아차리고, 무조건 공포와 고통을 허용하여 받아들이는 것이다. 이것은 마술처럼 공포와 고통을 사라지게 하지는 않지만, 공포에 맞설 수 있는 용기를 체험하게 하고, 고통을 견딜 수 있는 인내를 경험하게 한다.

8. 양극 없이 실재도 없다

육체적 쾌락들

　많은 정신적 전통들은 '육체의 쾌락들'에 대해 특히 건강하지 못한 태도를 가지고 있다. 왜냐하면 '쾌락의 대가는 고통'이라고 생각하기 때문이다. 그러나 확실히 '벌에 쏘이면서도 꿀은 얻을 만한 가치가 있다'고 루미가 감격적인 말을 한 것으로, 그것으로 결정이 났다. 우리는 고통을 벗어나기 위해 정말로 쾌락 없이 지내기를 바라는가? 깨어 있는 삶은 양자 모두를 선택하는 것이다. 이것은 삶의 쾌락을 부정하는 것이 아니며, 오히려 쾌락을 즐기되 그 속에 빠지지 않는 것이다. 또한 피할 수 없는 쾌락이 찾아 왔던 것처럼 이것이 사라졌을 때도, 우리가 깨어 있는 상태를 유지하면 삶에 대한 사랑을 지속할 수 있다.

　성性은 흥을 깨는 경건한 사람들에 의해 지속적으로 비난받았다. 왜냐하면 이것은 아마도 매우 재미있는 것인데도, 이 경건한 사람들은 재미를 싫어하기 때문일 것이다! 또 다시 문제되는 것은 이분법적 사고다. 우리는 건전한 사랑과 더러운 욕망 중에 하나를 선택해야 한다. 그러나 깨어 있는 관점에서 본다면, 우리는 양자 모두를 포용할 수 있다. 우리가 욕망의 대상으로서 누군가를 절실히 바랄 때, 우리는 그들이 또한 욕구와 욕망을 가진 주체로 인식하지 못한다. 그러나 깨어 있는 삶은 절실히 바라면서도 또한 사랑할 수 있다. 이것은 우리가 감수성이 예민한 주체이면서, 욕망의 대상이

제2부 소중한 것(The Baby)

라는 사실을 즐기는 것이다.

　깨어 있는 삶을 체험하기 위해 청교도적인 깨끗한 삶을 살 필요는 없으며, 육체를 사원처럼 생각할 필요도 없다. 때때로 당신의 육체를 나이트클럽처럼 생각하는 것도 재미있다! 당신은 육체의 쾌락을 자제할 필요가 없다. 전혀 정반대다. 깨어 있는 삶은 미몽의 삶이 우리에게 제공한 모든 쾌락과 매서움을 즐기는 것이다. 이것이 한 사람으로 등장하는 드라마들과 그것의 즐거움들을 모두 통찰할 수 있는 방법이다. 그렇다면, 왜 깨어나지 않고, 인간됨을 사랑하지 않는가? 나아가라. 당신은 당신이 원하는 것을 알고 있다.

9. 웃고 있는 예수

나는 당신의 치유되지 않은 상처를 이해한다.
그 상처는 당신의 꿈을 이룰 정도로 신과 사랑이
아직 충분히 실제적이지 않기 때문에 존재한다.
─하피즈, 수피 영지주의(Hafiz, Sufi Gnostic)

　　　　　만일 당신이 충분히 당신의 문화적 환경으로부터 한 발 물러나서 생각할 수 있다면, 문자주의 기독교는 불합리하고 기괴하게 보일 것이다. 문자주의 기독교에서는, 당신은 죄를 지니고 태어났으므로 벌을 받아야 한다고 주장한다. 그래서 신은 자신의 아들인 예수를 우리의 죄를 대신해서 십자가에서 무서운 고통을 당하도록 지상에 보냈다. 예수는 당신을 위해서 죽었고, 부활하여 하늘로 올라갔다. 그리고 만일 당신이 이것이 실제로 일어났다고 믿는다면, 당신 또한 죽어서 하늘에 올라갈 것이고, 거기서 영원히 행복한 삶을 살게 될 것이다. 그러나 당신이 실제로 부활이 일어났다는 것을 믿지 않는다면, 죽어서 지옥에 떨어질 것이고, 영원히 무서운 고문에 고통스러워하게 될 것이다. 신의 사랑에 의해서!

제2부 소중한 것(The Baby)

이것은 섬뜩하고, 선천적으로 결함이 있는 교리다. 동정심 있는 사람에게 있어서 지옥이 존재하는 한, 천국에서 즐겁게 지낸다는 것은 불가능하다. 어느 정도 친절함을 가졌다면, 어떻게 다른 사람들이 지옥에서 고통스러워하는 것을 알면서도 천국에서 즐겁게 지낼 수 있겠는가? 그것도 그 사람들이 어찌됐든지 아무 증거도 없는 역사적 사건을 단지 믿지 않는다는 이유로! 이것은 매우 잔인해 보인다. 만일 죽은 뒤에도 인종 차별 정책을 시행하는 신이 있다면, 그는 괴물과 같은 존재일 것이다. 우리는 반인륜적 범죄를 저지른 죄로 그를 고소해야 한다.

아무튼, 이 잔인한 문자주의 버전의 기독교 메시지가 본래의 영지주의 가르침과 아무 관계가 없다는 것을 말할 수 있다는 것이 너무나 기쁘다. 영지주의자들은 예수의 죽음과 부활에 대한 믿음이, 우리가 죽게 되었을 때 지옥에서 구해줄 것이라고 가르치지 않았다. 이것은 불가능하다. 왜냐하면 영지주의자들에 따르면, 우리는 이미 죽었고, 지금 바로 이 순간에 우리는 지옥에 살고 있기 때문이다.

우리는 이미 죽었으나, 그 사실을 모르고 있다. 이것은 마치 식스센스 같은 할리우드 블록버스터에나 나오는 소리처럼 들리는 깜짝 놀랄만한 생각이다. 그러나 주위를 둘러보라. 그러면 영지주의자들이 말하고자 하는 것이 무엇인지를 알 수 있을 것이다. 우리 대부분은 끝없는 공포와 불안으로 고통스러워하며, 반쯤 정신 나간

9. 웃고 있는 예수

채 어두운 얼굴로 방황하고 있다. 마치 피곤에 지친 요정이 휴식을 갈망하는 것과 같은 걱정과 비애 섞인 그들의 한탄을 들어 보라. 바쁜 아침 출근 시간에 흐릿하고 초조해 보이는 그들의 눈을 보라. 당신은 그들에게서 살아있어도 죽은 것 같은 얼굴을 보게 될 것이다.

영지주의자들에게 천국과 지옥은 육체가 죽어서 가게 될 곳이 아니다. 천국과 지옥은 현실의 삶을 체험하는 두 가지 방식이다. 우리가 자신을 분리된 현실적 인격체와 동일시한다면, 우리는 본질적 속성이 '죽은 자'이며, 삶은 공포와 고통으로 악몽이 되어 버린다. 그러나 일자를 깨닫는 순간, 지옥은 천국으로 변한다. 천국은 다름 아닌 위대한 사랑을 체험하는 곳으로 우리가 죽어서 가는 곳이 아니다. 우리가 깨달아, 자각적인 삶을 살 때 나타나는 삶을 사랑하는 상태다. 「진리복음서」에서 가르치는 것처럼 삶이란, '깨달음에 의해 우리가 실제로 누구인가를 재발견한 사람들에게는 기쁨'이라는 것이다. 우리가 현실 속 삶의 이야기에 빠져 있으면, 삶이 얼마나 아름다운지 알 수 없다. 그러나 우리가 깨어나서 자각적인 삶을 산다면, 우리는 이미 천국에 있다는 것을 발견한다. 「도마복음서」에서, 예수는 그의 제자들로부터, '천국은 언제 도래합니까?'라는 질문을 받고, 그는 '천국은 기다린다고 오는 것이 아니다. 왜냐하면 이미 지상에 도래했으나 사람들이 보지 못할 뿐이기 때문이다'라고 대답하였다.

죽은 자를 깨움

기독교의 근본적인 메시지는 자신을 분리된 자아와 동일시하면 죽은 자이므로, 우리는 삶을 회복하거나 부활해야 한다는 것이다. 원래 기독교인들이 일반적으로 번역해 사용하던 그리스 말 중에 '부활하다resurrect'는 말은 동시에 '자각하다awaken'를 의미한다. 부활은 깨어남과 영지의 체험을 표현한다. 부활은 과거 예수에게 일어났던 사건이 아니다. 그것은 단지 이야기일 뿐이다. 이 이야기는 당신이 죽은 후에 일어날 수 있는 사건이 아니다. 그것은 환상일 뿐이다. 부활은 당신의 본질적인 속성인 의식을 알아차림으로써 이 순간에 당신 자신이 체험해야 할 사건이다. 「부활론」이라 불리는 기독교 문헌에서(이것은 똑같이 '자각론'이라고 불릴 수 있다) 이렇게 표현한다.

세상은 환상이다. 부활·깨달음은 실재의 드러남이다.

이 문헌은 예수가 부활했을 때, 그는 '안 보이는 것으로 보이는 것을 가렸으며, 불멸의 길을 보여 주셨다'고 가르친다. 부활한다는 것은 이 세상이 그 안에 들어 있으며, 또한 시간의 한계를 넘어서서 태어나지도 죽지도 않고, 보이지 않는 의식의 공성空性(emptiness)을 알아차리는 것이다. 이것이 기독교인은 부활에 의해 '영원한 삶'을 '얻게' 된다고, 영지주의자들이 가르치는 이유다. 일반적으로 '구원받다'로 번역된 그리스어는 '보존되다' 혹은 '영속하다'라는 의미를 가지고 있다. 영지는 영속된다. 왜냐하면 우리의 본질적 속성은 의식의 영원한 현존이기 때문이다.

터툴리아누스에 따르면, 영지주의자들은 '영지가 없는 자는 죽은 자'라고 가르쳤다고 한다. 부활은 영지를 깨닫는 것이다. 이것은 바울이 '크리스트(구세주)'라고 부른 것을 발견하는 것이며, 우리가 공유한 본질적 속성을 의식이라고 하는 일자로 표명한 것이다. 영지주의 교사인 바울은 '자신 안에 구세주가 드러날 때까지 노력하는 것'을 임무로 삼았다. 그는 이렇게 주장한다.

잠든 자를 깨워라.
죽음으로부터 일어나라.
구세주가 당신을 깨닫게 하라.

이것이 기독교의 참된 메시지다. 우리는 무의식적으로 현실의 삶에 나타나는 분리된 개인을 자신과 동일시함으로 인해, 죽은 구세주(그리스도 예수)가 되고, 지옥의 고통과 분리의 악몽으로 헤매는 존재가 된다. 그러나 구세주(그리스도 예수)가 우리의 본질적 속성임을 깨달을 때, 죽은 자로부터 부활하며, 영원한 삶에 참여하게 된다. 죽은 자에서의 부활은 분리의 지옥에 빠진 현실의 삶을 위대한 사랑의 천국으로 변화시킨다. 기독교 신화학에서는 예수를 육체로 부활한 존재로 묘사한다. 왜냐하면 위대한 사랑은 우리가 '육체'로 경험하는 '느낌'이기 때문이다. 죽은 자에서 부활하는 것은 한 개인으로서 삶을 회복하는 것이다. 부활한다는 것은 삶에 생기를 불어 넣는 것이다. 이 세상의 것이 아닌, 우리의 본질적 속성을 앎으로써 세상에 존재하는 것을 사랑하는 것이다. 바울은 이렇게 가르친다.

누구든지 그리스도와 하나가 되면, 거기에 새로운 세상이 있다.
옛것은 사라지고, 새 질서가 시작된다.

고통

영지주의의 예수 신화에 대한 견해에 따르면, 십자가에서 처형된 예수는 '실제' 예수가 아니며, 그것은 단지 그의 수준 낮은 자아 eidolon이며, 상징일 뿐이다. '실제' 예수는 그의 외형적인 존재가 고통을 당할 때, 웃고 있는 것으로 묘사된다. 웃고 있는 예수의 놀라운 모습은 웃고 있는 부처의 서양적인 모습과 같다. 양자는 분리된 자아와 동일시하는 것을 벗어나게 됨으로써 고통을 벗어나고, 기쁨을 발견하게 된 상태를 상징한다. 웃고 있는 예수가 상징하는 것에 대한 가장 설득력 있는 이야기는 예수는 바로 고통을 초월한 것으로 표현되지 않았다는 것이다. 그의 외양적 존재는 당연히 십자가에서 무서운 고통을 받고 있었다는 것이다. 웃고 있는 예수는 우리가 고통 받고 있을지라도 삶을 사랑할 수 있는 깨달은 삶을 상징한다.

삶은 고통에 입각해 있기 때문에 고통은 회피할 수 없는 것이다. 모든 생물들은 다른 생물들을 죽이고 소비함으로써 존재한다. 생명은 우주가 끊임없이 그 자신을 소비하기 때문에 가능하다. 현실의 삶을 산다는 것은 어쩔 수 없이 고통스러운 것이다. 분리된 개별자로서 우리는 거대하고 적대적인 우주 내에 존재하는 무의미한 작은 점들에 불과하다. 우리 각자는 죽어가는 수십 억 존재들 중 또 다른 미미한 존재다. 우리가 자주 공포를 느끼고, 불안해하며, 외로워한다는 것은 이상한 일이 아니다.

고통은 당연히 바람직한 것이 아니다. 고통을 좋아한다는 것은 괴팍한 것이며, 사실상 불가능한 것이다. 그러나 고통은 현실의 삶을 자각하는 과정에서 피할 수 없는 것인 만큼, 애정 어린 태도로 고통을 포용하는 것은 충분히 가능하다. 고통은 회피할 수 없는 것이지만, 그러나 바로 또 고통은 회피할 수 있다. 깨어 있는 삶은 때때로 고통을 받으며 현실의 삶에서 한 사람으로 존재하지만, 그러나 우리 자신은 기쁨과 고통을 모두 포함하는 양극을 넘어 존재하는 의식 자체라는 것을 알고 있는 역설적인 상태에 있다.

제2부 소중한 것(The Baby)

깨어 있는 삶은 우리가 전혀 고통을 받지 않는다는 것을 의미하는 것은 아니다. 왜냐하면 우리는 여전히 육체적인 통증과 심리적인 고통을 종종 경험하기 때문이다. 그러나 우리가 깨어 있는 삶을 살 때 단지 고통스럽기만 한 것은 아니다. 만일 우리가 본질적 속성과 외양적 속성 모두를 알고 있다면, 삶이 힘들 때 고통을 받을 수도 있지만, 또한 반면에 의식적인 측면에서 무조건적인 애정 어린 태도로 우리의 고통을 포용할 수도 있을 것이다. 「요한행전」의 예수의 가르침처럼, 우리는 고통당하는 것과 당하지 않는 것을 배울 수 있다.

깨어남은 위대한 사랑의 체험이다. 이 사랑은 공포를 완화시킬 수 있을 정도로 크다. 현실의 삶에 나타나는 우리의 외양적 속성의 객관적 관점에서 볼 때, 고통, 질병, 죽음은 정말로 무서운 경험일 수 있다. 그러나 위대한 사랑의 경험은 삶의 비통함과 행복을 모두 포용할 수 있게 한다. 이 경험이 비극과 슬픔의 괴로움을 감소시키지는 못하지만, 이 경험들에 씁쓸하고 달콤한 매서움을 더한다. 위대한 사랑의 경험은 우리의 고통을 완화시켜주며, 참을 수 없는 것을 참을 수 있게 한다.

우리가 분리의 환상에서 방황하면, 경험을 좋거나 나쁜 것으로 받아들인다. 하지만 깨어 있는 삶은 양자 모두의 관점을 받아들이고, 모든 경험은 좋거나 나쁘다는 것을 인정한다. 가장 아름다운 경험조차도 일시적으로 타고난 고통을 수반한다. 왜냐하면 모든 것은 변하므로 만족감도 소멸하기 때문이다. 그리고 가장 나쁜 경험조차도 깨달음을 위한 촉진제가 될 수 있다. 참으로, 많은 고통을 받은 사람들이 종종 입증하는 것처럼, 우리가 '정상'이라고 믿고 있는 혼몽昏懜으로부터 가장 강력하게 우리를 일깨워 주는 것이 때때로 가장 경험하기 어려운 것이다.

현실의 삶에서 일어나는 모든 것에는 양극이 존재하고, 좋기도 하며, 동시에 나쁘기도 한 것이다. 나쁜 것이 없이 좋기만 한 것은 없으며, 좋은 것이 없이 나쁘기만 한 것도 없다. 과학은 거의 모든 무서운 질병들을 절멸할 수 있는 능력을 주었지만, 그러나 이것은 또한 히로시마와 나가사키에 원폭이라는 상처를 입혔다. 2차 세계대전은 말할 수 없는 잔인함을 보여 주었지만, 유럽을 평화로 이끌기도 했다. 대학살은 유대 민족을 전멸시키려고 했지만, 2천 년 만에 처음으로 이스라엘이 의도하지 않았던 유대인들의 조국을 건립하게 했다. 이것은 유대인들에게는 좋은 것이지만, 이미 그곳에 살고 있었던 팔레스타인 사람들에게는 나쁜 것이다. 모든 것은 좋은 면과 나쁜 면을 가지고 있다.

이 현재의 순간은 즐거움과 고통으로 가득 차 있다. 지금 어머니는 막 태어난 아기를 껴안고 있다. 두 연인은 처음으로 서로에게 자신의 감정을 말하고 있다. 어떤 사람은 곤경에 빠진 낯선 사람을 구하려고 애쓰고 있다. 그러나 또한 이 순간에 어떤 어머니는 그녀의 아기가 굶어 죽는 것을 지켜보고 있으며, 두 연인은 배신으로 고

제2부 소중한 것(The Baby)

통스러워하고 있다. 어떤 사람은 곤경에서 구해달라는 낯선 사람에게 아무 관심도 주지 않고, 그 옆을 지나가고 있다.

깨어 있는 삶은 위대한 사랑으로 이 모든 것을 포용하게 하며, 큰 용기를 갖게 한다. 사랑한다는 것은 오직 좋기만 한 감정이 아니며, 이것 역시 당연히 고통을 일으킨다. 우리가 다른 사람을 사랑할 때, 상대방의 즐거움뿐만 아니라 고통도 함께 공유한다. 이것은 위대한 사랑에 내재한 고통으로 우리가 깨어나는 것을 잠시 멈추게 하기도 한다. 즉 너무 고통스러울 때는 깨어나거나 사랑할 수 없다고 느끼므로, 무기력해지거나 위축될 수 있다. 그러나 이것은 우리 자신을 분리된 자아와 동일시할 때만 어려워 보이는 것이다. 고립된 개별자들이 세상의 모든 고통에 마음을 열 것을 기대하는 것은 어려운 일이다. 그러나 일자를 깨달을수록 위대한 사랑은 더욱 가능해질 뿐만 아니라 자연스러워진다. 깨달은 자는 모든 것을 사랑할 수 있고, 모든 고통을 기꺼이 받아들일 수 있다. 이것이 웃고 있는 예수의 숭고한 모습에 의해 상징화된 영지의 상태다.

죽음은 걱정할 필요가 없다

죽음에 직면한 예수가 웃고 있다. 그는 죽음의 '운명'이 지나가기를 바랐을 것이다. 그러나 그가 죽을 운명이라는 것을 깨달았을 때, 그는 기꺼이 죽음을 받아들인다. 그는 자신을 외양적 속성과 동일시하는 것을 중단함으로써 이미 은유적으로 '죽었기' 때문에 죽음을 받아들일 수 있다. 죽음에 직면할 수 있는 영지주의의 비밀은 간단하다. 기다리지 말라. 지금 죽어라! 플라톤은 '참된 철학자'를 '죽음을 연습하는' 사람으로 묘사했으며, 바울은 '나는 매일 죽는다'라고 표현했다. 발렌티누스는 '우리는 죽음을 선택하여 죽음을 완전히 없앨 수 있다'고 가르쳤다. 이슬람 영지주의자 압드 알-카에다Abd al-kader는 이렇게 설명한다.

죽음에는 두 가지 형태가 있다. 하나는 누구도 회피할 수 없는 공통된 것이고, 또 다른 하나는 자발적인 것으로 소수만이 경험할 수 있다. 무함마드가 '죽기 전에 죽어라'라고 지시한 것은 두 번째 죽음이다. 자발적으로 죽는 자는 부활한다.

우리 자신을 오직 물리적인 육체와 동일시할 때, 우리는 의식적이든 무의식적이든 끊임없는 불안의 상태에 빠질 수밖에 없다. 왜냐하면 피할 수 없는 파괴와 죽음이 걷고 말하는 육체skin-bag 앞에 놓여져 있기 때문이다. 그러나 깨어나면, 우리는 꿈에서 죽는 것을 두려워하는 것 이상으로 육체의 죽음을 두려워할 필요가 없음을 깨닫는다. 깨어나면 깨어날수록 죽음의 두려움은 감소한다. 이것은 삶을 보다 더 많이 즐길 수 있게 하는 것이다!

제2부 소중한 것(The Baby)

우리는 사물들이 실제로 존재하는 방식을 알게 될 때, 죽음을 받아들일 수 있다는 것을 깨닫는다. 죽음을 두려워하고 거부하는 것은 마치 어린 아이가 자지 않으려고 잠을 두려워하고 거부하는 것과 같다. 이것은 재생은 죽음을 통해서만 가능하다는 것을 모르기 때문이다. 외양적 속성의 죽음을 두려워하는 것은 우리가 거울을 보는 것을 멈출 때, 거울 속에 비춰진 투영물에 무엇이 일어날 것인가를 두려워하는 것과 같다. 영지주의 이교도인 에픽테투스Epictetus는 이렇게 가르친다.

이것이 당신을 두렵게 만드는 죽음의 공포다. 당신은 다양한 방식으로 생각할 수 있다. 죽음에 관한 당신의 생각을 면밀히 조사해 보라. 이것은 사실인가? 이것이 도움이 되는가? 죽음을 두려워 말라. 당신이 죽음에 대해 두려워하는 그 자체를 두려워하라.

죽음은 우리 자신을 육체의 유한성과 동일한 것으로 믿게 할 정도로 공포에 떨게 만든다. 우리 대부분은 극단적으로 현실의 삶에 등장하는 자신에 집착하고, 이 삶이 끝나는 것을 원치 않기 때문에 죽음을 두려워한다. 그러나 죽음이란, 꿈속에 나타나는 개인 이상으로 현재의 삶에 나타나는 개인에 대해 실제로 집착하지 않는다는 것을 발견하는 것이다. 꿈을 꾸는 동안에는 꿈에 집착을 하지만, 깨어나면 집착은 사라진다. 아침에 일어났을 때, 꿈이 사라졌다고 슬퍼하지 않는 것처럼, 죽게 됐을 때, 지금 이 미몽의 삶에 나타났던 우리가 사라진다 해도 슬퍼하지 않을 것이다.

플라톤은 죽음은 삶의 정점이므로 '최상의 삶은 죽음에 대비하여 모든 노력을 기울이는 것이다'라고 가르친다. 죽음은 무의미한 존재에 발생하는 의미 없는 결말이 아니다. 이것은 삶에 의미를 부여하는 목적과 같은 것이다. 죽음은 삶을 회복하는 최상의 계기다. 삶에 대한 개념적 이야기들이 사라지고, 순간의 신비를 알아차리면, 우리는 깨닫는다. 이러한 깨달음의 순간은 익숙하지 않은 것과 직면할 때 종종 발생한다. 왜냐하면 우리의 일상적인 이야기들은 익숙하지 않은 것에 대처할 수 없기 때문이다. 죽음은 극도로 생소한 경험이다. 외양적 속성의 정체성이 죽음에 의하여 와해될 때, 우리가 공유하는 본질적 속성인 공空의 의식을 깨닫게 한다. 죽음은 기독교 영지주의자들이 '빛나는 어둠'이라 부르고, 티벳 불교도들이 '공허의 빛나는 빛'이라 부르는 것과 의식적으로 하나가 되는 기회다.

현재 이 순간에 경험하는 것이 지옥, 혹은 천국이 되는 것은, 우리가 분리의 환상에 빠져 헤매느냐, 아니면 본질적 속성을 깨닫느냐에 달려있다. 지옥과 천국은 우리의 깨달음에 달려있다. 이 순간에 깨어 있는 삶을 경험할 수 있다면, 왜 깨어 있는 상태에서 죽음을 경험하는 것, 그리고 올바른 인식, 흥분, 위대한 사랑을 통해서 이 꿈의 결말을 받아들이는 것이 불가능한가? 영지주의자 시인인

제2부 소중한 것(The Baby)

알렌 긴즈버그Allen Ginsberg는 죽음에 임하여, '나는 두려울 것이라 생각했다. 그러나 실제로 나는 기쁨에 들떠 있다'고 선언하였다.

낙관적 믿음 Pronoia

웃고 있는 예수는 삶은 좋은 것이며, 죽음은 부정할 필요가 없다는 것을 깨달은 자각 상태를 표현한다. 우리는 이것을 낙관적 믿음의 생성이라고 부른다. 만일 편집증이 당신의 이해를 벗어나 있는 비합리적 공포라면, 낙관적 믿음은 삶이 당신 편에 있다는 합리적 믿음이다. 그리고 주위의 모든 사람들, 단지 그들 자신은 알지 못하지만 그들 모두 당신을 도우려고 한다는 믿음이다! '낙관적 믿음'은 신앙의 좀 더 멋진 새로운 이름이다. 신앙이라는 말은 문자주의 종교에 의해 너무 오염되어 거의 사용할 수 없는 지경이 되었다. 이제 신앙은 비합리적인 독단을 맹목적으로 믿는 것을 의미하게 되었다. 낙관적 믿음은 이런 의미에서 신앙과 무관하다. 이것은 존재의 근본적인 선함에 대한 진지한 신뢰다. 존재의 근본적인 선함은 일자를 깨달을 때 발생한다.

우리 자신을 분리된 개별자로 믿는 한, 우리 자신은 바로 거대한 우연적인 우주에 존재하는 아주 작은 미물에 불과하다. 그러나 깨닫게 되면, 우리는 낙관적 믿음을 갖게 된다. 왜냐하면 삶의 공포는 꿈을 꿀 때 느끼는 공포 이상이 아니라는 것이 분명하기 때문이다. 우리가 경험하고 있는 것은, 미몽의 삶을 사는 우리 자신들의 근본적인 속성을 드러나게 하는 것이다. 그렇다면, 우리가 어떻게 삶의 경험에서 소외될 수 있겠는가? 그리고 모든 것은 우리 자신의 본질적 속성이기 때문에 모든 경험은 우리가 누구인지를 보여주는 것이며, 그래서 삶은 꿈과 마찬가지로 의미로 가득 찬 것이다.

낙관적 믿음의 상태가 된다는 것은 완전히 만족스러운 환상에 빠진다는 게 아니다. 또한 낙관적인 꿈의 세계로 후퇴하는 것이 아니다. 다양하게 다가오는 모든 역경에 직면할 때마다 변하지 않는 한결같은 미소를 띠고 있는 것이 아니다. 부정적인 것을 용납하지 않고, 영원히 긍정적인 마음을 갖는 것이 아니다. 정반대다. 낙관적 믿음을 갖는다는 것은 존재의 고유한 양극을 받아들이는 것이다. 그러나 차라리 양립할 수 없는 상반적 대립이라기보다 보완적인 상대로 받아들이는 열의를 가지고 삶을 경험하는 것이다. 전쟁보다는 차라리 춤을 추고, 결투보다는 차라리 이중창을 부르는 것이다.

미몽의 삶은 양극을 통해 나타난다. 무엇을 경험한다는 것은 상대적으로 좋기도 하고 나쁘기도 하다. 그러나 우리가 경험한다는 것 자체는 완전히 좋은 것이다. 모든 순간은 좋은 동시에 나쁘기도 하다는 것을 이해한다면, 우리는 좋은 것을 선택해 추구할 수 있다. 스코틀랜드의 코미디언인 빌리 코놀리Billy Connolly의 말처럼,

제2부 소중한 것(The Baby)

'잘못된 복장이 없듯이 나쁜 날씨 같은 것은 없다.' 오직 나쁜 경험에 어울리는 잘못된 태도 같은 것은 없다. 분리된 존재로 방황할 때, 사물들은 좋거나 혹은 나쁘지만, 우리가 깨달으면 모든 경험은 그것들을 어떻게 보느냐에 따라 좋을 수도 있고 나쁠 수도 있음을 알게 된다. 이 순간은 좋은가 혹은 나쁜가? 이것은 양자 모두다. 그래서 매우 나쁠 때라도 부분적으로는 또한 좋은 것이 있으며, 그 반대이기도 하다. 좋은 것인가 나쁜 것인가? 이것은 어떻게 보느냐에 달려 있을 뿐이다.

낙관적 믿음을 갖는다는 것은 사물을 있는 그대로 보는 것이다. 고통이 나쁘다는 것을 인정하지만, 또한 고통이 오직 나쁘기만 한 것이 아님을 이해한다. 고통을 당해 본 사람은 타인의 고통을 이해할 수 있기 때문에 고통은 우리를 더욱 자비롭게 만든다. 가장 비극적인 상황에 직면하면, 우리는 마침내 서로 얼마나 사랑하는지를 알게 된다. 실제로 현실의 삶에서 경험하는 모든 것은 일자를 깨달아 가는 과정의 부분이기 때문에, 모든 나쁜 경험조차도 궁극적으로 좋은 것이다. 루미Rumi는 이렇게 말한다.

만일 신이 요구한다면, '루미Rumi는 당신을 나의 품으로 이끈 모든 것을 찬미한다.' 나는 내 삶의 모든 것을 빠뜨리지 않고 존경할 것이다.

9. 웃고 있는 예수

휘트먼Walt Whitman은 낙관적 믿음의 본질을 간파하고 간결하게 표현한다.

'좋은 것'이라고 불리는 것은 완벽하다. 그리고 '나쁜 것'이라고 불리는 것도 역시 완벽하다.

이렇게 대담한 낙관적 믿음에서 나온 발언은 종종 격노한 반응을 일으킨다. '삶이 완전하다고?! 지금 농담하는가?! 몇 주일 동안 먹지 못한 아프리카 사람에게 말해 봐라! 삶이 수반하는 비참함과 고통에 직면해 있는 우리 중 누군가에 말해 봐라!' 깨어 있는 관점에서 본다면, 이 반응은 칭찬받을 만하다. 왜냐하면 염세적인 비관주의가 순진한 낙관주의로 대체되는 것을 거부해야 하기 때문이다. 깨어 있는 자의 대답은 이렇다. '그렇다. 당신이 옳다. 삶은 완벽하지 못하다. 그러나 삶을 또한 완벽하다고 볼 수 있지 않은가?'

오직 현실에 나타난 개인과 참된 자신을 동일시한다면, '악순환'에 빠지기 쉽다. 그렇게 되면, 우리는 자신을 취약하고 분리된 존재로 느끼고, 그래서 삶을 두려워하게 된다. 또한 이것은 우리를 비정상적으로 만들어, 더욱 분리된 존재로 만들고, 그래서 더욱 삶을 두려워하게 하고, 더욱 우리 자신을 마비시킨다. 그러나 깨어 있는 삶을 경험하면, 우리는 '선순환'을 시작한다. 모두가 하나라는 것을 경험하기 시작하고, 우리는 삶에 대해 더 많은 낙관적 믿음

제2부 소중한 것(The Baby)

을 느끼게 된다. 이것은 깨달음의 과정에 더욱더 온 마음을 기울여 참여하게 만든다. 이것은 우리가 모든 사물의 본질적인 단일성을 더욱 많이 깨닫게 됨을 의미한다. 그래서 점점 더 낙관적 믿음을 갖게 되고, 깨달음의 과정에 보다 더 열심히 참여하게 된다. 그리고 전력을 다해 산다는 것은 마음이 내키지 않는 상태로 사는 것보다 두 배로 좋은 것이다!

역설적인 것은 우리 자신을 현실의 개인과 동일시할수록 삶에는 반드시 지켜야 하는 신성한 제약들이 더욱 많아진다는 것이다. 그러나 우리가 현실의 한 개인이 아니라는 것을 알면 알수록, 이 세상의 한 사람으로 등장하는 드라마에 더욱 거리낌 없이 참여할 수 있게 된다. 왜냐하면 산다는 것이 아무리 힘들지라도 낙관적 믿음은 우리에게 참여하게 하는 용기를 주기 때문이다. 이것은 깨달음의 모험 중에 일어나는 부침에서도 우리를 안전하게 지켜준다. 왜냐하면 모험은 항상 쉽기만 한 것이 아니라는 것을 알고 있기 때문이다.

낙관적 믿음은 항상 만족감을 느끼며 사는 것이 아니다. 이것은 때때로 나쁘다는 느낌을 받을 때에도 괜찮다고 느끼는 것이다. 낙관적 믿음을 갖는 것이 항상 혼란스러워 하지 않는다는 것이 아니라 어떤 때는 혼란스러워 하는 것이 그 상황에서 최선의 선택이라는 것을 이해하는 것이다. 낙관적 믿음을 갖는 것이 결코 실수를 하지 않는다는 것도 아니다. 실수를 함으로써 배울 수 있다는 것을

9. 웃고 있는 예수

용인하는 것이다. 낙관적 믿음을 갖는 것이 항상 쉽게 살 수 있는 것을 의미하지도 않는다. 단지 문제점들은 깨닫는 과정의 부분이라는 것을 믿는 것이다.

만일 낙관적 믿음을 갖고 산다면, 일상적인 경험은 어떻게 변할까? 만일 현실의 드라마 같은 삶이 발견의 여행이라면, 그래서 지속적으로 깨어날 수 있는 기회가 주어지고, 모든 것을 점점 더 알게 된다면? 만일 일상적인 삶이 꿈과 같이 중요하고 의미 있는 것이라면? 만일 삶은 좋은 것이고, 죽음은 걱정할 필요가 없다는 것을 알고 산다면? 그러면 일상적인 경험은 어떻게 변할까?

쇼를 즐김

깨어 있는 삶은 너무 모순된 것이라 실천이 불가능하지 않을까? 실제로는 그렇지 않다. 당신은 영화를 볼 때마다 유사한 상황에 빠진다. 모험 중인 영화의 주인공과 자신을 동일시하지만, 극장 안에 있는 자신은 안전하다는 것을 알고 있다. 그리고 이것은 무서운 상황에서도 영화를 즐길 수 있게 하는 양자 모두를 포용하는 관점이다. 만일 영화 속의 주인공과 완전히 동일시된다면, 흥미 있는 모험은 무서운 체험으로 변할 것이다. 그러면 영화 속의 악당들이 당신을 잡으려고 하고, 당신이 고통스러워하며 죽을 위기에 처해 있

제2부 소중한 것(The Baby)

다는 것을 실제로 믿을 것이다. 이것은 자신과 육체를 동일시한 삶을 살 때 발생할 수 있는 상황을 비유한 것이다. 깨어 있는 삶은 괜찮다는 것을 알고 있다. 우리는 실제로 영화 속의 배우가 아니다. 우리는 안전하게 쇼를 보고 있다.

그러나 깨어 있는 삶은 우리를 위협하는 극장에 앉아 있는 것과 다르다. 그래서 우리는 실재와 영화를 착각하지 않는다. 그러나 착각하지 않고 있으면, 우리는 단지 흰 스크린 위에 투사된 여러 가지 색깔을 보고 있다는 의식에 머물러 있을 것이다. 그러므로 이것은 영화 감상의 즐거움을 망치게 할 것이다. 단지 우리는 극장에 있다는 것만을 의식하는 것이 아니기 때문에 영화를 볼 수 있는 것이다. 우리는 자신이 빠져든 환상을 즐길 뿐이다.

많은 정신적 전통들은, 영화를 실재로 착각하는 실수를 하지 않는 것과 마찬가지로 자신을 위협하는 것에 대해 심리적으로 동일한 대처를 하라고 역설한다. 이것은 효과적인 단기간의 전략으로, 자신을 외양적 속성과 동일시하는 것을 지속적으로 막아준다. 그러나 삶에 대한 장기간의 접근으로서 이것은 잘못된 것이 있다. 이것은 차라리 미숙한 것이다. 무료로 제공된 장관의 쇼가 있다. 그리고 이것은 제대로 감상되지 못하고 있다.

깨어 있는 삶은 영화를 즐길 때 채택한 역설적인 관점을 채택하고 있다. 우리는 극장에 앉아 있다. 그리고 완전히 영화에 빠진 채 즐거워하고, 흥분하고, 변화하고, 생각하고, 느끼게 되길 바라고 있다. 그러나 우리는 영화 속에 있지 않다는 것을 안다. 우리는 '나는 영화 속에 있지 않아—나는 영화 속에 있지 않아—'라고 자신에게 되뇌면서 거기에 앉아 있지는 않는다. 우리는 이것을 확실히 알고 있으므로 이것에 대해 생각하지 않는다. 이것은 분명하다.

영화를 즐기기 위해서는 환상에 빠지는 것과 본래부터 안전하다는 것을 아는 게 모두 필요하다. 자신을 영화 속에 빠지게 하면서, 동시에 영화 속에 있지 않음을 아는 것이 필요하다. 그리고 이것이 쇼를 즐기는 비밀이다. 깨어 있는 삶은 현실의 삶에 대해 유사한 역설적 관점을 채택하여, 우리로 하여금 무서운 것이 진행될 때도 지체 없이 삶의 드라마에 빠지게 한다. 이러한 삶은 실제로 삶의 딜레마와 갈등을 원한다는 것을 인정한다. 왜냐하면 이것이 우리를 변화시키기 때문이다. 이것은 실제로 '느끼게' 만든다. 이것이 우리가 즐기는 것이다. 시작부터 모든 사람이 행복하고, 계속해서 모든 것이 성취되고, 그리고 모든 것이 잘 되는 것으로 끝난다면 누가 그러한 영화를 보겠는가? 우리는 가벼운 피상적인 코미디보다 더 많은 것을 삶에 요구한다. 우리는 또한 드라마를 원한다. 우리는 정확히 있는 그대로의 삶, 즉 묘사를 할 수 없는 깊이와 신랄함을 갖춘 카타르시스적인 만족을 주는 대작과 같은 삶을 원한다.

10. 깨달음의 길

당신의 통찰력은 자신의 마음을 주의 깊게 살필 때만 밝아질 것이다.
누가 외부의 꿈을 보는가, 누가 내면의 자각을 보는가.
─칼 융, 서한집1(Carl Jung, Letters, Volume 1)

우리는 죄 안에 살고 있으므로 회개가 필요하다. 이 말은 문자주의 목사들이나 TV 복음전도자들이 끊임없이 외치는 주장이다. 당신도 아는 것 아닌가? 그들이 옳다! 우리는 죄 안에 살고 있으며, 회개를 필요로 한다. 그리고 바로 이것이 문자주의자가 죄와 회개의 본래 의미를 오해하고 있다는 것을 보여주는 것이다. 문자주의자들이 볼 때, 우리는 명령을 어겼으므로 죄인이다. 아버지가 말한 대로 우리는 하지 않았고, 그래서 그는 화가 났다. 중한 벌을 피하는 유일한 길은 실제로 죄의식을 느끼면서, 잘못을 말하고, 다시는 그러지 않겠다는 약속을 하는 것이다. 그러나 이것은 본래 영지주의 기독교들이 사용한 '죄'와 '회개'의 의미와는 관계가 없다.

보통 '죄'로 번역된 그리스 단어 '결함hamartia'은 궁술로부터 온 것으로, 단지 '핵심에서 벗어나다'라는 의미일 뿐이다. 또 '회개'로 번역되는 '심경의 변화metanoia'는 '관점을 바꾸다'라는 의미다. 그래서 죄를 짓는다는 것은 신성한 법규를 어기는 것이 아니다. 이것은 단지 핵심에서 벗어난 것이다. 그리고 회개는 자신을 꾸짖는 것이 아니며, 심판자인 신에게 아첨하는 것이 아니다. 이것은 단순히 사물을 보는 관점을 바꾸는 것일 뿐이다.

여러 복음서에서 예수는, '구원의 시작은 회개'라고 가르친다. 깨어나는 과정의 첫 단계는 핵심을 벗어났다는 것을 인지하고 관점을 바꾸는 것이다. 그러나 삶의 핵심은 무엇인가? 아이들에게 물어보면 그 대답은 단순하다. '재미있게 노는 것'이다. 우리는 삶을 사랑하기 때문에 현실의 꿈을 꾸는 것이다. 이것은 미래를 위해서 원하는 것이 아니다. 이 순간에 사랑하기를 원한다. 이것은 모든 욕망의 뿌리에 있는 근원적인 삶의 충동이다. 이것이 실제로 원하는 것이다. 이것이 삶의 목적이고 핵심이다.

우리가 핵심에서 벗어났을 때, 관점을 바꾸라고 말하는 것은 쉬운 일이다. 현실의 삶이라는 드라마에 너무 빠져서 삶을 사랑하는 것을 잊어버리는 것은 핵심을 벗어나는 일이다. 우리가 현재 어떤 일이 일어나고 있는지 확실히 안다는 자신감에 빠져서 현재 자신이 존재하고 있다는 경이로운 신비를 인식하지 못하는 것도 핵심을 벗어나는 것이다. 결정적인 징후는 유머의 의미를 잃어버리기 시작하는 것이다. 이렇게 되면, 분명히 우리는 차에서 졸다가 도로

제2부 소중한 것(The Baby)

위로 떨어진다!

  삶의 등장인물로서 피상적인 관점에서 헤매어 우리 자신의 본질적 속성인 주관적 관점을 알지 못할 때, 핵심을 벗어나게 된다. 깨어 있는 삶은 양자를 다 알아차리는 것이다. 그래서 깨어나고, 의식이 명료한 삶을 살기 위해서는, 의식적으로 지금 존재하는 모든 것을 포용하는 자각을 통해서 오직 주관적인 관점을 채택해야 한다. 이렇게 할 때 이 순간을 사랑할 수 있으며, 이것이 삶의 목적이다.

관조

  현실에서 살고 있는 자로서 당신이 하고 있는 경험을 지금 스스로 관조해야 한다는 것을 깨달아라. 이것은 과거나 미래에 대해서 생각하는 것을 의미하는 것이 아니다. 이것은 단지 이 순간에 어떤 생각과 어떤 감각이 일어나고 있는지를 관찰하는 것이다. 관조는 자기 자신을 세상과 유리된 존재로 간주하고 자기 안에서 바깥세상을 내다보는 것이 아니다. 정반대다. 플로티누스의 설명처럼, 관조는 육체의 외양적 속성으로부터 벗어나, 자기 자신이 미몽의 삶이 일어나는 그 안에서 거대한 공허의 의식 그 자체라는 것을 인식하는 것이다. 관조는 스스로 세상을 담는 의식이 됨으로써 당신의 분리된 자아를 초월하는 것이다.

 관조는 현재 이 순간의 실재에 대한 가장 단순하고 가능한 관점이다. 이것은 경험하는 자와 경험이라는 주요한 양극을 의식하는 것이다. 관조는 일자가 변형되어 나타난 미몽의 삶을 관찰하는 의식이다. 이것은 자연스럽게 발생하는 모든 것을 수동적으로 보는 것이다. 지금 즉시 스스로 해보라. 이 글을 읽고 있는 당신이라는 사람에게 나타나는 경험을 관조하는 거대한 의식이 되라.

 관조의 상태가 영지는 아니다. 이것은 영지를 준비하는 것이다. 영지는 당신이 모든 존재와 하나라는 것을 아는 것이다. 이 순간을 경험자와 경험이라는 근본적인 양극으로 단순화시킬 때 가능한 것이다. 왜냐하면 그래야 의식과 관조되는 대상이 하나라는 것을 알 수 있기 때문이다. 경험하는 자와 분리된 경험은 없다. 마이스터 에크하르트는, '보는 자와 보이는 것은 하나다'라고 가르친다. 당신은 당신이 경험하는 모두다. 당신은 모든 사람, 그리고 모든 것과 하나다.

일자

 일자를 깨닫기 위해서는, 자신을 자유의지를 가진, 분리되어 있는 자율적인 개별자라고 생각하는 것을 버려야 한다. 많은 사람들

제2부 소중한 것(The Baby)

은 이것이 매우 어렵다고 생각하므로, 그 증거를 생각해 보는 것이 도움이 될 것이다. 어떤 점에서 당신은 '자유로운' 개별자인가? 태어나기를 요청했는가? 여자나 남자로 태어날 것인지를 스스로 선택했는가? 부모나 국가를 선택했는가? 몸을 바꾸고 욕망들을 일으키는 호르몬을 전환함으로써 십대가 되는 것을 선택했는가? 생명을 유지하기 위해 매초마다 모든 세포에서 만 여 가지의 화학적 작용이 몸 안에서 일어난다. 그러나 우리는 화학자가 아니지 않은가? 어느 날 필기판을 가진 사람이 살며시 다가와서 당신은 언제, 어떻게 죽을 것인지를 물을 것이라 생각하는가? 물론 아니다. 당신의 삶처럼 죽음도 우연하게 발생할 것이다.

아무튼, 당신의 삶에는 자신의 영역이 있어서, 그곳에서는 개별자로서 자유로운 선택을 하는 것처럼 보인다. 어떻게 행동할 것인지를 선택할 수 있다. 그러나 이러한 점에서도, 만일 그 증거를 조사해 보면, 보이는 그대로가 아니라는 것을 알게 될 것이다. 의식적으로 한 행동은 자유의지에 의한 행위다. 모든 자유의지의 행위는 의지로부터 일어난다. 그리고 의지는 생각이다. 그러나 생각을 선택할 수 있는가? 만일 잠시 동안이라도 생각을 관찰해 보면, 그렇지 않다는 것을 알 수 있을 것이다. 당신의 생각은 의지와 상관없이 그들 스스로 생겨나고 없어진다. 그들을 통제할 수 없다. 생각을 멈추려고 할 때, 특히 이것은 분명해진다. 왜냐하면 이것이 불가능하다는 것을 알려주기 때문이다. 생각은 당신이 좋아하든,

싫어하든 일어난다. 그래서 당신은 생각의 주체가 아니며, 그러므로 의도적 행위의 주체자 역시 아니다.

당신은 자유의지를 가진 분리된 개별자가 아니다. 왜냐하면 늘 변하는 현실적 삶 전체의 부분으로 모든 것은 우연하게 발생하기 때문이다. 당신의 사고는 스스로 생겨나고 사라지지만 이 행위의 개별적인 '사유자'는 없다. 지금 당신의 눈은 이 페이지를 읽어내려 가고 있지만, 이 행위의 개별적 행위자는 없다. 실제로 자유롭거나 혹은 그렇지 않은 분리된 '당신'은 없다. 단지 미몽의 삶을 사는 꿈의 주체자만 있다. 개별자인 당신의 모든 행위는, 실제로 현실을 사는 자, 혹은 신 혹은 그리스도, 혹은 모든 것의 원천을 나타내는 것으로 사용되며, 그 어떤 이름으로 불리는 그 존재 자체의 행위다. 이것이 바울이 다음과 같이 말한 이유다.

현재 내가 사는 삶은 나의 삶이 아니라, 그리스도가 내 안에 사는 삶이다.

그리고 압드 알-카에다Abd al-Kader는 이렇게 가르친다.

신비주의자는 그들 자신이 아니라 신 안에 존재한다. 그들의 행위는 신의 행위다. 신은 그들의 입을 빌려 말하고, 그들의 눈을 통해 본다.

꿈을 꿀 때, 꿈의 등장인물은 이것을 하고, 저것을 하지 않는 개별자로 나타난다. 그러나 만일 자각의 상태에서 꿈을 꾼다면, 실제로 꿈에 일어나는 모든 무의식적 원천이 당신dreamer이라는 것을 깨닫게 될 것이다. 이와 같이 깨어 있는 삶은 당신의 본질적 본성이 현실의 삶에서 일어나는 모든 것의 원천임을 인식하는 것이다. 의식에 따라 사는 당신은 모든 것을 수동적으로 '하고' 있는 것이다.

선택의 중요성

사람들은 그들의 생각과 행위를 포함한 모든 것이 타인과 차이가 없다는 주장과 처음 마주치게 되면, 때때로는 이것을 매우 거슬리는 것으로 생각한다. 왜냐하면 그러한 주장은 어떻게 행동하는가를 스스로 선택하는 그들의 능력을 부정하는 것처럼 보이기 때문이다. 이러한 선택의 능력은 인간 특성 중의 하나다. 정신적인 집단들에서는 이러한 저항은 자아自我를 에고ego와 동일시하는 데서 발생하는 무지라고 종종 비난한다. 그러나 실제로 이것은 인간의 타고난 지혜를 나타내는 것이다. 왜냐하면 깨어 있는 삶은 '단지just' 변화를 관조하는 것을 자각하고 있는 것이 아니라, 현실의 삶 속에서 저것이 아닌 이것을 선택할 수 있는 개인이 존재하는 것을 중요하게 생각하기 때문이다.

지금 당장 당신은 책을 읽을 수 있고, 이 페이지를 찢을 수도 있으며, 또한 누군가에게 던질 수도 있다. 미몽의 삶 안에 살고 있는 개별자로서 우리는 종종 선택의 기로에 놓이는 경험을 한다는 것은 부정할 수 없는 사실이다. 매순간 우리에게는 압도적일 정도로 폭넓은 선택의 기회가 주어져 있다는 것을 우리는 좀처럼 인정하지 않는다. 그러나 우리가 선택을 할 때, 이것은 우리를 매우 활기 있게 만든다! 그러면, 선택의 경험은 무엇인가? 또 이것의 가치를 그렇게 높이 평가하는 것이 옳은가?

모든 것은 꿈처럼 자각 없는 의식으로부터 자발적으로 일어난다. 그러나 의식은 개별자인 우리를 통해서 미몽의 삶을 알아차린다. 그리고 개별자를 통해서 어떤 것을 알게 될 때, 어떻게 반응할 것인가를 의식적으로 결정할 기회를 갖는다. 이것이 우리가 '선택'이라고 하는 경험이다. 개별자인 당신을 통해서, 미몽의 삶을 사는 자는 행동을 하기 전에 행위의 의도를 알아차리므로 행동을 하거나 하지 않을 수 있다.

개별자로서 당신은 분리된 자율적인 대리인이 아니라, 미몽의 삶을 구성하고 있는 한 부분이다. 무엇을 할 것인가를 선택하는 것은 개별적인 '당신'이 아니다. '당신'의 모든 결정을 하는 자는 꿈에 등장하는 자신을 통해서 드러나는 꿈을 꾸고 있는 자다. 이것이 선택의 경험을 평가절하하지 않는다. 오히려 정반대다. 이것은 선택의 경험을 더욱 중요하게 만들기도 한다. 선택의 경험이 매우 중요하다는 통찰은 타당하다. 왜냐하면 미몽의 삶을 사는 자가 일을 더 좋은 상태로 만드는 선택을 함으로써 미몽의 삶을 깨우는 것은, 삶에 등장하는 개별자를 통해야 가능하기 때문이다. 개별자로서 점차 의식적으로 되면, 미몽의 삶을 사는 자는 당신을 통해서 점점 더 많은 선택을 하게 된다.

우리는 스스로 '우리 자신의 실재'를 만든다는 믿음이 점점 유행하게 되고, 이것은 어느 면에서는 사실이다. 미몽의 삶을 사는 자로서 우리는 실재의 모든 것을 만들고 있다. 그러나 미몽의 삶에 등장하는 개별자인 우리는 이것을 의식적으로 하지는 않는다. 깨어난다는 것은 개별자인 우리가 실제로 어떤 것을 한다는 것이 아님을 인식하는 것이다. 우리는 발생하는 것의 부분이다. 아무튼, 개별자로서 우리는 여전히 실재를 공동으로 창출하고 있다는 관념이 있다. 왜냐하면 우리가 더 깨닫게 되면, 미몽의 삶을 사는 자는 자신을 통해 더 나은 선택을 할 수 있고, 실재를 바꿀 수 있기 때문이다. 깨어 있는 삶은 미몽의 삶을 무의식적으로 사는 것이기도 하지만, 동시에 의식적인 존재로서 공동으로 실재를 창출하기 위한 자신의 역할을 하는 사람으로 등장하기도 하는 것이다.

초월과 변화

미몽의 삶을 사는 자는 점차적으로 개별자인 각자가 보다 더 의식적으로 됨으로써 깨어난다. 우리가 상대적으로 무의식적인 개별자일 때, 미혹된 삶의 드라마에 빠져 깨어나기 어렵게 된다. 그리고 우리가 어떻게 해서 잠시나마 깨어난다 하더라도, 우리는 다시 빠르게 잠에 떨어진다. 깨달음의 상태를 깊이 유지하기 위해서는, 보다 더 의식적으로 되는 것이 필요하고, 그렇게 되면 우리를 분리의 함정에 빠트리는 외양적 속성의 양상들을 변화시킬 수 있다. 그리고 우리는 보다 쉽게 개별적 자아를 초월할 수 있을 것이며, 본질적 속성을 알아차리게 된다. 깨달음의 과정은, 공유하고 있는 본질적 속성을 깨닫는 것이 무엇을 의미하는지 실제로 이해하기도 전에 때때로 다년간에 걸쳐 일어나는 개인적 변화로 시작된다.

인격적 변화와 비인격적 성향의 관조는 깨달음을 얻는 데 필요한 두 가지 보완적 요소다. 이것을 이교도 영지주의자들은 능동적이고 명상적인 삶이라고 부르고, 바울은 영혼의 그리고 영적인 입문식이라고 부른다. 아무튼, 많은 정신적 전통에서는 깨달음의 여행의 두 양태 중에서 오직 한 측면만을 강조한다.

오직 일자의 관조만을 실천하는 그들이 볼 때, 인격적 변화는 가벼운 기분 전환처럼 보인다. 끊임없이 보다 훌륭한 사람이 되려는 노력은 감옥에서 그 안의 가구를 이리저리 배치하는 것과 같은 것

제2부 소중한 것(The Baby)

일 수 있다. 우리는 자신의 강박관념과 싸우는 데에 사로잡히기 쉬워서, 현재의 매 순간이 과거의 것을 버리고, 깨달을 수 있는 기회라는 것을 알지 못한다.

오직 인격적 변화만을 실천하는 그들이 볼 때, 일자의 관조는 추상적이고, 비인간적인 것으로 보인다. 그리고 이것은 개인의 내면세계에서 일어나는 것이다. 우리의 본질적 본성 자체가 미몽의 삶을 사는 자이거나 혹은 신이라는 가르침은 위험한 것으로 비난받는다. 왜냐하면 이것은 우리를 과대 포장할 수 있기 때문이다. 그리고 이러한 지적은 옳다. 만일 누군가가 자신의 인격적인 자아가 신이라고 믿는다면, 이것은 엄청난 과장이며, 깨달음과 반대되는 것이다.

그러나 우리는 이것, 아니면 저것이라는 선택적 이분법에 사로잡혀서는 안 된다. 우리는 변화와 초월이 모두 필요하다. 깨어남의 과정은 현실의 삶에 내재해 있는 서로 다른 모든 양극을 포용할 것을 요구한다. 인격의 변화를 강조할 때가 있고, 관조에 집중해야 할 때가 있다. 밀고 나아가야 할 때가 있고, 멈춰서 기다릴 때가 있다. 훈련을 할 때가 있고, 쉬어야 할 때가 있다. 다른 사람들에게 베풀 때가 있고, 자신을 돌보아야 할 때가 있다. 어떻게 양자 모두가 조화를 이룰 수 있는가? 이것은 자전거타기를 배우는 것과 같다. 이 균형은 한번에 이루어지는 것이 아니다. 여행하는 길이 변하는 것처럼 매 순간 발견해야 하는 것이다. 당신이 한 쪽으로 기울어지지 않을 때, 당신은 당신이 옳다는 것을 알게 될 것이다!

인격의 변화

우리 자신의 본질적 성격을 보다 쉽게 깨닫기 위해서 우리는 인격적 성질을 어떻게 변화시켜야 하는가? 이교도 영지주의자들은 인격적 변화의 과정을 '정화'를 의미하는 카타르시스라고 불렀다. 왜냐하면 이것은 우리 자신을 무의식적이고, 고립되고, 이기적인 개별자로 만드는 특징적인 기질들을 정화하는 과정이기 때문이다. 이것은 우리 자신의 '어두운 면' 혹은 '나쁜 점'들을 면밀히 검토해 보는 것이다. 이교도 철학자 에픽투테스는 이렇게 조언한다.

선해지기를 원하는가? 그렇다면, 먼저 당신이 나쁘다는 것을 깨달아라. 철학의 시작은 자신의 약함과 단점들을 알아내는 것이다.

인격의 변화는 우리를 잠들게 하는 나쁜 습관을 알아차리고, 나쁜 습관을 좋은 습관으로 바꾸는 과정이다. 습관적인 이기적 행동과 판에 박힌 듯한 무기력한 생활을 주의해야 한다. 그렇지 않으면, 무의식적으로 되고, 판에 박힌 궤도를 따라 단지 기계적인 역할을 하기 쉽다. 무의식적인 생각과 행동의 양식을 벗어날 수 있는 유일한 방법은 이 양식들을 인지하고, 그것들을 변화시키는 것이다. 「빌립복음서」는 이렇게 설명한다.

제2부 소중한 것(The Baby)

악은 그 뿌리가 감추어져 있는 동안은 강하다. 그러나 악이 알려지게 되면, 악은 사라진다. 만일 이 악을 무시한다면, 그것은 당신 안에 뿌리를 내리고, 마음속에 이 악의 결과를 낳을 것이다. 그렇게 되면, 악에 사로잡혀 당신은 원하지 않는 일을 하게 되고, 원하는 일을 하지 못하게 된다. 당신이 악을 인식하지 못한다면, 악이 힘을 행사하게 된다.

인격의 변화는 우리가 자신의 과실과 단점에 대하여 솔직해질 것을 요구한다. 그러나 죄의식과 자기 비난에 빠질 필요는 없다. 호머 심슨Homer Simpson은 현명하게 이렇게 말한다. '자신을 책망하지 말라. 단지 한 번 비난하는 것에 그치고, 계속 앞으로 나아가라.' 일시적인 수치감은 우리 자신을 더 나은, 그리고 좀 더 의식적인 존재로 변화시킬 수 있다. 그러나 죄의식에 빠지게 되면, 이것이 우리를 무능하게 만들고, 우리 자신을 발전시킬 수 있는 능력에 대한 자신감을 점차 약화시킨다.

우리는 부정적인 인격적 속성을 없애기보다는 긍정적인 속성으로 변화시킬 필요가 있다. 자신을 분리된 자아와 동일시할 때, 실제로 좋은 자질을 단점으로 왜곡한다. 독단적인 사람이 우위를 차지하게 되고, 겸손한 사람은 보조적인 존재가 된다. 자신 있는 사람은 오만하게 되고, 용감한 사람은 공격적으로 된다. 쉽게 흥분하는 사람은 속기 쉽다. 그러나 우리 자신을 고립된 자아에서 통합된 자아로 변화시키면, 단점들은 좋은 자질로 변화한다. 미국의 정신적 스승인 램 다스Ram Dass는 재치 있게 이렇게 말한다. '신경증은 우리 자신의 우아한 품격이 된다!'

당신 스스로 이것을 조사해 보라. 당신의 인격을 엄밀하게 관찰하고 반성해 보라. 그리고 당신이 변화시키고자 하는 단점을 파악해라. 그런 후에, 여기서 자신의 '왜곡된 좋은 자질이 무엇인가와 어떻게 이 약점을 강화할 수 있는지를' 스스로에게 물어보라. 약점들은 당신을 특별한 개별자로 만드는 부분들이다. 아마도 이것을 당신의 스타일로 만드는 데에는 많은 인내심이 필요할 것이다. 그러므로 자신이 계속해서 과거의 신경증에 사로잡혀 있어도 낙담할 필요는 없다. 이것은 우리 모두에게 똑같이 일어난다. 이것이 모든 인간이 안고 있는 난제다. 한 문제를 극복하면, 또 다른 문제가 생긴다고 해서 놀랄 필요는 없다. 삶은 문제들이 또 다른 문제로 바뀌는 여행이다. 이것이 진화하는 방법이다.

사랑받는 것과 사랑하는 것

마태복음에서 예수는 장황한 종교적 법칙들과 유대 문자주의의 규정들을 단 두 가지의 단순한 명령으로 바꾸었다. 그리고 또한 '두 번째 명령은 첫 번째와 같다'고까지 언급했다. 첫 번째 명령은

'진심으로 신을 사랑하라'는 것이다. 두 번째 명령은 '다른 사람을 자신처럼 사랑하라'는 것이다. 이 두 명령은 깨달음에 관한 영지주의 방법의 두 측면을 간명하게 보여준다. 우리는 모든 것의 원천, 즉 우리 모두가 공유하고 있는 본성을 통해 사랑으로 하나가 되어야 한다. 그리고 우리는 외양적인 속성을 의식적이고 자비로운 존재로 변화시킬 필요가 있으며, 모든 사람이 바로 의식의 세계 안에서 하나 됨을 보여주고 있다는 것을 인정함으로써, 늘 하는 말처럼 타인을 우리 자신처럼 사랑하여야 한다.

깨어 있는 삶은 조건 없이 모든 사물과 모든 사람을 사랑하는 것이다. 당신은 조건 없이 사랑하는가? 아래의 글을 살펴보고, 어느 글이 가장 잘 자신의 태도를 반영하고 있는지 생각해 보라.

- 좋은 일이 있을 때만, 삶을 사랑한다.
- 있는 그대로의 삶을 사랑하며, 더 나은 삶을 위해 사물이 변화하도록 노력한다.
- 타인이 사랑스러울 때만 그들을 사랑한다.
- 타인이 사랑스러운 존재든 아니든 관계없이 사랑한다.
- 자신이 더 나은 사람이 되었을 때만 자신을 사랑한다.
- 조건 없이 자신을 사랑하며, 이것이 자신을 더 나은 사람으로 만들 수 있다.

10. 깨달음의 길

대부분의 사람들은 조건에 따라 사랑한다. 우리는 어떻게 조건 없이 사랑하는 것을 배울 수 있는가? 어떤 것을 배우는 것과 마찬가지로, 연습에 의해서 배울 수 있다. 사람들은 악기 연주자, 운동선수, 전문가와 같이 뛰어난 사람이 되기 위해서 삶의 많은 부분을 배우는 데 투자한다. 우리가 만일 사랑하는 것이 실제로 우리가 원하는 것이라는 것을 알게 된다면, 사랑을 배우기 위해 훨씬 더 많은 노력을 해야 할 것이다. 이것을 실행하자!

이 순간을 사랑하기

지금 즉시 이 순간을 사랑해 보자. 삶이 얼마나 경이로운 것인지를 인지하자. 이 아름다운 세상에 살고 있다는 것이 얼마나 멋진 것인지를 인정하자. 그리고 당신이 존재한다는 사실을 사랑하자. 'present'라는 말은 '지금'과 '선물'이라는 두 가지 의미로 사용된다. 지금이 얼마나 귀중한 선물인가를 깨달아야 한다. 당신에게는 곧 지나가 버릴 매순간을 감상할 단 한 번의 기회가 주어져 있다.

당신이 만나게 되는 모든 상황에 당신이 좋아하거나, 싫어하는 것이 항상 존재한다는 것을 받아들일 때, 매 순간을 조건 없이 사랑할 수 있다. 만일 당신이 발견한 이 순간에 받아들일 수 없는 것이 있다면, 당신이 포용력이 부족하다는 것을 받아들이고, 어쨌든 이

제2부 소중한 것(The Baby)

　순간을 사랑하라. 나쁘게 나타나는 것 안에서도 좋은 것을 찾아라. 이 순간이 존재한다는 사실 그 자체가 절대적인 선이기 때문에 이것은 쉬운 일이다. 당신이 경험한 것은 좋을 수도 있고, 나쁠 수도 있다. 그러나 당신이 무엇을 경험하든지 이 경험 자체는 의심의 여지없이 선한 것이다.

　삶을 사랑한다는 것은 열렬한 사랑의 관계와 유사하다. 우리가 처음으로 누군가를 사랑하게 되면, 우리가 사랑하는 사람은 놀라울 정도로 우리를 기쁘게 만드는 정체를 알 수 없는 원천이며, 이 관계는 신비한 힘으로 가득 차 있다. 그러나 시간이 지나면, 사랑에 빠지게 했던 신비한 존재의 모습은 사라지고, 그 사람에 대한 고정된 생각에 빠지게 된다. 그러면 어떻게 될까? 우리는 사랑을 하지 않게 되고, 신비한 힘은 멈추게 된다. 또한 좋은 느낌도 사라진다. 삶도 이와 같다. 삶이 무엇인지 안다고 생각할 때, 삶은 죽는다. 우리는 삶을 사랑하는 것을 멈추게 되고, 원만하게 지내기 위해 불만스럽지만 참고 지내게 된다. 삶이 세속화되는 것을 막는 방법은 이 순간이 얼마나 신비한 것인지를 기억하는 것이다. 이것이 살아 있는 삶과의 사랑을 지속시킬 것이다.

친구 사랑하기

지금 다른 사람을 사랑해 보자. 다른 사람을 사랑할 수 있는 비결은 당신 자신을 보는 관점을 바꾸는 것이다. 왜냐하면 당신이 당신 자신으로 존재하는 것을 경험하는 것은 다른 사람으로 존재하는 것을 경험하는 것이기도 하기 때문이다. 만일 스스로 자신을 고립된 이기적인 개별자라고 생각한다면, 다른 사람도 역시 그렇다고 생각할 것이다. 그리고 그들은 사랑하기에는 너무 어려운 존재라고 생각할 것이다. 그러나 자신을 삶에 특정한 개인으로 등장하는 미몽의 삶을 사는 자로 생각한다면, 다른 사람을 우리 모두가 공유한 본질적 본성의 다른 표현으로서 생각할 것이고, 그들을 사랑하게 될 것이다. 당신이 모든 사람과 동일하다는 것을 인정하면 할수록, 점점 더 모든 사람의 관점으로 사물을 보려는 노력을 하게 될 것이다. 우리가 서로를 포용할 때, 육체적으로 구체화된 영적 교감의 깊은 의미를 점점 더 느끼게 될 것이다.

소크라테스는 사랑을 배우는 방법은 가까이 있는 사람을 사랑하는 것으로 시작하여, 모든 사람으로 확대하는 것이라고 말했다. 당신이 사랑하기 쉬운 누군가에 대해 마음을 주어라. 이 사랑으로부터 일어나는 느낌과 생각을 탐색하라. 어떻게 그들의 즐거움이 자신의 즐거움이 될 수 있고, 그들의 고뇌가 자신의 고뇌가 될 수 있는지를 살펴보라. 왜냐하면 당신은 그들과 매우 친밀하므로 분리의 베일을 관통해서 즉각적으로 깨달을 것이기 때문이다. 지금 자신에게 '이 사랑이 조건이 있는 사랑인지 없는 사랑인지를' 물어보라. 우리 자신을 분리된 자아와 동일시하면, 우리의 사랑은 피할 수 없이 일련의 애착의 끈을 따라간다. 왜냐하면 우리 자신이라고 생각한 고립된 개별자의 이익을 추구하기 때문이다. 우리는 누군가를 사랑한다고 주장하지만, 만일 그들이 우리를 사랑하지 않는다면, 우리는 그들을 사랑하지 않게 될 것이다. 우리 자신은 성실하다고 생각하지만, 만일 누군가 우리에게 성실하지 못하다면, 우리는 그들을 성실하게 대하지 않을 것이다. 어떻게 조건 없이 사랑을 느낄 수 있는가?

타인을 사랑하기

이제 당신이 무관심했던 그들에 대해 애정을 갖고, 또한 그들을 사랑으로 포용하라. 개인 간의 사랑에서 일어나는 정도만큼의 집착의 강도를 느끼지는 못하겠지만, 그러나 그들 또한 우리가 공유한 본질적 속성의 표현이라는 것을 인식함으로써 보편적인 동정심으로 그들을 받아들여야 한다. 당신이 그들을 모른다거나, 그들을 안다면 싫어할 수도 있다는 사실과는 무관하다. 사랑한다는 것은 그들을 좋아한다거나 안다는 것과는 상관이 없다. 이 낯선 사람을 조건 없이 사랑하라. 왜냐하면 집단적으로 꿈꾸는 미몽의 삶 안에서는 본질적으로는 나와 하나인 그들이 다른 사람으로 존재하기 때문이다.

원수 사랑하기

타인을 사랑하는 것을 찬성한다면, 좀 더 야심 찬 것을 시도해 보라. 즉 예수가 마태복음의 훌륭한 문장을 통해 우리에게 용기를 북돋아 준 것처럼 조건 없이 적을 사랑해 보라.

네 이웃을 사랑하고 네 원수를 미워하라 하였다는 것을 너희가 들었으나 나는 너희에게 이르노니, 너희 원수를 사랑하며 너희를 핍박하는 자를 위하여 기도하라. 이같이 한 즉 하늘에 계신 너희 아버지의 아들이 되리니, 이는 하나님이 그 해를 악인과 선인에게 비추게 하시며, 비를 의로운 자와 불의한 자에게 내리우심이니라.

눈은 눈으로, 이는 이로 갚으라 하였다는 것을 너희가 들었으나 나는 너희에게 이르노니, 악한 자를 대적하지 말라. 누구든지 네 오른편 뺨을 치거든 왼편도 돌려대며, 또 너를 송사하여 속옷을 가지고자 하는 자에게 겉옷까지도 가지게 하며, 또 누구든지 너로 하여금 억지로 오리五里를 가게 하거든 그 사람과 십리十里를 동행하고, 네게 구하는 자에게 주며, 네게 꾸고자 하는 자에게 거절하지 말라.

조건 없는 관대한 정신으로, 사랑하기 어려운 사람에 대해 애정을 갖고, 자비심을 동반한 자각을 통해 그들을 끌어안아야 한다. 우리 마음에 들지 않는 개성을 가지고 있을지라도, 그들 역시 우리 자신과 동일한 본질적 속성을 가지고 있다는 것을 알아야 한다. 현재의 그를 있게 한 그들 자신의 삶의 과정이 있다는 것을 인정해야 한다. 당신에게 거슬리는 방식으로 행동하게 하는 분리의 함정에 빠진 그들이 바로 '우리'의 부분이라는 것을 깨달아라. 그러나 만일 그들이 깨달을 수 있다면, 그들은 끊임없이 변화할 것이다. 이해와 용서로 변화하도록 해야 한다. 왜냐하면 다른 사람에게 고통을 주는 것이 익숙한 그들이 가장 사랑을 필요로 하는 사람들이기 때문이다.

자신을 사랑하기

만일 그들을 좋아하지 않을 지라도 원수를 사랑할 수 있다면, 당신이 싫어하는 자신의 그러한 측면들을 사랑할 수도 있을 것이다. 대부분의 사람들에게 이것은 가장 어려운 도전이다. 우리는 매우 자기 비판적이라, 이에 기인하는 자기혐오로 인해 무력해지며, 자신을 변화시키는 것이 어려워진다. 다른 시도를 해보라. 자신에 대해 인내하고 용서하라. 당신도 때때로 분리된 채 방황한다는 것을 인정하라. 우리 모두가 깨어나고 있다는 것은 우리가 서로 나른 징도의 잠에 빠져 있다는 것을 의미한다. 사람이 된다는 것은 쉬운 일이 아니다. 자신에게 기회를 주어라! 그리고 무조건 자신을 사랑하라.

순수한 자기 사랑은 오직 자각을 통해서만 가능하다. 만일 본질적 속성을 알아차린다면, 모든 결함과 단점을 가진 외양적 속성을 조건 없이 사랑할 수 있을 것이다. 한번 시도해 보라. 완전히 개인적인 속성을 초월하고, 자비심을 동반한 자각을 통해 자신의 좋고, 나쁜 측면 모두를 포용하라.

당신의 개인적 자아는 미성숙한 어린 아이와 같다. 즉 종종 이기적이며, 화를 잘 내고, 가질 수 없는 것을 갖기를 원하고, 좋지 않은 것을 하려고 하며, 쉽게 잃어버리고, 불평이 많은 어린 아이와 같다. 그러나 그럼에도 불구하고 더없이 아름답다. 자아에 대해 자신의 멋진 부모 역할을 하라. 나쁜 부모는 끊임없이 흠을 잡으며, 그리고 조건에 따라 사랑한다. 좋은 부모는 필요할 때 잘못을 꾸짖고, 자식이 무슨 말을 하고, 어떠한 행동을 한다 해도 항상 조건 없이 사랑한다. 조건 없이 자신을 사랑하라. 이것은 자기 멋대로 하게 내버려 두는 것이 아니다. 이것이 변화를 필요로 하는 당신 자신의 그 부분에 대해 자비심을 가지고 비판할 수 있는 근거다.

사랑하며 살기

일자를 깨닫고 큰 사랑을 경험하면, 우리는 자연스럽게 우리의 삶 안에서 이 사랑을 표출한다. 이 사랑은 집단적인 고통에서 우리를 해방시키고, 더 나아가 공동 사회를 평안하게 만들 수 있는 모든 행위를 하도록 자극한다. 간디는 이것을 아름답게 표현했다.

사람이 신과 하나가 되면, 그는 즉시 살아있는 모든 것을 위해 봉사하는 자신을 발견한다. 이것은 그의 기쁨이 되고, 오락이 된다. 그는 신의 창조물에 대한 봉사에 결코 싫증내지 않는 새로운 사람이다.

다른 사람에게 얼마나 영향을 주는가는 그가 우리 주변의 사람들보다 상대적으로 얼마나 깊이 잠들어 있고, 깨어 있는가에 달려 있다. 실제로 우리가 서로에게 영향을 주는 것은 우리 존재의 상태다. 우리의 말과 행동은 두 번째다. 의도한 것은 아니지만, 바로 그들과 다르다는 것이 언제나 그들을 변화시킨다. 우리의 조건 없는 사랑이 그들과 다른 점일 때, 우리 자신이 그들을 깨닫게 하는 촉매제가 될 수 있다. 우리의 사랑이 다른 사람에게 순수한 도움이 될 수 있다. 왜냐하면 이것을 알든 모르든 모든 사람들이 실제로 원하고, 또 필요로 하는 것이 사랑이기 때문이다. 그들에게 우리의 사랑을 받아들일 것을 강요할 수는 없다. 이것은 그들에게 달려있다. 그러나 그들이 거부함에도 불구하고, 계속해서 사랑을 한다면, 이 사랑을 받아주기를 원하는 우리의 생각을 이해할 수 있는 기회를 갖게 될 것이다. 만일 당신이 모든 사람을 사랑하겠다는 결정을 한다면, 당신의 삶이 얼마나 변화하겠는가?

삶의 게임

우리는 인생을 어떻게 살라는 지침서를 가지고 태어나는 것이 아니다. 그러므로 우리는 삶의 목적을 알 수 없다. 목적을 발견해야 하는 것이 목적인 것처럼 보인다! 어린 아이들에게 있어서 이 목적은, 즐기는 것이고, 삶을 사랑하는 것이라는 것이 분명하다. 그러나 어른이 되면, 이것이 쉽지 않다는 것을 깨닫게 된다. 왜냐하면 삶의 어떤 부분들은 아주 즐거운 것이 아니기 때문이다. 그러므로 삶을 더 즐거운 것으로 바꾸는 것이 마치 삶의 목적인 것처럼 살

제2부 소중한 것(The Baby)

기 시작한다. 그러나 우리는 삶을 개선시키려는 데에 빠져서, 삶을 있는 그대로 올바르게 인식하는 것을 잊어버린다. 그러면 누가 옳은가? 어린 아이들인가, 어른들인가? 그들 모두 옳다. 삶의 목적은 올바르게 인식하는 것과 개선하는 것 양자 모두다.

  삶은 게임과 같다. 게임을 할 때 우리는 서로 다르지만, 보완적인 두 가지 목표를 갖게 된다. 게임을 하는 실제 이유는 재미다. 그러나 게임을 할 때 우리에게는 달성해야 할 특별한 목적이 부여되며, 그리고 이 목적에 지나치게 집착하게 되면 게임의 즐거움을 망칠 수 있다. 이 게임의 과정은 목표 성취를 방해하는 난관을 극복하는 것을 포함한다. 성공과 실패는 게임을 즐기는 데 영향을 줄 수 있지만, 우리가 원하는 대로 게임이 풀리지 않는다 해도 여전히 즐길 수 있다. 왜냐하면 만일 게임이 항상 쉽다면, 그것은 게임이 아니기 때문이다.

  삶의 게임도 또한 두 가지의 상호 보완적인 목표가 있다. 주요한 목적은 놀이를 즐기는 것이다. 우리는 경험을 즐기기 위해 현실의 삶을 사는 자이며, 일자와 위대한 사랑을 깨달음으로써 이 삶의 경험을 즐길 수 있다. 그러나 현실의 삶을 사는 사람의 목적은 우리 자신과 다른 사람의 고통을 경감시킴으로써 삶을 즐기는 것을 방해하는 장애들을 극복하는 것이다. 그러면 우리는 모두 함께 삶을 사랑할 수 있다. 삶은 게임이기 때문에 유일하게 우리는 함께 승리할 수 있다.

10. 깨달음의 길

삶은 깨달음의 게임이다. 그리고 우리가 이길 수 있는 방법은 매우 간단하다. 우리는 항상 그랬던 것처럼 일상적인 삶을 살지만, '의식적으로' 삶을 선택한다. 외면상 가장 사소한 사건들조차도 순간을 즐길 수 있는 기회이며, 다른 사람을 사랑할 수 있는 기회들이라는 것을 인정해야 한다. 우리는 지방의 상점에서 우리를 위해 봉사하는 모르는 사람을 큰 사랑으로 포용한다. 왜냐하면 우리는 단순히 그들을 더 이상 회계원으로 보지 않으며, 그들도 분명히 신비한 존재라는 것을 알고 있기 때문이다. 그리고 그들을 사랑할 때, 우리는 그들이 깨닫는 것을 도울 수 있게 되며, 더 사랑하게 된다. 이와 같이 우리는 어디를 가든 자신의 친절함을 퍼뜨릴 수 있다.

우리는 일상적인 것들과 가까워지는 정신적인 실천을 통해서 깨어난다. 지나치게 진지한 방식이 아니라, 게임하는 것처럼 놀이를 즐긴다. 그러나 이것은 진지한 측면을 또한 가지고 있다. 삶은 자연스럽게 우리가 좀 더 의식적으로 되는 데 필요한 문제를 던져 준다. 이 둘 중 어떤 것들은 직면하기 어려워할 수 있으며, 이러한 문제로 내몰리는 것을 피할 수 있는 가장 좋은 방법은 계속 움직이는 것이다.

삶이 어렵다는 것을 느낄 때 우리는 깨달음이 필요하다는 것을 생각하는 경향이 있으며, 모든 것이 좋다고 느낄 때 지금 있는 그대로가 좋다고 생각하기 쉽다. 그러나 실제로 종종 삶을 즐길 때, 우리는 가장 무의식적으로 된다. 삶이 어려울 때, 이에 대해 무엇인

제2부 소중한 것(The Baby)

가를 하도록 재촉을 받으며, 이로 인해 깨달음의 여행을 더 잘할 수도 있다. 그러나 좋다고 느낄 때, 편안한 무의식에 안주하게 된다. 그러므로 어려울 때만이 아니라 항상 깨어나기 위한 노력을 기울일 필요가 있다.

삶의 게임이 깨달음에 대한 것이고, 우리가 실제로 원하는 것은 이 순간을 사랑하는 것이라는 것을 이해하게 되면, 개인적 능력을 얻거나, 사회적 지위를 획득하거나, 물질적 재산을 모으는 것을 통해 일시적 만족을 얻으려는 집요한 추구로 자신을 괴롭히는 일은 그치게 될 것이다. 또한 TV 시청이나 퀴즈게임으로 분리의 고통을 마비시키려는 것을 멈추게 될 것이다. 대신에 깨달음의 과정에 신중한 주의를 기울이게 될 것이다. 우리는 깨어 있는 삶을 단지 매력 있는 생각으로 보는 것을 그치게 되고, 이것을 구체적인 사실로 만들 것이다. 우리는 미루지 않고, 단호하게 목적을 성취할 것이다.

우리 대부분은 잠드는 것을 선택하지만 만일 깨어나기를 원한다면 깨어날 수 있다. 그러나 깨어나는 것은 하나의 가능성이지, 필연적인 것이 아니다. 이것은 복종해야 하는 외적 존재의 권위에 의해 명령된 것이 아니다. 이것은 당신이 원한다면 할 수 있는 것이며 당신에게 달려 있다. 그리고 깨어남의 비밀은 간단하다. 만일 깨어나지 않는 것보다 깨어나는 것을 더 원한다면, 당신은 깨어날 것이다.

10. 깨달음의 길

당신의 삶은 우리가 '삶'이라고 부르는 놀라운 꿈을 공동으로 창조하는 데에 의식적으로 참여하는 독특한 개별자가 될 기회다. 당신 자신을 실현하는 것은 쉬운 일이 아니다. 그러나 어느 누구도 당신 자신보다 이것을 더 잘할 수 없다. 만일 숨기는 것을 멈추고, 우연히 존재하게 된 특수한 개인의 잠재력을 드러낸다면 무엇이 일어날까? 공유한 본질적 속성을 집단적인 깨달음과 근본적인 삶의 충동이라는 목적에 의해, 우리 각자는 깨어날 필요가 있으며, 동시에 현실의 삶을 발전시킬 수 있는 뚜렷한 기여를 할 필요가 있다. 예수의 도래를 신화학적으로 표현한 유대 신비주의자인 브라츠로우Bratzlaw의 랍비 나흐만Nachman은 이렇게 주장한다.

모든 사람은 그 자신이 이 세상에서 유일한 존재라는 것을 알고 기억해야 한다. 그리고 어느 누구도 정확하게 그와 동일한 삶을 살 수 없다. 왜냐하면 그와 동일한 사람이 있었다면, 그가 존재해야 할 필요가 없을 것이기 때문이다. 실제로 각각의 사람은 세상에 새로운 존재다. 그는 그의 개별성을 완전하게 만들어야 한다. 왜냐하면 메시아의 도래는 각자가 완전해지지 않는다면 연기될 것이기 때문이다.

버나드 쇼는 죽기 얼마 전에 한 리포터로부터 '만일 당신이 더 오래 살 수 있고, 역사상의 어떤 존재가 될 수 있다면, 누가 되고 싶

제2부 소중한 것(The Baby)

은가?'라는 질문을 받았다. 그는 '버나드 쇼가 될 수 있는 사람, 그러나 결코 존재하지 않았던 사람을 선택할 것'이라고 대답했다. 지금 당신이 되려는 사람을 자신이 결정하고, 삶에 나타난 이야기 안에서 당신의 역할을 맡아 자신의 이야기를 펼쳐 나간다면 무엇이 일어날까? 이것을 간파하는 것은 재미있지 않은가?

11. 종교 없는 영성

권위에 대한 무조건적인 존경은 진리의 가장 큰 적이다.
―아인슈타인(Albert Einstein)

　　　　　우리는 이전에 존재하지 않았던 비범한 시대를 살고 있다. 서구는 현재 미증유의 영지주의 부활을 경험하고 있다. 지금까지 이러한 사상과 표현의 자유는 없었다. 이러한 상황 속에서 최근 몇 년 동안에 영성의 다른 형태가 폭발적으로 일어났다. 이렇게 새로운 형태로 등장한 영성의 대부분은 문자주의와 동일한 것은 아니지만, 여전히 문자주의의 성격을 가지고 있다. 때때로 입증할 수 없는 옛 미신을 똑같이 입증할 수 없는 새로운 미신으로 대체한다. 그러나 이것이 지금 일어나는 순수한 깨달음을 막게 해서는 안 된다. 종교는 쇠퇴하지만, 영성은 번성하고 있다. 근래 보수적 근본주의의 성장은 수많은 새로운 영성들이 경쟁하고 있는 현재의 종교 시장에 대한 절망적인 반응일 뿐이다. 이렇게 다양한 영성은 구시대의 종교가 가지고 있던 신앙의 독점을 깨트린다.

제2부 소중한 것(The Baby)

이제 천천히, 그리고 확실하게, 우리는 생명력을 잃어버린 문자주의의 억압을 벗어던지고 있으며, 몇 세기 동안 영성의 숨통을 조여 오던 권위주의적인 구조로부터 이것을 해방시키고 있다. 이러한 결과로 인해 새로운 현상이 등장하게 됐다. 그것이 바로 종교 없는 영성이다. 우리는 역사상 유일한 이러한 발전이 영성이 나아갈 길을 가리킨다는 것을 제창하였다. 21세기에 모두 함께 깨닫는 것을 실제로 도울 수 있는 영성을 창조하기 위해서는, 종교로부터 영지주의를 완전히 해방시키는 것, 그리고 과학과 제휴하는 것이 필요하다. 무엇보다도 '과학자scientist'란 그리스어 '영지주의자Gnostic'를 라틴어로 번역한 말이며, 이 말 모두 '아는 자'를 의미한다.

구시대의 종교적인 책들에 나타난 모호한 기록을 맹목적으로 믿는 것을 중단하고, 세상에 대한 실제적인 경험에 면밀한 주의를 기울이는 과학적 접근 방식을 채택하였기 때문에, 인간의 문제에 대한 이해는 믿을 수 없을 정도로 증가하였다. 이것은 구시대의 종교가 가지고 있던 확신을 해체시키는 과학의 위대한 승리다. 과학과 영지주의의 제휴는 깨달음에 막대한 힘을 실어줄 것이며, 결국 단호하게 문자주의 종교를 거부하게 만들 것이다. 이 제휴는 믿을 만한 과학처럼, 개방적이고 식별력 있는 영성의 세속적 형태를 이해하는 데 도움을 줄 수 있다. 또한 영성은 외적인 권위에 근거하는 것이 아니라, 삶의 실제적인 경험에 근거하며, 완전히 자연스러운 것으로 깨달음을 묘사한다.

그러면 종교의 미래는 어떻게 될 것인가? 양극성을 가진 모든 사물처럼 종교는 선하기도 하고, 악하기도 하다. 그래서 우리는 단순히 선한 것을 지키고, 악한 것을 버리는 것이 필요하다. 종교에는 아름다운 의례처럼 매혹적인 것이 많이 있으며, 이것을 잃어버린다면 매우 유감스러운 일이 될 것이다. 그러므로 민속 음악이나 전통적인 복식을 보존하는 것처럼, 문화적 전통의 형태로 종교적 전통을 보존하는 것을 제안한다. 이러한 것은 수백만의 비非신도들이 크리스마스와 같은 축제를 즐기는 데에 잘 나타난다. 또한 인류의 역사에서 성스러운 경전이 한 역할은 존경할 만한 것이다. 이것은 현대 사회와 거의 관련이 없는 고풍스러운 옛 냄새가 나는 호기심이라는 것을 인정한다 하더라도, 종교의 긍정적인 측면까지 포기할 필요는 없다. 왜냐하면 종교는 단지 우리를 과거에 얽매이게 하고, 발전을 가로 막을 때만 문제가 되기 때문이다.

영지주의 과학과 문자주의 과학

과학은 일반적으로 영지주의와 상반하는 것으로 믿어지기 때문에, 과학과 영지주의는 서로 제휴하기 어려워 보인다. 또 과학은 유물론적인 철학을 제시하는 것이 당연한 것으로 생각되며, 이 철

제2부 소중한 것(The Baby)

학은 물질만이 존재한다고 가르친다. 그러나 어느 것도 사실을 정확하게 말한 것이 아니다. 이 세계에 대한 현대의 과학적 이해를 구체화한 위대한 물리학자들, 즉 뉴턴Newton, 아인슈타인Einstein, 하이젠베르크Heisenberg, 슈뢰딩거Schrödinger, 보글리에De Borglie, 진Jeans, 플랑크Planck, 파울리Pauli, 그리고 에딩턴Eddington과 같은 학자들은 어느 누구도 유물론자가 아니다. 그 반대다. 그들은 자기 고백적인 신비주의자이며, 영지주의자다.

과학적 탐구는 우주가 단순히 물질로 구성된 거대한 기계라는 생각이 틀렸다는 것을 알려 주었다. 오히려 그와 반대로, 우리는 우주를 이해하는 최상의 방법은 우주를 의식 안에서 일어나는 거대한 사고라고 이해하는 것임을 과학을 통해 알 수 있다. 기체에 관한 역동적 이론과 전자석에 관한 수학적 이론, 그리고 성운星雲의 성질과 기체 상태의 별의 진화 이론 등에 중요한 기여를 한 제임스 진James Jeans 경은 이렇게 말한다.

오늘날 지식의 방향은 비기계적 실재를 향하고 있다는 것에 대해 과학의 물리적 측면에서 거의 만장일치에 가까울 정도로 의견 일치를 보이고 있다. 우주는 거대한 기계라기보다는 거대한 사고처럼 보이기 시작한다. 정신은 더 이상 물질의 영역에 우연히 침입한 것으로 보이지 않는다. 우리는 물론 개별자의 정신이 아니라, 개별자의 정신으로 성장한 원자들이 사고로 존재하는 정신을 오히려 물질영역의 지배자나 창조자로서 환호하며 맞아들여야 한다는 것을 알아차리기 시작했다.

항성 체계에 관한 이론 물리학에 중요한 기여를 했으며, 상대성 이론의 주요한 대표자인 에딩턴Eddington 경은 이렇게 표명했다.

우주적 정신과 로고스Logos 관념은 내가 생각하기에는 과학적 이론의 현재 수준에서 상당히 타당한 추론이다.

모든 실재의 속성은 물질적이거나 물질과 정신의 이원론적인 것이 아니라 정신적인 것이다. 어느 정도까지 정신의 속성이 물질적일 수 있다는 가정은 고려의 대상이 아니다. 왜냐하면 우리가 지금 물질을 이해하는 것처럼, 형용사인 '물질적'이라는 것과 명사 '속성'을 함께 묶는 것은 이치에 맞지 않기 때문이다.

노벨상 수상자이며, 현대 양자 역학의 핵심이 되는 저서를 남긴 슈뢰딩거Schrödinger는 이렇게 주장하였다.

정신의 전체적인 수는 단지 하나일 뿐이다. 나는 감히 이것을 파괴할 수 없는 것이라 부른다. 왜냐하면 이것은 특수한 시간표를 갖는데, 그것은 곧, 정신은 항상 지금에 머무르기 때문이다.

제2부 소중한 것(The Baby)

우리는 과학이 우리를 위해 마련한 이 물질적 세계에 속해 있지 않다. 우리는 이것 안에 있지 않으며, 바깥에 존재한다. 우리는 단지 구경꾼일 뿐이다. 우리가 이 안에 있다고 믿는 이유는, 즉 이 그림 안에 들어있다고 믿는 이유는 우리의 육체가 이 그림 안에 있기 때문이다.

유물론은 결함이 있는 철학이기 때문에 많은 과학자들이 받아들이지 않는다. 이것은 내면세계가 결여된 외양세계에 대한 영혼 없는 견해다. 이것은 당연히 의미가 없다. 물론 우리가 지각하고 측정하는 것보다 많은 것이 존재한다. 예를 들어 우리가 지금 심사숙고하고 있는 관념은 무게와 위치, 그리고 만져질 수 있는 속성을 가지고 있지 않다. 이에 대해 에딩턴Eddington은 재치 있게 이렇게 지적하였다.

만일 모든 것은 물리적 근거가 있어야 한다고 주장하는 그들이 신비적인 견해는 무의미하다고 주장한다면, 우리는 이렇게 반문할 것이다. 그러면 무의미의 물리적 근거는 무엇인가?

과학은 수학적인 용어로 세계를 설명한다. 그러나 수는 물질적인 존재가 아니다. 과학적 '법칙들'은 비록 물리적 실재에 대한 정보를 제공한다할지라도 그들 자체는 물리적 존재가 아니다. 당신

11. 종교 없는 영성

은 영속적으로 물리적 우주를 연구할 수 있지만, 그러나 단 하나의 '자연의 법칙'은 결코 발견할 수 없을 것이다. 이 법칙들은 물리적 세계의 사물들things이 아니다. 그들은 물리적 세계를 표현하는 정보다.

과학자 루퍼트 셸드레이크Rupert Sheldrake는 과학이 절대 불변의 '자연의 법칙'을 계시해주는 것처럼 생각하지 말라고 한다. 이러한 자연의 법칙은 우주를 다스리는 법들을 만든 창조주 신에 관한 기독교의 관념으로부터 유추된 것이다. 우리는 이것 대신에 '자연의 습관들'을 발견하는 과학을 생각해야 한다. 우리가 소위 물리적 세계의 근거가 되는 '자연의 법칙들'을 발견한다는 것은, 우리가 미몽의 삶의 속성을 규정하는 의식의 주요한 습관들을 탐구하고 있다는 것을 말하는 것이다.

유물론자들은 존재하는 것은 오직 물질뿐이기 때문에, 의식은 뇌에서 일어나는 일종의 부대 효과라고 주장한다. 그러나 누군가 당신의 뇌에 있는 신경이 하는 모든 일을 알고 있다고 해도, 그는 당신의 생각 중 단 하나에도 접근하지 못할 것이다. 그 이유는 세상에는 사고들이 존재하지 않기 때문이다. 그들은 사물이 아니며, 또한 물질로 만들어진 것이 아니다. 이것은 유물론자들에게 설명할 수 없는, 물질과 정신의 이원론이라는 회피할 수 없는 근본적인 문제를 남겨 놓았다. 그리고 이것은 오직 물질만이 존재한다는 그들의 주장을 받아들일 수 없게 만든다.

제2부 소중한 것(The Baby)

 이와는 달리, 영지주의는 물질과 정신의 이원론을 매우 쉽게 해결할 수 있다. 만일 실재의 근거로서 물질보다는 의식을 받아들인다면, 모든 것은 의식 내의 경험으로서 존재한다. 우리 경험의 어느 정도는 사적인 생각이나 감정이다. 나머지는 우리가 공유하고 있는 세계에 대한 감각적인 경험들이다. 여기에 근본적인 양극성이 있다. 그러나 모든 양극성처럼 이것은 기저基底를 이루는 단일체의 표현이다. 정신적인 경험과 감각적인 경험은 질적으로 다르다. 그러나 그들은 모두 의식 내에 존재하는 '경험들'이다. 그리고 의식은 의식되는 것과 개념적으로 다르므로, 이 양극성은 또한 이것의 근거가 되는 보다 근원적인 단일체로 환원된다.
 일반적으로 우리는 과학이 세계에 대한 실제적인 이해를 제공한다고 생각한다. 그러나 실제로 과학은 실재에 대한 우리의 상식적인 견해를 뒤엎는 경우가 있으며, 즉 우주에 관해 아주 기묘하고 신기한 설명을 하기도 한다. 예를 들어, 우리는 상식적으로 우리 주변의 사물들처럼, 지금 보고 있는 이 책은 견고한 고체라고 생각한다. 과학은 '견고한 대상들'이 실제로 거의 빈 공간이며, 신비한 양자 입자들이라는 것을 발견했다. 관념들은 이것보다 더 이상한 것이 아니다!
 과학자들과 영지주의자들은 모두 우리의 상식적 관념들이 적당치 않다고 말하며, 사물을 보는 전혀 다른 방법을 제시한다. 처음에 이것은 매우 이상하게 보인다. 갈릴레이가 지구가 태양의 주위를 돈다고 했을 때, 그는 비웃음을 받았다. 그러나 태양이 지구의 주위를 돈다는 개념보다 이해하기가 어려웠을지는 몰라도, 그러나 이것은 실제로 우주에 대한 보다 간단하고 명쾌한 이해를 제공한다. 이와 같이, 의식 내에 세계가 존재한다는 영지주의 관념은 이해하기 어려울지 모르고, 일반적인 상식과 반대될지는 모르지만, 이것은 실제로 실재에 대한 보다 간단하고, 명쾌한 이해를 제시한다.

과학의 통찰은 영지주의 통찰과 조화를 이룬다. 영지주의자들은 시간과 공간은 일종의 환상이라고 주장한다. 과학자들은 이것이 사실이라고 한다. 과학자들은 그 이유가, 만일 우리가 빛의 속도로 움직일 수 있다면, 이 근본적인 가정은 존재하기를 멈출 것이기 때문이라고 한다. 바로 영지주의자들이, 의식의 주관적인 관점으로 볼 때, 일자와 영원성이 있다고 가르치는 것처럼, 과학자들은 빛의 관점에서 보면, 시간과 공간이 없다는 것을 발견하였다. 물리학은 빛이 때로는 입자로 나타나고, 때로는 파동으로 나타난다는 모순에 빠져 있다. 이것은 객관적인 관점에서 볼 때, 각각의 개별자는 분리된 하나의 '입자'이지만, 주관적인 관점에서 볼 때, 개별자는 의식의 바다에 나타나는 파도와 같다는 영지주의적 관찰과 거의 동일한 것이다.

과학과 영지주의는 자연스럽게 결합한다. 그들은 항상 적대적인 관계에 있는 것으로 오해되었다. 왜냐하면 과학은 형편없는 유물

제2부 소중한 것(The Baby)

론을 선전하는 문자주의적인 과학으로 타락했기 때문이다. 과학은 자신의 독단적 교리, 대사제, 전문적인 조직, 기득권을 가진 권위적인 전통으로 바뀌었다. 종교적인 문자주의자들과 같이, 과학적 문자주의자들은 그들의 견해가 절대적인 진리라고 주장한다. 그러나 우리가 알고 있는 것처럼 위대한 과학자들은 독단적인 유물론자가 아니다. 그들은 전혀 독단적이지 않다. 그들이 세계에 관한 우리의 이해를 바꿀 수 있는 이유는, 그들이 용인된 견해에 의문을 제기하며, 근본적으로 새로운 방식으로 사고할 수 있는 능력을 가졌기 때문이다. 이것이 바로 영지주의의 기질이다.

문자주의 과학자들은 과학이 우주를 매우 잘 이해하는 수준에 도달했다는 것을 믿으라고 한다. 그래서 과학이 좀 더 발전한다면 모든 신비는 설명될 수 있을 것이라고 한다. 영지주의 과학자들에게는 너무 황당한 일이다. 존재는 신비한 것이며, 이에 대한 과학적 이해는 초보적인 수준에 불과하기 때문이다. 양자물리학의 창시자이며, 노벨상 수상자인 하이젠 베르그Volfgang Heisenberg는 이렇게 말한다.

우리가 자연을 이해한다고 말할 때, 이것이 무엇을 의미하는지 나 개인으로서는 더 이상 이해할 수가 없다.

아마도 가장 존경받는 전대미문의 과학자이며, 노벨상 수상자인 아인슈타인도 이와 동일한 말을 남겼다.

인간의 정신은 우주를 파악할 수 없다. 우리는 이제 막 거대한 도서관에 들어선 어린 아이와 같다. 도서관의 벽은 다른 언어로 기록된 수많은 책들로 가득 차 있으며, 어린 아이는 누군가 이 책들을 썼을 것이라는 것을 알 뿐이지, 누가, 어떻게 썼는지는 알 수 없다. 그리고 그들의 언어를 이해할 수 없다. 그러나 어린 아이는 이 책들의 배열에서 명확한 계획을 알아차린다. 신비한 질서는 이해될 수 없지만, 어린 아이는 그것을 희미하게나마 알아차릴 수 있다.

성공으로 가는 길은 종교적이며 과학적인 문자주의를 거부하고, 위대한 과학자들의 예를 따르는 것으로, 영지주의의 영성과 순수한 과학을 받아들여 서로를 완전하게 보완하는 것이다. 과학은 우리가 공유한 객관적인 경험에 대해 제때에 맞는 엄격한 실험을 요구한다. 영지주의 역시 현재 순간에 관한 주관적인 경험에 대해 엄격한 실험을 요구한다. 과학은 객관적인 관점에서 실재를 탐구한다면, 영지주의는 주관적인 관점에서 실재를 탐구한다. 과학은 현실적 삶의 속성에 대한 연구이며, 영지주의는 깨달음의 기술이다.

아인슈타인에 따르면, 과학은 그가 '우주적 종교의 감정'이라고 부르는 깨달음의 상태에 의해 자극을 받아야 한다.

제2부 소중한 것(The Baby)

과학의 가장 중요한 기능은 우주적 종교의 감정을 일깨워 주는 것이며, 이 활동이 계속되도록 하는 것이다. 전혀 이러한 감정이 없는 사람에게 이 감정을 설명하는 것은 매우 어려운 일이다. 개별자들은 인간의 욕망과 목적에 대해, 그리고 사고의 세계와 자연에 자신을 드러내는 숭고하고, 믿기 어려운 질서에 대해 아무것도 알지 못한다. 그들은 개별자의 존재를 일종의 감옥으로 생각하며, 우주를 단 하나의 의미만을 가진 통일체로 경험하기를 원한다.

나는 우주적 종교의 감정이 과학적 탐구를 하는 데 가장 강력하고 가장 고귀한 자극이라고 주장한다. 한 과학자는 공정하게, 현재의 이러한 유물론적인 시대에 진지한 과학자들은 바로 매우 종교적인 사람들이라고 말했다.

아인슈타인보다 걸출한 물리학자이며, 노벨상 수상자인 파울리 Wolfgang Pauli는 이렇게 주장했다.

이성적 이해와 통일체에 대한 감성적인 신비 체험, 이 양자를 포용하는 합슴(synthesis, 변증법 정반합의 합. 역주)을 포함하여, 반대자를 넘어서고자 하는 욕망은 오늘날 이미 공유되고 있거나 이심전심으로 통하는 신화라고 간주한다.

11. 종교 없는 영성

확신은 분열시키고 의심은 하나로 결속시킨다

21세기를 대비한 세속적인 영성을 창조하기 위하여, 우리는 순수한 과학의 근본적인 전제를 채택할 필요가 있으며, 삶에 대한 우리의 모든 이론은 가정이며, 사실이 아니라는 것을 받아들여야 한다. 절대성을 가진 지식은 없다. 지식은 단지 우리가 경험하는 것들을 이해할 수 있도록 우리 스스로 짜 맞춘 이야기일 뿐이다. 이 이야기 중에 어떤 것도 존재의 끝없는 심원함을 포착할 수 없다.

이것은 모든 이야기가 동일하다는 '상대주의' 이론을 채택해야 한다는 것을 의미하는 것은 아니다. 바로 실재에 관한 모든 설명이 적절하지 않으므로 모두 똑같이 적절하지 않다는 것이 아니다. 어떤 이야기는 분명히 다른 이야기보다 더 적절하다. 현재의 이 순간은 매우 다양한 모습을 가지고 있으며, 절대로 다 묘사될 수 있는 것이 아니므로, 당신이 이 순간에 책을 읽고 있다고 말하는 것은 이 현재에 대한 전체적인 사실을 말하는 것이 될 수 없다. 그러나 당신이 책을 읽고 있다고 말하는 것은 당신이 코끼리를 먹고 있다고 말하는 것보다 더 사실적이다. 삶의 항해를 도와줄 수 있는 이야기는 없다고 말하는 것은 사실Truth지만, 어떤 이야기들은 다른 이야기들보다 사실에 더 가까울 수 있다.

만일 이것을 인정한다면, 적어도 한 가지 일에 대해 동의할 수 있다. 즉 삶은 신비한 것이며, 이 신비에 대한 이해는 필연적으로 항상 임시적이거나 부분적이라는 것이다. 확실한 것은 아무것도 없다. 모든 사람은 이에 대해 그들이 할 수 있는 최상의 추측을 할 수 있을 뿐이다. 만일 이것을 받아들인다면, 서로 싸우는 것이 아니라 그 관념들을 부담 없이 다룰 수 있다. 보편적으로 동의하는 출발점으로부터 어떤 것이 면밀한 조사에 맞지 않고, 가장 아름답게 보이고, 최상으로 작용하는지를 알기 위해서 통찰과 직관을 서로 공유할 수 있다.

영지주의 이야기는 가능성이 있는 이야기다. 그러나 다른 이야기들과는 달리 이 이야기는 절대적 진리를 주장하지 않는데, 그 이유는 진리Truth는 개념들에 의해 포착되는 것이 아니라고 가르치기 때문이다. 아무튼, 영지주의는 미몽의 삶에 빠지게 해 무의식적인 존재로 살게 하는 이야기들에 의해 무시된 실재와 관련한 매우 중요한 어떤 것을 드러낸다고 주장한다. 영지주의는 개념을 넘어서 우리가 공유한 본질적 본성에 대한 경험적 앎을 가리키는 사고방식이다. 그러나 영지주의 철학은 여전히 개념을 통해 표현되며, 절대적인 독단이 아니라, 깨달음의 기술을 정교화 하는 유일한 시도이기도 하다. 영지주의 관점에서 볼 때, 실재에 관해 더 많은 것을 드러내는 새로운 사고방식을 창조하기 위해 계속 탐구에 참여할 필요가 있다.

우리는 생활의 지침으로 삼을 이야기가 필요하다. 그러한 이야기들이 없다면, 우리는 삶을 헤쳐 나갈 수 없는 갓난아기나 기억 상

실증에 걸린 환자와 같을 것이다. 불행하게도 우리 대부분은 무의식적 존재로 살게 하는 이야기들에 빠져서 그것들을 확실한 것으로 착각한다. 기껏해야 상대적인 진리에 지나지 않는 이야기들을 절대적인 진리로 여긴다. 우리는 모든 의문에 대한 답을 알고 있다고 확신함으로써, 항상 존재하는 중요한 문제를 알아채지 못한다. 「빌립복음서」는 이렇게 경고한다.

개념들은 매우 기만적이라 핵심적인 본질을 실재적인 것에서 비실재적인 것으로 바꾸어 놓는다.

관념은 관념일 뿐이라는 것을 알면, 우리가 미몽의 삶을 사는 개별자들의 삶을 인도할 수 있도록 개념들을 사용할 수 있다는 것과 동시에, 항상 삶은 절대적 신비라는 것을 알아차릴 수 있다. 이것은 화성에 생명이 존재하는지의 여부에 관련된 문제처럼, 언젠가 해결될 수 있는 상대적인 신비가 아니라, 이것의 본성상 신비라는 것이다. 우리의 관념들은 상대적으로 좋거나, 나쁠 수 있지만 신비는 항상 남아 있다. 우리가 존재의 절대적인 신비를 잊어버리면, 우리들의 확실치 않은 이야기들로 인해 삶의 방향을 잃어버리고, 미몽에서 깨어나지 못하게 된다. 우리가 확실치 않은 이야기의 정체를 깨닫고, 존재의 신비를 알아차림으로써, 우리는 깨어날 수 있다.

제2부 소중한 것(The Baby)

영지주의는 확실하다고 주장하는 것들은 미몽의 삶에 무의식적으로 빠져들게 하기 쉬우므로 그러한 주장을 의심하라고 한다. 문자주의는 의심을 중대한 죄로 비난하지만, 의심은 깨닫기 위한 필요조건이다. 문자주의자들은 그들의 편견이 계속 흔들리지 않는 상태로 있기를 갈망한다. 그러나 영지주의자들은 의심하는 데 익숙하다. 만일 우리가 철저하게 의심을 한다면, 우리 모두는 존재의 신비 앞에 동등한 존재로서 만날 수 있다. 즉 절대적 진리는 없다는 사실을 우리가 알고 있다는 것을 확신하게 되면, 우리의 견해를 둘러싼 격론은 끝날 것이다. 확신은 우리를 분열시키고, 의심은 우리를 결속시킨다(비록 우리는 그것을 확신하지 않을지라도!).

자유로운 사고

과학자들은 종교의 독단적 교리에 의문을 던지고, 독창적인 방식으로 생각했기 때문에 세계에 대한 우리의 이해를 변모시킬 수 있었다. 그들은 종교적 미신의 비합리성을 드러내고, 실재를 이해하는 데 더 나은 방식들을 창출해내기 위해 이성적 사고를 사용한다. 또한 21세기 영성은 외부의 권위에 대한 거부와 합리적이고, 자유로운 사고를 필요로 한다. 왜냐하면 우리가 보다 더 의식적인 존재가 되어 깨어날 수 있는 것은 오직 우리 스스로 사고함에 달려있기

11. 종교 없는 영성

때문이다.

우리 주변 대부분의 사람들은 잠들어 있기 때문에 깨어난다는 것은 쉽지 않은 일이다. 우리는 항상 대중매체에 매달려 있으며, 이 대중매체들은 삶에 관련된 진부한 견해들을 쏟아내어 미몽의 삶에 빠진 채 방황하게 만든다. 실내 디자인부터 연쇄 살인범까지 모든 것을 탐색하는 프로그램에도 불구하고, 삶은 숨 막히는 신비라고 하는 명백하고 혼란스러운 사실에 대해 매체에 등장하는 어느 누구도 언급하지 않는다는 것은 놀라운 일이다. 마치 자기기만의 음모에 빠져서 우리의 처지가 얼마나 난처한지 직시하는 것을 회피하는 것과 같다. 이 집단적인 혼수상태로부터 깨어날 수 있는 유일한 방법은 다른 사람의 이야기를 받아들이는 것을 중단하고, 독립적이고 자유로운 사고를 하는 사람이 되는 것이다.

우리 대부분은 유행하는 사고방식을 따른다. 자랑스럽게 우리 자신의 관점이라고 주장하는 것은, 성장하는 동안 주입되거나 혹은 최신 유행과 같은 사회적 추세를 따르기 위해 채택된 것으로, 실제로는 바로 다른 사람들의 견해들의 또 다른 모음에 불과하다. 이러한 사실에 주의를 기울이지 않는 것은 우스꽝스러운 일이다. 깨어나기 위해서는 우리가 처한 사회적 조건을 점검해 보아야 하며, 우리 자신이 집단의 무의식적인 구성원이 아닌 의식 있는 개별자로 변화될 필요가 있다.

아무튼, 요즈음 정신적인 사회집단에서도 생각하는 것을 과소평

제2부 소중한 것(The Baby)

가하는 것이 유행이 되었다. 종종 머리는 우리를 방황하게 만드는 나쁜 놈이며, 가슴은 우리를 집으로 돌아오게 하는 좋은 놈이라는 이분법이 만들어진다. 실제로 '가슴'이 의미하는 것은 대체로 모호하지만, 그것이 전제하고 있는 것은 느낌이나 직관이다. 이러한 것은 좋지만 사고나 이성은 나쁘다는 것이다.

이러한 관점은 가끔 진리the Truth는 언어로 표현될 수 없다거나 이성에 의해 이해될 수 없다는 영지주의 가르침을 근거로 정당성을 주장하기도 한다. 그러나 실제로 많은 영지주의자들은 문자주의 종교의 비합리성에 대해 분명하게 비판을 가한 이성적인 철학자들이다. 영지주의자들은 영지는 지적인 견해가 아니며, 사물의 본질을 즉각 '아는' 경험이라고 가르친다. 그러나 이러한 가르침이 이성이 우리 자신과 세계를 변화시킬 수 있는 훌륭한 도구로서의 가치를 가지고 있다는 것을 부정하고 있는 것은 아니다.

종교는 항상 비합리적 '신앙'을 옹호해 왔다. 터툴리아누스는 '불합리하기 때문에 사실이다. 나는 불가능하기 때문에 믿는다'고 기독교 신앙을 선전했다. 우리가 21세기에도 정말 이러한 터무니없는 말을 묵인해야 하는가? 현대의 정신적 전통들이 이성을 거부한다는 것은, 몇 세기 동안 교회라는 조직에 의해 사용된 책략, 즉 이성에 근거한 질문이 아니라, 맹목적인 믿음을 강요하는 책략을 단순히 지속시키는 것에 지나지 않는 것이다. 이것은 발전적인 것이 아니다. 이성적인 길로 가는 것을 멈출 때 우리는 깨어날 수 없

11. 종교 없는 영성

기 때문이다. 단지 어리석은 자가 될 뿐이다.

현실의 삶에 존재하는 모든 것처럼, 사고는 좋은 면과 나쁜 면을 가지고 있다. 생각한다는 것은 바로 나 자신에게 말하는 것이다. 우리가 나누는 모든 이야기에서처럼, 때때로 어떤 이야기는 무의미한 쓸데없는 이야기이기도 하고, 어떤 이야기는 우리가 깨어나는 것을 도와주는 이야기이기도 하다. 이성적으로 생각할 수 있는 우리의 능력은 위대한 축복이다. 즉 이 능력으로 우리는 보다 더 이성적으로 될 수 있다. 더 이성적으로 됨으로써 우리는 삶에 대한 잘못된 가정을 더 잘 가려낼 수 있으며, 새롭고 자유로운 가능성들을 실현해 나갈 수 있는 것이다. 이성적으로 된다는 것은 우리가 제시하는 주장들을 타당한 근거를 통해 정당화시킬 수 있다는 것이다. 이렇게 될 때 이성적으로 된다는 것이다. 이성은 허튼소리를 감지해내며, 근거 없는 편견과 순수한 식견을 구분해낸다.

그러나 이성적으로 된다는 것이 직관적으로 된다는 것을 멈추게 하는 것은 아니다. 직관은 우리가 이성으로 파악할 수 없는 깊이 있는 이해를 자각하게 하는 우리의 능력이다. 직관은 어떤 것이 옳다는 것을 아는 것이지만 그 옳은 이유를 아는 것이 아니다. 이것은 결론을 알아차리는 것으로, 그 결론을 얻는 과정을 아는 것이 아니다. 직관은 내면의 무의식적 자아로부터 오는, 즉 새롭고 깜짝 놀랄만한 통찰력이 의식으로 갑자기 나타난 메시지다. 직관은 이해의 결정적인 요소이며, 우리는 여전히 알아차리는 과정에 있다.

제2부 소중한 것(The Baby)

아무튼, 순수한 직관과 근거 없는 가정, 문화적 조건 형성 그리고 희망 섞인 기대를 구별하는 것은 중요하다. 직관의 확실성은 이성적 사고를 통해 그 근거를 밝히는 것으로 검증되어야 한다. 위대한 과학자 대부분은 그들의 혁신적인 통찰은 직관의 형태로 나타나며, 이 직관에 의한 결과는 그 후에 이성적으로 증명할 수 있었다고 말하였다.

직관과 이성 중에 어느 하나를 선택하라는 것은 잘못된 것이다. 왜냐하면 이 둘은 자각적인 존재가 되는 과정에서 중요한 역할을 하기 때문이다. 모든 시대에 걸쳐 나타난 위대한 과학자들 중 가장 직관적이고, 이성적인 자유사상가 중 한 사람인 아인슈타인은 '중요한 것은 질문을 멈추지 않는 것'이라고 충고했다. 왜냐하면 우리가 계속 날카로운 질문을 던진다면, 이에 대한 응답으로 의미 있는 답이 우리 내면으로부터 나타날 것이기 때문이다.

우두머리 the big boss

과학은 삶에서 일어나는 실제적 경험에 대한 근거를 가진 연구다. 이러한 21세기의 과학적 정신은 절대적 권위는 유일하게 우리 자신의 실제적 경험에서부터 나온다는 것을 가르치길 원한다. 이것은 성서, 성스러운 예언자, 그리고 신의 권위라고 알려진 것으로

11. 종교 없는 영성

부터 우리 자신을 해방시키는 것을 의미한다. 문자주의자의 신은 근본적으로 외적인 권위의 모습을 가지고 있다. 이 신은 우리가 무엇을 해야 하는지를 지시하고, 만일 실패한다면 벌을 주는 우주의 우두머리다. 이러한 신의 개념은 우리가 깨어나는 데 결코 도움이 되지 못한다. 그래도 '신'이라는 위험한 단어를 사용하려고 한다면, 고대의 영지주의자들처럼 미몽의 삶이 그 안에서 일어나는 하나의 의식을 의미하는 것으로 사용할 필요가 있다.

우리는 문자주의자들이 제시하는 신의 이미지를 거부해야 한다. 이 이미지는 원시적 시대로부터 이어 내려온 유산이다. 예를 들어, 야훼나 알라는 부족의 신이며, 그 기능은 부족을 통합된 사회로 이끄는 것이다. 우리는 허풍을 떠는 야훼라는 괴물을 모든 존재의 신비의 원천인 신의 개념으로 바꾸어 놓았던 초기 기독교인들의 예를 살펴볼 필요가 있다. 기독교 영지주의자 케르도Cerdo는 이렇게 가르쳤다.

율법과 예언자들에 의해 선언된 신은 예수 그리스도의 신이 아니다. 구약의 신은 알려진 신이나, 예수 그리스도의 신은 알려지지 않은 신이다.

전통적인 신의 이미지는 진부하며 시대에 뒤떨어졌다. 신은 숭배받기를 바라는 위대한 왕과 같은 존재이며, 어느 날은 제멋대로

제2부 소중한 것(The Baby)

호의를 베풀지만 그 다음 날에는 처형 명령을 내리는 최상의 귀족 계급과 같은 존재다. 또한 그를 위해 기도하는 자들에겐 여기서는 주차할 곳을 마련해주고, 저쪽에서는 스포츠 이벤트에 당첨되는 행운을 주지만, 에이즈 혹은 굶주림으로 죽어가는 수백만의 사람들의 기도는 철저하게 외면하는 변덕스러운 왕과 같은 존재다. 만일 절대 권력이 절대 부패하는 것이라면, 봉건 귀족과 같은 문자주의의 신이 부패했다는 것은 놀랄 일이 아니다.

문자주의의 신은 아이들을 가르치기 위해 무자비하게 벌을 주는, 시대에 뒤떨어진 빅토리아 시대의 아버지와 같다. 그는 맹목적 믿음을 바랄 뿐이며, 외견상 제멋대로인 것으로 보이는 자신의 판단에 대해 어떤 설명도 해주지 않는다. 그는 규칙을 좋아하고 자유롭게 생각하는 것을 미워한다. 그는 우리가 아무 말 없이 그가 명령한 대로 행동하기를 원한다. 그리고 이러한 맹종에 따르는 보상으로, 죽어서 가게 될 천국의 유치원에 등록될 것이다. 그러나 우리는 분명히 이제 이렇게 유치한 개념들을 버려두고 앞으로 나아갈 것이다. 시대는 몰라보게 성장했다.

문자주의자의 신은 이 세상 사람의 모든 주장을 들어주는 대단한 존재다. 그러나 신의 견해를 우리에게 전달해주는 특별한 예언자의 견해가 바로 신의 견해라는 것이 분명해졌다. 각기 다른 예언자들이 자신들의 주장이 신성한 것이라고 주장하며 서로 다른 견해를 표방한다. 이 때문에 끊임없이 신의 견해가 실제로 무엇인지

11. 종교 없는 영성

에 대한 논쟁이 일어나는 것이다. 그러나 서로 다른 신의 견해들 사이에도 대부분이 받아들여지는 일치점이 있다. 신은 여성을 싫어한다는 점이다. 그는 성에 대해, 특히 쾌락적인 성에 대해 무감각한 존재다. 그리고 동성애는 그것이 분명히 남녀 간의 쾌락을 추구하는 것이 아니므로 더욱 무감각하다.

신은 모든 것에 대해 견해를 가지고 있지만, 그 견해들은 당신이 선택한 문자주의 종교에 따라 변한다. 그는 사원에 드나드는 사람 중에서 머리를 단정하게 한 남자들을 싫어하지만, 그는 머리를 가린 여성을 좋아하며, 몸 전체를 가린 여자를 더욱 좋아한다. 그는 턱수염 기르는 것을 좋아하며, 돼지고기나 조개를 좋아하지 않는다. 그러나 금요일에 생선 먹는 것은 좋아한다. 우리는 정말 이런 특별한 유행 감각을 가지고 있으며, 독단적으로 선택한 음식물을 선호하는 신을 원하는가?

창세기와 같은 이야기에 따르면, 신은 우주의 창조자다. 그러나 과학은 약 6천 년 전에 신이 7일 동안 세계를 창조했다는 주장을 거부할 수밖에 없는 많은 증거들을 제시한다. 아직도 많은 사람들이 그러한 어리석은 생각에 매달려 있지만, 과학의 발견을 자신들의 주장에 맞게 해명하고 빠져나가려는 그들의 노력은 점점 더 절망적으로 변할 것이다. 6000년 전쯤에 신이 공룡의 뼈를 일부러 묻어 놓고, 나중에 그것을 파낸 사람들이 거대한 파충류가 몇 백만 년 전에 지구 위를 걸어 다녔다고 믿도록 만들었다는 것을 믿을 수 있

347

는가? 성서의 진실성에 대한 맹목적인 믿음을 반성해 봐야 하지 않을까? 그러한 신은 병적인 존재로 제 정신이 아닌 것임에 틀림없다!

우주는 단지 현명한 존재에 의해 계획되었다고 보기에는 너무나 불합리한 면이 많다. 우주의 역사가 얼마나 계획성이 없는가를 보라. 창조의 과정에 얼마나 많은 잘못된 점이 있었는가? 만일 창조의 신이 있다면, 그는 분명히 자신이 무엇을 하고 있는지를 모를 것이다. 그러나 우주는 또한 질서가 있고, 잘 정돈되어 있어서, 지적인 존재로부터 기인하는 것으로 보기도 한다. 그리고 지적인 존재가 우주로부터 발생했다는 사실은 분명히 지적인 존재는 우주의 근원 안에 존재해야 한다는 것을 입증한다. 신을 미몽의 삶을 사는 자로 보는 영지주의의 개념은 이러한 수수께끼 같은 문제에 해답을 제시한다. 미몽의 삶은 체계적이고, 의도적인 계획에 의한 것이 아니다. 미몽의 삶은 무의식적인 인식으로부터 발생하며, 그것은 진화의 과정을 통해 자신의 본질을 의식하게 되는 것이다.

신이 전지전능하다는 생각은 위안이 될 수도 있지만, 이러한 생각은 수 세기 동안 신학자들을 혼란스럽게 만든 많은 모순점들을 드러냈으며, 실제로 심각할 정도로 혼란스럽게 만들고 있다. 그 중 가장 명백한 문제가 악의 문제다. 문자주의자의 신은 선한 존재이며, 동시에 전지전능한 존재다. 그러나 어떻게 선하면서 전지전능한 존재가 될 수 있겠는가? 신이 선하다면 모든 악을 없애기를 원

11. 종교 없는 영성

할 것이지만, 악이 존재한다는 것을 보면, 신은 그렇게 할 충분한 능력을 가지고 있지 않거나, 혹은 능력을 가지고 있지만 악의 제거를 선택하지 않았다는 것을 알 수 있다. 이 점을 고려한다면, 그를 선한 존재로 보기도 어렵다. 어떻게 전지전능한 최고의 존재가 이 세상에 끔찍한 고통이 발생하는 것을 허락할 수 있는가? 동정심 많은 신이 왜 이 세상의 고통으로부터 우리를 구제해주지 않는가? 문자주의 신학자들은 많은 교묘한 대답을 제시했지만, 이 문제는 신 개념 자체에 내재하는 것이기 때문에 제시된 모든 해결책은 실패했다.

만일 우리가 창조 '때문에' 드러나게 된 바로 그 신을 꿈을 꾸는 주체로 보는 영지주의 개념을 채택한다면, 이것은 문제가 되지 않는다. 신은 그 자신을 악한 존재로 보이게 하는 악을 의도적으로 만든 것이 아니다. 또한 그를 냉담한 존재로 보이게 하는 어떤 것을 만들어내지도 않았다. 악은 자각적인 경험을 하는 데 필수적인 양극성에 나타나는 피할 수 없는 대가다. 신은 유대인 대학살과 같은 잔악함을 허락하지 않았다. 신이 곧 대학살이며, 피해자인 동시에 가해자다. 오직 신만이 있을 뿐이다. 신은 분리의 악몽으로부터 하나 됨의 경이로움으로 깨어나는 과정에 있는 하나의 의식이다.

신의 관념은 오직 영지주의적 관점을 채택할 때만, 그리고 우리가 본질적으로 공유한 본성을 신으로 이해할 때만 의미가 있다. '모든 존재에 편재한 나'라는 존재가 바로 섬길 수 있는 신이다. 자

349

제2부 소중한 것(The Baby)

각의 삶을 살 때, 이 보편적인 '나'라는 존재가 모든 다양한 형태의 삶 안에서 즐겁게 살기를 원하기 때문이다. 그리고 이러한 결과를 가져오기 위해 우리가 할 수 있는 모든 일을 할 것이다. 우리는 기꺼이 신의 충복이 될 것이다.

우리는 신의 인격적인 이미지를 절대로 채택해서는 안 된다고 말하는 것이 아니다. 왜냐하면 이것은 우리의 본질적인 본성을 연결시킬 수 있는 강력한 방법일 수 있기 때문이다. 우리는 자신을 분리된 자아로 보려는 것으로부터 깨어나기 위해 싸운다. 비록 영지주의의 신이 우리 자신의 본질적 본성을 표현할지라도, 그리고 이보다 더 적절한 개념을 얻을 수 없을지라도, 이것이 무엇을 의미하는지를 이해하기 전에는, 비인격적인 신의 개념은 우리와 무관하거나 추상적인 개념으로 보일 수 있다. 미몽의 삶을 사는 자인 개별자들은 분리된 개개인들이며, 이러한 우리 자신을 모든 존재의 원천과 연결시키는 가장 쉬운 방법은, 이 연결시키는 존재를 위대한 존재big person라고 상상하는 것이다. 이것은 '사랑받는 자'인 미몽의 삶을 사는 자와 신이 호의적인 관계를 갖게 한다. 수피의 개념을 사용하면, 신은 사랑스러운 헌신의 대상이며, 동시에 우리 자신의 참된 자아이기도 하다. 다정다감한 루미는 간결하게 이렇게 표현했다.

나는 보편자의 사랑스러운 연인이며, 보편자다. 나는 당신 자신을 사랑하는 당신이다.

인격적인 신을 친구, 부모 혹은 연인으로 생각하는 것은 놀랍고, 감동적인 경험일 수 있다. 21세기의 영성은 문자주의자의 신을 거부할 수 있지만, 한편으로는 인격적인 신의 이미지를 수용할 수 있다. 이렇게 생각하지 않는다면, 이것은 예술과 상상력에 대한 여지를 남겨두지 않는 것과 같은 것이다. 역시 기도하는 사람에게도 여지를 남겨두어야 한다. 그러나 영지주의 관점에서 보면, 기도는 우주 왕의 호의를 간구하는 것이 아니다. 이것은 우리 자신의 내면의 본성을 반성하고, 그것과 소통하는 것이다. 이것은 의식적으로 우리의 욕망과 열망을 원점으로 되돌려 놓는 것으로, 미래의 경험에 영향을 줄 수 있다. 왜냐하면 미몽의 삶은 의식적인 의도에 대해 극단적으로 반대되는 행위를 시도하기 때문이다.

인격적인 신을 받아들이면, 신의 이미지를 우상화하는 문제가 발생할 수 있다. 그러므로 우리는 우리 자신의 신의 이미지는 하나이며, 유일한 신의 이미지라는 주장을 해서는 안 된다는 것을 스스로 다짐받을 필요가 있다. 또한 신의 신성한 견해를 자신만이 입수했다고 주장해서는 안 된다는 것을 다짐받을 필요가 있다. 우리가 가진 신의 이미지로 이것이 표현하고자 하는 존재의 신비를 가려서는 안 된다는 것을 확인할 필요가 있다. 왜냐하면 우리도 문자주의자가 될 수 있기 때문이다. 또한 문자주의자들은 매우 위험한 존재가 될 수 있다. 수피인 바스라Basra의 라비아Rabia는 이렇게 말했다.

신에 대해 아는 사람은 아무도 없기 때문에, 신을 안다고 생각하는 사람들이야말로 분쟁을 야기하는 자들이다.

사랑 혹은 법

만일 외재적인 권위를 가진 존재로서의 신을 폐기한다면, 성스러운 경전이 우리가 어떻게 삶을 살아야 하는지에 대한 오류 없는 견해를 담고 있다는 생각을 버릴 수 있다. 과거의 경전들이 현대의 도덕성을 규정하도록 내버려 둔다면, 종국에 우리는 과거의 원시적인 윤리 규범에 고착될 것이다. 우리가 살고 있는 현시대는 과거에 비해 성숙했고, 우리는 이미 우리가 어떻게 행동해야 하는지를 규정하는 외재적 권위는 존재하지 않는다는 것을 알고 있다. 21세기 영성은 우리가 더욱 자각적인 존재가 되고, 더 많은 사랑을 실천함으로써 우리 스스로 도덕적 판단을 할 수 있는 능력을 배양하는 것을 도와야 한다.

문자주의 종교를 옹호하는 일반적인 견해는, 성스러운 경전이 없다면 인류는 야만의 상태를 벗어날 수 없다는 것이다. 왜냐하면 성

11. 종교 없는 영성

스러운 경전은 사회를 통합하는 윤리적 결속력을 제공하기 때문이라는 것이다. 그러면, 이제 이 경전들이 무엇을 가르치는지를 살펴보자. 성서는 대량 학살, 강간, 약탈을 정당한 것으로 본다. 코란도 마찬가지다. 이것이 정말 현시대가 원하는 도덕성인가? 만일 선악을 분별하게 하는 폭력적인 신화적 텍스트를 가져야 한다면, '반지의 제왕'은 어떤가? 이것이 오히려 성서나 코란보다 윤리적이다. 그리고 이것이 보다 더 그럴듯하지 않은가!

문자주의자들은 종교적 계율들은 신성하게 계시된 것이라 주장하지만, 이 계율들은 신성하지 않다. 이 계율들은 인간적이고, 그들이 만들어진 시대의 가치관을 반영한다. 토요일에 일을 했다는 이유로 사형을 요구하고, 어린 아이들을 노예로 파는 행위를 용인하는 유대의 율법을 준수하기를 진정으로 원하는가? 아니다. 물론 우리는 그러한 것을 원하지 않는다. 부도덕한 자에게 공정하지 않은 참수형이나 십자가에 못 박는 형벌을 내리며, 뼈가 부러지지 않는 한 자신의 부인들을 때리는 것을 묵인하는 이슬람의 계율도 원하지 않는다. 현시대는 이보다 인간적이다. 얼마나 다행스러운 일인가!

문자주의는 우리를 통합하는 윤리적 결속력을 제공하기보다는 오히려, 우리를 갈라놓는다. 복음서에서 예수는 우리에게 나쁜 짓을 한 자를 용서하라고 역설하지만, 그 용서는 계율을 어긴 자에게는 해당하지 않는다. 그렇기 때문에 예수의 말도 혹독하게 벌주기

353

제2부 소중한 것(The Baby)

를 요구하는 문자주의 기독교인들을 막을 수는 없다. 버릇없는 아이들을 때리는 일부터 성인에 대해 사형으로 벌주는 데 이르기까지 보복의 정의를 옹호하는 것이 종교적 의무다. 폭력은 문자주의자의 해결 방법이지만, 영지주의자에게는 하나의 문젯거리다. 인과응보에 의거한 처벌은 오히려 다시 되돌아와 우리 자신을 해친다. 우리는 희생자로서, 그리고 가해자로서 고통을 당한다. '눈에는 눈'이라는 율법은 우리를 분리시키는 이치에 근거하지만, '타인을 너 자신처럼 사랑하라'는 율법은 하나 됨의 이치에 근거한다.

무엇이 '정의'를 만들어내는지에 대한 문자주의의 인식은 혐오스러울 뿐만 아니라, 그들은 너무 쉽게 믿는 경향이 있어서 그들의 임무를 제대로 실행할 수 없는 법관들에 의한 판결처럼 정의를 심각하게 혼란시킨다. 특히 미국의 많은 법관들은 문자주의의 기독교인으로, 그들은 누군가 동정녀에서 태어났고, 물을 포도주로 바꾸었으며, 약간의 빵과 물고기로 오천 명을 먹였고, 죽고 나서 부활했다는 것을 맹목적으로 믿을 수 있는 사람들이다. 증거에 대해서는 거의 관심이 없는 사람이, 어떤 사람의 생사가 달린 법정에서 허구와 사실을 분간해낼 수 있다는 것을 정말 신뢰할 수 있을까? 정말 걱정스럽다.

영지주의 관점에서 보면, 우리는 서로 사랑하는 것을 잊었기 때문에 고작 율법과 징벌 따위에 사로잡혀 있다는 것이다. 바울은 '사랑은 율법의 모든 것이다'라고 설명한다. 우리가 서로 사랑하지

11. 종교 없는 영성

않을 때 율법이 필요하다. 사람들은 공정하고 정당한 인간의 노력이 좌절되었을 때 법에 호소한다. 그리고 이러한 일이 일어나면, 항상 이득을 보는 자는 오직 법률가일 뿐이다. 기독교 영지주의자들이 그들의 영웅인 예수를, 끊임없이 율법 학자들을 비난하는 자로 그린 것은 그리 놀랄 일이 아니다. 문자주의자와 영지주의자 사이의 논쟁은 곧 율법 학자와 사랑하는 자의 논쟁이다.

문자주의자들은 도덕적 율법을 지키는 데 전념하지만, 영지주의자들은 사랑을 실천하는 데 헌신적이다. 문자주의자들은 인간은 근본적으로 악하고, 강압적으로 다듬어질 필요가 있다고 생각한다. 그러나 영지주의자들은 양극을 가진 모든 존재들처럼 인간의 본성도 선과 악의 양면을 가지고 있다는 것을 안다. 우리가 분리된 존재로 방황하게 되면, 지독하게 이기적인 존재가 될 수 있다. 그러나 일자를 깨닫게 되면, 놀라울 정도로 친절해질 수 있다. 영지주의 관점에서 보면, 우리 자신을 깨닫게 할 필요가 있으며, 무엇을 해라, 하지 말라는 것에 얽매여서는 안 된다. 왜냐하면 본질적 본성을 알게 되면 자연스럽게 선해지기 때문이다.

외부에서 가하는 강압적인 방법으로는 우리를 선하게 만들지 못한다는 것을 21세기 영성은 가르칠 필요가 있다. 우리는 자기 내부의 자연적인 선함을 실현해야 하며, 발렌티누스가 지적한 것처럼, 즉 '마음에 새겨진 계율'에 복종할 필요가 있다. 우리 모두 하나라는 것을 이해한 삶은 자연스럽게 바람직한 행동으로 우리를 이끈다는 것을 이해해야 한다. 또한 우리가 해야 할 옳은 일이 무엇인가를 물을 때, 그 대답은 항상 사랑으로 행하는 것이라는 점을 이해할 필요가 있다. 어떤 행위가 용인될 수 있는지, 없는지에 대한 논쟁을 멈추고, 문제의 핵심으로 돌아가야 한다. 실제로 사랑한다는 것이 무엇인지, 그리고 어떻게 자비의 문화를 만들어낼 수 있는지를 논의하자.

완전한 사람이라는 개념의 치명적인 문제점

만일 우리가 당연하게 신과 성스러운 경전의 절대적인 권위를 인정하지 않는다면, 지상에서 신을 대리하는 절대적인 권위들, 즉 예언자들, 화신化身(avatar)들, 성인들, 깨달은 스승들의 절대적인 권위를 거부할 수 있다. 21세기 영성은 완전한 사람이라는 신화로부터 자신을 자유롭게 만들어야 한다. 그래야 어떤 외적 권위보다 우리 자신의 경험을 우리 스스로 믿을 수 있다.

서양 문화에서 궁극적으로 완전한 인간은 예수다. 예수가 역사적인 존재가 아니라 신화적인 존재임을 인정하는 것은 곧, 외재적 존재의 권위로부터 우리를 자유롭게 한다. 선불교에는, '만일 길에서 부처를 만나면, 그를 칼로 베어버려라'라는 말이 있다. 서양에서도 이것, 즉 '만일 길에서 예수를 만나면 그를 죽여라'라는 말에

11. 종교 없는 영성

익숙해져야 한다. 이것이 과격하게 들릴지 모르지만, 이 의미는 매우 의미심장하다. 만일 부처나 예수가 당신 자신과 다른 사람이라고 생각한다면, 이것은 완전히 잘못 생각한 것이다. 왜냐하면 부처나 예수는 바로 당신 자신의 본질적인 본성을 표현하는 자이기 때문이다.

인류의 역사에는 삶과 죽음의 신비에 심오한 통찰력을 보여준 뛰어난 인물들이 있었다. 그들은 깨달음의 여행을 하려고 하는 우리에게 도움을 줄 수 있다. 그러나 그들은 현실의 삶을 그들의 관점으로 특징짓거나, 제한하는 특정한 문화 속에서 살았으므로, 어쩔 수 없이 그들의 가르침의 관점이 시대에 맞지 않을 수 있다. 만일 이러한 점을 이해한다면, 그러한 사람들이 말하는 모든 것을 받아들여야 한다는 불합리한 생각을 하지 않을 것이며, 그들의 가르침에서 말하고자 하는 것과 그렇지 않은 것을 구별할 때, 자신의 생각대로 살 수 있을 것이다.

완전한 사람이 모든 문제의 해답을 알고 있다는 생각은 매우 매혹적일 수 있다. 우리 대부분은 자신이 완전한 존재이어서 아무것도 찾지 않는 누군가를 필사적으로 찾고 있다. 정신적인 집단들에는 '완전히 깨달은' 스승에 관한 많은 이야기가 있다. 그러나 초인적 존재의 너무나 아쉬운 인간적 면모를 드러내는 끊임없는 폭로와 추문이 항상 제기되었다. 이제 잠시라도 바보가 되지 않을 정도로 완벽하게 현명한 사람이 없다는 것을 인정할 시대가 되었다. 그

제2부 소중한 것(The Baby)

리고 우리가 놀라워할 정도로 멍청한 사람도 없다. 우리에게는 이 양자가 함께 들어 있다. 우리는 또한 기억하기도 하지만 잊어버리는 존재이기도 하며, 멍한 존재이면서 깨어 있는 존재이기도 하다. 항상 진화해 나아가지만 결코 목표에 도달하지 못하는 존재다.

바로 어느 누구는 음악에, 또 다른 누구는 운동에 재능을 가지고 있는 것처럼, 어떤 사람은 삶과 죽음의 신비를 통찰하는 일과 다른 사람이 통찰할 수 있도록 하는 특별한 재능을 가지고 있다. 그럼에도 불구하고 그들은 평범한 남성들이나 여성들로, 종종 그들도 우리와 마찬가지로 어떤 일에 빠지기도 하고, 언짢아하기도 하고, 또 다른 개인적인 문제들과 씨름하고 있는 사람들이다. 그들은 안내자이지, 신이 아니다. 만일 우리가 경외하는 마음으로 떠받들기만 한다면, 이것은 그들이 우리에게 전해준 참된 지혜를 이해하는 것을 실로 어렵게 만들 뿐이다.

우리는 과학자들, 예술가들, 정치가들, 배관공들이 절대 오류가 없는 사람들이라 생각하지 않는다. 그러나 영성이 개재하면, 이 합리적인 접근은 완전히 사라지고, 웬일인지 우리는 그들이 완전한 영적 통찰의 재능을 가진 존재이기를 원한다. 그리고 만일 그들이 이러한 불합리한 기대에 미치지 못하면, 그들의 대부분의 지혜가 여전히 훌륭한 가치가 있음에도 불구하고 회복할 수 없는 결점을 지닌 것으로 생각한다.

우리는 너무 쉽게 우리보다 더 많이 깨달은 그들을 숭배한다. 왜

11. 종교 없는 영성

냐하면 의식이 확대되는 경험을 한 누군가와 대면하고 있다는 것이 우리 자신의 의식의 상태를 확대시켜 줄 수 있다고 생각하기 때문이다. 이것은 이교도 영지주의자들이 paradosis 혹은 transmission (전이)라고 부른 것으로, 인도에서는 darshan이라고 한다. 이것에는 특별한 신비적 의미가 전혀 없다(혹은 그 외의 다른 어떤 것보다 더 많은 신비적 의미를 가지고 있지 못하다!). 우리는 항상 이런 종류의 전이를 경험한다. 행복한 사람들이 옆에 있으면 우리도 행복해질 수 있고, 우울한 사람들 옆에 있으면 우리도 우울해질 수 있다. 또한 깨달은 사람들과 가까이하면 우리 자신도 깨달을 수 있다. 이것은 매우 가치 있는 경험일 수 있지만, 이것이 누군가를 모든 것에 대해 절대적인 권위를 가진 존재로 만드는 것은 아니다.

정신적인 회합을 갖는 많은 교사들이 그들을 절대로 오류가 없는 권위적인 존재로 생각하도록 조장하는 것이 문제다. 그러한 교사들 중에는 종종 지대한 카리스마를 가지고 있는 교사가 있기도 하며, 또한 종종 그들은 자신들을 매우 매력적인 존재로 포장하기도 한다. 그러나 모든 마법처럼 카리스마는 선의적이거나 혹은 악의적일 수 있다. 어떤 교사들은 그들의 학생들이 자신이 가지고 있는 놀라운 참된 본성을 깨달을 수 있도록 카리스마를 사용하지만, 또 다른 어떤 교사들은 그들의 학생들을 순종적인 광신적 신자들로 만드는 최면을 걸기 위해 카리스마를 이용한다.

한 교사를 시험하는 것은 간단하다. 그들의 학생을 보라. 만일

제2부 소중한 것(The Baby)

학생들이 깨어나는 것을, 그리고 발전하는 것을 돕는다면 신뢰할 수 있는 교사지만, 만일 그들이 학생들을 스승의 말을 생각 없이 되뇌기만 하고, 스스로는 절대로 생각하지 않는 예속적인 추종자로 만든다면, 그들을 신뢰해서는 안 된다. 왜냐하면 학생들을 그들의 스승으로부터 자유롭게 만드는 것이 아니라, 실제로는 많은 교사들이 개인적인 숭배를 위해 학생들을 묶어 놓는 일을 하기 때문이다. 그들이 실제 바라는 목적은 영적으로 유명한 사람이 되는 것이며, 그들의 팬클럽을 확대하는 것이다.

진정한 교사는 위선을 스스로 고백하는 자다. 이것은 그들이 위선자라는 것을 의미하는 것이 아니다. 사실 이것은 그들이 덜 위선적이라는 것을 의미한다. 왜냐하면 그들은 자신들이 얼마나 지혜로울 수 있고, 또한 얼마나 어리석을 수 있는가를 알고 있기 때문이다. 그들이 위선자라고 느껴질 때가 그들의 참된 모습이다. 이것이 피타고라스가 '현자'라고 불리어지는 것을 거부한 이유이며, 그 자신을 단지 '지혜를 사랑하는 자', 혹은 '철학자'라고 부른 이유다. 그리고 복음서에서 예수가 제자들에게 자신을 '선한 자'라고 부르지 못하게 한 이유다.

미몽의 삶은 양극성과 함께 나타난다. 그래서 이 안에 있는 모든 사람은 현명하면서 동시에 어리석다. 개개인들은 현실적인 삶에 등장하는 자신이 실재 자신이라고 무의식적으로 동일시하는 무지와 절대적 깨달음이라는 도달할 수 없는 이상 사이의 어딘가에 존재한다. 사람이 된다는 것은 깨달아 나가는 과정, 더욱 발전해 나가는 과정에 있다는 것이다. 우리가 깨어나는 것은 계속해서 변하는 것이다. 왜냐하면 미몽의 삶을 사는 모든 존재는 끊임없이 유동하고 있기 때문이다.

아무튼, 절대로 분명히 해야 할 것은, 이 책의 저자들인 우리가 예외적인 주장들을 하는 것이 아니라는 것이다. 우리의 친구들이나 가족들이 쉽게 증명할 수 있는 것처럼, 우리는 분명히 성인聖人답지는 않다. 때때로 우리는 매우 현명하고, 자애로우며, 활력적일 수 있지만, 그러나 또한 때때로 매우 우둔하고, 이기적이고, 무기력해질 수 있다. 이것이 친근하게 들리지 않는가? 물론 그렇다. 이것이 모든 인간이 겪는 난처한 상황이다. 그러면 있는 그대로 보고, 그리고 이러한 상황을 원만하게 대처해 나가자.

제2부 소중한 것(The Baby)

12. 위대한 생각

사랑이 그 열쇠이고 당신도 그것을 잘 알고 있다.
—'심리전', 존 레넌('Mind Games', John Lennon)

우리에게 좋은 소식은 우리 모두는 하나라는 것이며, 나쁜 소식은 이것을 깨달은 사람이 단지 소수에 지나지 않는다는 것이다. 대부분은 분리의 악몽 속에 잠들어 있다. 그리고 우리가 서로 분리되었다는 잘못된 신념은 말로 다할 수 없는 고통의 원인이다. 이것이 모든 개인적인 문제의 뿌리 깊은 원인이기도 하다. 또한 9·11로 인해 드러난 현재 세계 위기의 뿌리 깊은 원인이다. 영지주의자들이 생각하는 유일한 해결책은 우리 모두가 하나라는 것을 깨닫고, 문자주의를 거부하는 것이다. 왜냐하면 문자주의는 무엇보다도 우리 자신을 문자 그대로 분리된 개별자로 착각하기 때문이다.

우리가 빠진 곤경의 희비극은 우리는 분리되어 있다고 생각하지만, 실제로는 하나라는 것이다. 역사를 통해서 보면, 우리는 민족간의 혹독한 전쟁으로 인해 분열되고 고통 받았음에도 불구하고 '민족'은 그 개념 자체부터 불명확하다. 그러면 지금 자신들을 'British'라고 부르는 유럽 끝자락 밖에 있는 작은 섬들의 거주자들을 살펴보자. 최근까지 자랑스럽게도 이 민족은 대영제국'British' Empire으로서 세계를 지배했다. 그러나 실제로 영국Britain에 남아 있는 유일한 영국인Briton은 웨일즈인Welsh(그들 대다수는 브리튼으로부터 독립을 원한다!)이다. 왜냐하면 원래의 토착 영국인Briton은 2000년 전에 로마에 의해 웨일즈로 밀려 났기 때문이다.

이 작은 섬들에 거주하는 다른 민족들의 '실제' 정체성도 마찬가지로 혼란스럽다. 아일랜드인은 원래 바다를 건너와 정착한 스코틀랜드인이다. 이 스코틀랜드인은 원래는 픽트인(영국 북부에 살던, 스코트족에게 정복당한 고대인. 역주)으로, 언제부턴가 영국England으로 불려진 곳으로부터 왔다. 그러나 영국은 독일로부터 온 앵글족(5세기 이후 Saxons, Jutes와 함께 영국에 이주한 게르만 족; 지금의 영국인의 조상. 역주)에 의해 정복당한 후에야 영국으로 불리게 되었다. 색슨족도 마찬가지로 영국에 이주한 후 앵글족을 정복했다. 이후에 그들은 스칸디나비아에서 온 덴마크인과 바이킹에 의해 정복당했고, 그들 전체는 다시 자신들이 본래 바이킹 혹은 노르웨이인이었던 프랑스에서 온 노르웨이인에 의해 정복당했다. 이것은 너무나 혼란스럽다!

몽고인들이 신세계에 도착했을 때, 그들은 자신들의 부족명을 아

제2부 소중한 것(The Baby)

메리카인으로 개명했다. 물론 이 명칭은 아메리카의 원주민에게 적용되는 것이므로 시베리아로부터 온 것으로 생각되는 그들은 실제로 아메리카인은 아니다. 이러한 아메리카 토착민들은 유럽에서 온 침입자들에 의해서 대부분이 절멸되었다. 현대의 '아메리카인'은 실제로는 그의 조상들이 전 세계 각지에서 온 사람들이다. 현대 아메리카인은 기원이 그렇게 다양해서 합중국合衆國US라고 불리는 것이 정말 적합하다.

인종과 국적을 규정하기 위해 사용하는 모든 표식들은 단지 개념적인 구조물일 뿐이다. 발생학은 우리 모두가 피부 밑에서 보면 아프리카인이라고 증명했으므로 우리 모두는 한 형제로서 서로를 껴안도록 하자. 그리고 지도상에 제멋대로 그어진 선에 의해서 분리된 나라가 아닌, 하나의 세계에 함께 살고 있는 거주자로 우리 자신을 생각하도록 하자.

국적을 변경하기를 원하는 사람들이 다른 국적을 취득할 수 있다는 것으로 증명된 것처럼, 신뢰할 수 없는 국가의 정체성들은 쉽게 벗어날 수 있지만, 종교적 정체성은 더욱 공고히 자신을 지키기 때문에 벗어나기가 어렵다. 우리의 분리를 규정하도록 언급하는 모든 이야기들은 위험할 정도로 불화를 일으키며, 주제넘게 절대적 진리를 사칭하는 종교적 이데올로기들보다 더 불화를 일으키는 것은 없다. 종교적 문자주의자들은 인류 역사 어느 시기에나 그들의 신을 기쁘게 하기 위하여 신자들에게 인간성에 반하는 가장 끔

12. 위대한 생각

찍한 범죄를 저지르도록 강요하는, 신자와 불신자 사이에 신이 허용한 차별의 장벽을 만들었다.

서양 문화에서 우리는 더 이상 누군가를 자신의 성, 인종, 성적 특질 때문에 차별하는 것을 허용하지 않는다. 물론 차별은 여전히 많이 남아 있지만, 우리는 적어도 이 차별을 비난하고 그것을 불법적인 것으로 생각한다. 이것은 커다란 발전이다. 그런데 왜 우리는 종교적인 편협한 신앙을 계속 허용해야 하는가? 신이 어떤 민족을 더 좋아한다는 기괴한 사상은 낡은 중세시대의 것이다. 확실히 현대는 우리를 분리의 악몽에 빠뜨리는 국가주의, 인종주의, 성차별주의, 그리고 모든 '주의'와 함께 '신앙우선주의'를 역사의 퇴비 더미에 던져버려야 할 시대다.

과학은, 우리 몸을 구성하는 요소들이 초신성 안에서 수십억 년 전에 폭발해서 불탄 별들의 심장부에서 만들어졌다는 것을 입증했다. 우리는 문자 그대로 우주의 먼지다. 우리는 우주로부터 발생했으며, 그런 면에서 진실로 '세계인'이다. 우리는 한 가족이며, 우주는 우리의 어머니다. 우리 모두가 혈연관계에 있다는 것을 인정하게 된다면, 우리는 결국 서로를 친절하게 대하기 시작할 것이다.

제2부 소중한 것(The Baby)

우리 대 그들

분리의 환상에서 비롯된 '우리 대 그들'이라는 대립된 세상에 사는 한, 우리는 계속 시비를 걸고 싸움을 할 것이다. 또한 우리 내면의 악을 계속해서 '그들'에게 투사할 것이다. 무가치하고, 불성실하며, 죄를 범하고, 비인간적인 것은 항상 자기가 아닌 상대편에 있는 것인 반면에, 선하고, 성실하고, 합법적이고, 사랑스러운 것은 우리 자신의 모습이다. 테러리스트는 항상 우리가 아닌 그들인 반면에 '우리'는 자유의 투사다. 9·11 이후 한 언론 회의석상에서 조지 부시는 이렇게 언급했다.

어떤 이슬람의 나라가 미국에 대해 지독한 증오를 가지고 있다는 것을 안다면, 나는 어떻게 반응할 것인가? 이것에 대해 어떻게 반응할 것인지를 말하겠다. 나는 놀라서, 이것을 결코 믿을 수 없을 것이다. 왜냐하면 나는 우리가 얼마나 선한가를 알고 있기 때문이다.

당연히 그는 옳다. 그러나 반만 옳을 뿐이다. 미국은 훌륭한 나라다. 많은 분야에서 미국은 인간성을 새롭고 더 나은 세계로 이끌었다. 그러나 미국은 다른 나라나 모든 사람과 마찬가지로 어두운 면을 가지고 있다. 이것을 인정하지 않는 한, 미국은 계속해서 자

12. 위대한 생각

신의 '악'을 '다른 나라'에게 투사할 것이다. '우리 대 그들'이라는 구도 하의 세계에는 항상 '그들'이라는 악이 존재해야 한다. '악의 제국'인 소련이 붕괴된 후, 그 공백을 메우기 위해 몇 년이 지나지 않아 어떻게 새로운 '악의 축'이 만들어졌는가를 보라.

그러나 삶은, 할리우드가 아무리 그러한 방식으로 그리기를 원한다 할지라도, 선한 자가 악한 자를 이기는 단순한 도덕적 이야기로 결코 격하될 수 없다. 현실에는 선한 자와 악한 자가 있다. 왜냐하면 우리 모두는 선과 악의 혼합물이기 때문이다. 악은 '다른 편'에만 있으며, '다른 편'에서만 싸움을 도발하는 것으로 착각하는 한, 결코 해결방법을 찾을 수 없다. 유일한 해결책은 '악'이 우리 내부에 있다는 것을 인정하는 것이다. 우리가 진실로 '죄 없는 자가 먼저 돌을 던져라'라고 한 의미를 받아들이지 않는 한, 영원히 서로에게 돌을 던지는 운명에서 벗어나지 못할 것이다.

영지주의의 관점에서 보면, 현재의 세계 위기를 치료하는 첫 단계는 적의 관점을 이해할 정도로 우리가 성장해서 분별력을 갖추는 것이다. 복음서에서 예수가 말하는 것처럼, 상대의 눈에 있는 티를 비난하지 말고, 자신의 눈에 있는 대들보를 인정해야 한다. '우리' 자신으로부터 '그들'이라고 분리했던 모든 것을 찾아내고, 겸손하게 인정해야 한다. 우리의 잘못을 고쳐야 하고, 반대자들을 용서해야 한다. 신뢰를 저버렸을지라도 신뢰해야 하며, 사랑을 거부하더라도 사랑해야 한다. 또한 승자와 패자를 가리는 게임을 거

제2부 소중한 것(The Baby)

절해야 하며, 우리는 반드시 함께 승리할 수 있다는 것을 분명히 해야 한다.

9·11 만행 이후에 미국에 대한 동정의 파도가 세계를 휩쓸었지만, 이 파도는 급속히 일어났던 것과 마찬가지로 빨리 소멸하였다. 그러나 이러한 결과는 달라질 수도 있었다. 만일 미국의 대통령이 기독교 본래의 참된 정신에 입각해서 세계에 다음과 같이 연설을 했다고 상상해 보라.

우리나라에 대한 가공할 공격으로 인해 미 국민은 충격과 상처를 받았다. 그러나 우리는 기독교 전통에 뿌리를 두고 있는 문화를 가지고 있는 국가이니만큼, 이러한 어두운 시대에 가장 깊이 있는 지혜를 발휘해야 한다. 이것은 우리에게 용서와 사랑의 힘에 대한 믿음을 가지라고 가르친다. 신약성서에서 예수는, 뺨을 때린 자들을 용서하고, 다른 뺨을 내주라고 가르친다. 예수는 "너희는 '눈에는 눈'이라는 말을 들었을 것이다. 그러나 나는 '너의 원수를 사랑하라'고 말한다"라고 가르치셨다. 오직 사랑만이 증오를 치유할 수 있다. 고통이 우리를 더 잘 되도록 자극할 때만, 고통은 사라진다. 그러므로 마음이 비탄에 빠지고, 화로 가득 찼을지라도, 복수를 해서는 안 된다. 대신에 우리에게 이렇게 아픈 상처를 준 그들을 용서하도록 노력해야 한다. 우리를 적으로 생각하는 모든 사람들이 우리와 함께 모여 앉아 대화를 나눌 수 있

12. 위대한 생각

도록 초대하고자 한다. 탁자에 둘러앉아서 우리들 사이의 차이점들을 이번에 굳은 의지를 가지고 해결하도록 하자. 우리가 어느 누구의 적도 아니라는 것을 입증하는 것을 도와 달라. 만일 우리가 고통과 고뇌를 일으킨 죄가 있다면, 이것을 바로 잡기 위해 무엇을 해야 하는지 말해 달라. 우리는 계속해서 우리의 꿈을 키위 나갈 것이다. 언젠가는 이슬람교의 소년 소녀와 유대교의 소년 소녀, 그리고 기독교의 소년 소녀가 형제와 자매처럼 손을 잡고 함께하는 것이 우리의 꿈이다. 우리 함께 꿈을 실현시키자.

만일 미국의 대통령이 이렇게 대응했다면, 어떤 일이 일어났을까? 세상은 완전히 변화됐을 것이다. 의식 진화의 기념비적인 전환점을 맞이했을 것이다. 또한 정치 행위의 완전히 새로운 방식을 보여 주었을 것이다. 그러나 애석하게도 이러한 일은 일어나지 않았다. 불교도인 유명 배우 리처드 기어가 뉴욕의 공식 석상에서 사랑과 용서의 가능성을 이야기했을 때, 야유와 비난을 받았다. 호박벌에 심하게 쏘였을 때, 미국인이 보여준 반응은 호박벌을 뒤쫓아 벌집을 큰 장대로 때리는 것이었다. 이로 인해 그들은 벌에 더 많이 쏘이게 되고, 이 고통이 미국인들을 더욱 격분시켜 더 세게 벌집을 때리게 만들었다. 세계를 변화시킬 또 한 번의 좋은 기회를 놓쳐버렸다.

사랑의 정치학

　삶은 우리가 더 많이 깨어남으로써 함께 만들어 나가는 꿈이다. 우리는 미움과 분리의 미래와 사랑과 하나 됨의 미래 중에서 선택할 수 있다. 영지주의자들은 지상 천국의 유토피아적인 꿈을 간직하고 있다. 그들은 다양한 삶의 형태 안에서 삶의 기쁨을 즐길 수 있는 세계를 만들려는 희망을 키우고 있다. 그들의 열망은 전 인류를 생기 있게 만드는 것이다. 이것에는 미몽의 삶에서 깨어날 수 있도록 자극하려는 큰 뜻이 들어있다.
　현재 우리는 서로 분리되어 있다는 착각에 사로잡혀 있다. 이것은 미몽의 삶이 계속해서 악몽으로 빠져드는 것을 의미한다. 그러나 본질적인 단일성을 깨닫게 될수록 분열과 불협화음은 자비와 협동으로 바뀌게 될 것이다. 결국 우리는 다음과 같은 달라이 라마의 언급을 이해하게 될 것이다.

　인간 존재의 지고한 의무는 모든 불만족스러운 경험과 고통으로부터 해방될 수 있는 방법을 탐구하는 것이다.

　아인슈타인은 아래와 같이 영지주의자들의 관점을 완벽하게 표현했다.

12. 위대한 생각

인간 존재는 '우주'라고 불리는 전체의 한 부분이며, 시간과 공간의 제한을 받는 존재다. 그는 다른 나머지와 분리된 어떤 존재로 −일종의 의식의 착시 현상처럼− 그 자신과 그의 사고와 감정을 경험한다. 이 착각은 일종의 감옥으로 개인적 욕망을 제한하고, 우리에게 친근한 소수의 사람들에게만 애정을 주도록 제한한다. 우리의 임무는 모든 생명체와 아름다운 자연 전체를 포용할 수 있도록 자신의 자비심을 확대함으로써, 이 감옥으로부터 우리 자신을 해방시키는 것이다.

우리 자신을 분리된 존재로 보는 것이 이기적이고, 탐욕스럽고, 비난받을 만한 존재로 만드는 것이라면, 본질적 본성을 공유한 존재로 보는 것은 우리를 용서와 친절과 관대함으로 이끈다. 의식의 하나 됨을 깨닫는다면, 우리 자신은 사랑의 화신으로 변화한다. 사랑을 실천하는 삶을 살면 살수록, 점점 더 전 인류를 활기 있게 만드는 위대한 열망에 진정으로 기여하게 될 것이다.

깨어 있는 관점에서 보면, 우리는 미몽의 삶을 살면서 우리가 공유한 내면의 본질을 표현하고 있는 존재라는 것을 인지하지 못함으로써 우리 스스로 모든 문제를 만들어내고 있다. 만일 우리가 하나라는 것을 깨닫기만 한다면, 우리 주변의 세계를 자신과 분리된 존재로 보지 않을 것이다. 또한 서로를 죽임으로써 차이의 문제를 해결하지 않을 것이며, 자연 환경을 파괴하지 않을 것이다. 우리는

제2부 소중한 것(The Baby)

　개인적인 만족을 위하여 타인을 수단으로 사용하지 않을 것이며, 사랑의 정치를 실천하기 시작할 것이다.

　정치는 자유와 평등의 양극을 오가려는 경향이 있다. 전통적으로 우파는 자유를 강조하고, 좌파는 평등을 강조한다. 그러나 유명한 혁명의 슬로건인 '자유, 평등, 그리고 동포애'라는 신조가 있다. 이 3번째 신조인 동포애 혹은 우정은 사랑의 정치가 강조해야 할 잃어버린 요소다. 왜냐하면 우리는 사랑할 때, 우리 자신이 자유롭게 되고, 서로를 평등하게 대할 수 있기 때문이다.

　현재의 우리는 맹인에 의해서 인도되는 맹인이다. 정치인들을 비난하는 것은 소용이 없다. 현재 우리는 종종 다른 사람과 환경과 미래에 막대한 피해를 가하는 충동적인 개인적 욕망을 충족시키기 위해 단기간에 이익을 주는 정치인들을 선택했다. 그러나 이제는 진실로 자비로운 세계로 우리를 인도할 수 있는 비전을 가진 지도자를 선택해야 한다. 이것을 이루기 위해서는 반드시 극복해야 할 무지와 이기심이 우리 앞에 무겁게 놓여 있다. 그래서 이것은 불가능하게 보일 수도 있다. 또한 세계는 자기 이익을 추구하는 부자들에 의해 움직이기 때문에 이것을 변화시키는 것은 매우 힘든 일로 보인다. 그러나 우리에게 내재하는 이기심 이 자체를 옳은 생각으로 없앨 수 있다. 우리 각자는 깨닫기 위해 이기심을 극복할 필요가 있다. 그리고 부와 권력을 가진 사람들에게는 그 밖의 다른 사람과 마찬가지로 큰 사랑을 깨달을 수 있는 능력이 있다.

12. 위대한 생각

복음서에서 예수는 부자가 천국에 가기보다는 낙타가 바늘귀를 통과하는 것이 더 쉽다고 가르쳤다. 이것은 부에 대한 도덕적 판단이 아니라 사실을 말하는 것이다. 천국은 우리가 깨달았을 때 비롯되는 위대한 사랑의 상태다. 다른 사람들은 굶어 죽는데, 부유한 생활을 즐기며 분리된 존재로 살아가는 자가 천국을 경험한다는 것은 진실로 불가능한 일이다. 현재의 문화적 상황에서 부의 과잉 축적을 대단한 축복으로 여기지만, 아마 우리는 이 부를 저주로 볼 필요가 있을 것이다.

멋대로 얻은 극도의 부를 반사회적 행위로 보는 것을 공동체 부흥을 위해 필요한 것으로 간주한다면 어떤 일이 일어날까? 만일 요즈음의 유력한 사업가를 과거 시대의 영주나 지방 호족의 현대판으로 간주한다면? 만일 가장 많은 부를 축적한 그들을 칭송하는 귀에 익숙한 '부자 명단'을 가장 선한 일을 한 사람을 칭송하는 친절한 자의 명단으로 바꾸어 놓는다면? 만일 사회가 많은 기부를 찬양하고 지나친 소유를 혐오하는 분위기로 바뀐다면, 어떤 일이 일어날까? 우리는 자비심을 유행시킬 필요가 있다!

오늘날 우리는 한 문화의 성공과 실패를 경제적 측면에서 판단한다. 만일 경제적인 지표 대신에 행복의 지표로 대체한다면 어떤 일이 일어날까? 만일 우리가 얼마나 많은 부를 축적했는가가 아니라, 얼마나 많이 삶을 즐기는가로 잘사는지 아닌지를 판단한다면? 만일 우리에게 더 많은 스트레스를 주는 현금 숭배의 문화가 아니

제2부 소중한 것(The Baby)

라 행복을 느끼는 친절의 문화를 선택한다면, 어떤 일이 벌어질까?

더 나아지기 위해 필요한 것은 우리 각자가 깨어나고 사랑을 실천하는 것이 전부다. 왜냐하면 우리가 서로를 진실로 사랑할 때, 서로의 고통을 덜어주기 위해 할 수 있는 모든 일을 하기 때문이다. 경제적이거나 이념적인 이기심으로 하는 모든 행위의 결과는 결국 우리에게 되돌아 올 것이다. 왜냐하면 단지 분리의 정신으로부터 온 것은 우리를 더욱 분리에 빠지게 하기 때문이다. 본질적인 단일성을 자각하고 행한 것은 결국 분리의 감정을 극복하고, 하나 됨과 사랑을 깨닫는 것을 어떻게 해서든지 도와줄 것이다.

존 레논은 그의 노래 'Mind Games'에서 '사랑이 그 열쇠이고 당신도 그것을 잘 알고 있다'고 했다. 정말 놀라울 정도의 독창적인 주장이다. 우리의 깊은 내면 어디에선가는 우리 모두가 잘 알고 있다. 사랑은 모든 인간적인 문제의 해결책이다. 이 외의 어느 것도, 어떠한 훌륭한 이론도, 어떤 정치적 혁명도, 어떤 외교적 타협도 해결할 수 없다. 오직 사랑만이 해결할 수 있다. 왜냐하면 사랑은 본질적 단일성을 깨닫게 하는 방법이기 때문이다. 어떻게 우리 사이의 분리를 치료할 수 있을까? 이것은 오직 우리가 하나라는 것을 알고 사랑을 실천함으로써만 가능하다.

12. 위대한 생각

위대한 사랑

새롭고 더 나은 세계를 만들기 위해, 우리는 새롭고 더 나은 방식으로 생각해야 한다. 아인슈타인은 이렇게 말했다.

오늘날의 문제는 그 문제를 낳은 동일한 정신으로 풀 수 없다.

절망이 증가하는 상황에서 새로운 희망을 제공할 수 있는 위대한 사랑을 찾고자 하는 많은 이야기가 있다. 우리는 영지주의자들이 몇 세기 동안 그러한 위대한 사상을 제안해 왔다는 것을 알려주려고 한다. 모든 것은 하나다. 삶은 무한하게 다양한 형태 안에서 이 자체를 알아차리는 하나의 의식이며, 모든 것을 포용하는 사랑의 표현이라는 것을 의식적으로 인정하는 하나의 자각이다. 정말로 이것은 위대한 사상이다. 이것은 삶에 대해 가장 상식적인 가정을 취하며, 그러한 가정들을 완전히 변화시킨다. 이것은 우리가 지각하는 세상과 우리 자신을 완전히 변화시킨다. 이것은 사상보다 더 큰 것이고, 이 순간에 우리 자신 스스로 진실을 알 수 있게 하는 무엇이다.

우리 모두가 하나라는 사상을 사회 주변에 밀려나 적응하지 못하는 자나 소수의 신비주의자들은 즉각 이해한다. 그러나 시대를 통해 위대한 사상이, 그것이 살아있는 신비한 고립 지역으로부터

제2부 소중한 것(The Baby)

벗어나 세상에 영향을 주는 것은 단지 시간문제일 뿐이다. 삶은 깨달음의 꿈이다. 그래서 우리가 머뭇거리고, 비틀거리기도 하면서도, 우연한 기회에 엄연하게 깨어나는 것처럼 조만간 영지주의의 위대한 사상은 주류 문화로 등장할 것이다.

우리는 미래를 현재보다 더 대단하고 더 나은 버전으로 상상하는 경향이 있다. 우리는 외계를 탐구하기 시작했으며, 그래서 미래의 거대한 우주선과 외계인과의 만남을 상상한다. 우리는 예사롭지 않은 새로운 기술을 개발해왔으며 인공지능과 슈퍼컴퓨터가 등장하는 미래를 상상해왔다. 이것은 사실일 수도 있지만, 우리의 조상들이 인류 문화에서 우리가 경험한 변화를 예측하지 못했던 것처럼, 우리도 앞으로 다가올 진정한 변화는 예측하지 못할 것 같다.

인간성이 앞으로 발전함에 있어 크게 놀랄 만한 일은 하나 됨과 사랑을 깨닫는 것임을 제안하고자 한다. 베를린 장벽이 갑자기, 그리고 힘들지 않게 무너진 것처럼, 우리를 분리시키는 장벽들은 무너져 내릴 것이다. 이것은 이상주의자의 말처럼 들릴 것이다. 바로 우리가 이상주의자이기 때문에 그렇다. 철학적이고 유토피아의 의미에서 보듯이, 영지주의자들은 이상주의자들이다. 우리가 도달하려는 곳을 보기 위해서는 공상가가 될 필요가 있다. 이상理想은 우리가 앞으로 나아갈 길을 정할 때 기준이 되는 별이다.

물론 이상론 그 자체만으로는 효과가 없으므로, 실용적일 필요가

12. 위대한 생각

있다. 그러나 종종 누군가 주장하는 것처럼, 실용주의도 단독적으로는 '실제적'이지 못하다. 이것은 그 폭이 좁고 깊이가 없어 실제적인 것을 완전히 놓치기 쉽다. 우리는 둘 중에 하나를 선택하는 양자택일의 논리에 사로잡히지 말아야 한다. 우리는 이상주의자이며, 동시에 실용주의자가 되어야 한다. 우리는 더 나은 세상에 대한 비전을 가지고 동시에 그 비전에 도달하기 위해서는 어떠한 실천적인 단계가 필요한지를 분명히 해야 한다.

이상주의자들이 실제적인 변화를 창출해내려고 할 때, 그것을 막는 요인 중의 하나는 문제의 완벽한 해답을 찾으려는 경향이다. 그러나 미몽의 삶은 양극으로부터 일어나므로 모든 해결책은 부분적일 수밖에 없고, 이 해결책은 새로운, 그리고 가끔 예기치 못한 문제들을 일으킨다. 그렇지만 오직 이 과정에 참여를 해야만 발전할 수 있다. 물론 우리는 영지주의의 유토피아적인 전망을 실현시키지 못할 것이다. 만일 우리가 실패하는 것을 피한다면, 발전하기 위해서 반드시 요구되는 충분한 도전을 받지 못하게 될 것이다. 결국 우리는 실패하겠지만, 그러나 우리는 계속 노력할 것이다. 그리고 또 다시 실패할 것이다. 그러나 더 나은 발전을 위한 실패다.

항상 더 많은 것이 필요하다. 더 많은 이해, 더 공고한 하나 됨, 더 많은 사랑이 항상 필요하다. 그러나 더 나아가야 한다는 생각이 우리가 어디까지 왔는지를 가려서는 안 된다. 현대 세계는 무서운 모든 잘못에도 불구하고 이전의 어떠한 인류 문명 형태보다도 더

제2부 소중한 것(The Baby)

정당하고, 자비로우며, 재미로 가득 차 있다. 역사의 여명기부터 전쟁으로 분리된 유럽과 같은 지역은 최근에 이르러서야 평화를 유지하자는 약속에 합의하였다. 부유한 나라에 사는 상대적으로 가난한 사람들일지라도, 멀지 않은 과거에 살았던 왕도 꿈꾸지 못했던 삶을 즐기고 있다. 점점 더 많은 나라들이 권위주의적인 힘에 의해서가 아니라, 민주주의적인 합의라는 방식에 의해 운영된다. 우리에게도 국제연합이라는 이름으로 발전을 시작하는 미숙한 세계 의회가 있다.

인종차별주의는 불과 얼마 전만 해도 고취시켜야 할 덕목으로 간주하였지만, 이제 세계의 주요 지역에서는 혐오의 대상이 되었다. 마찬가지로 성 차별주의도 점차로, 그러나 역사 주기에서 보면 매우 빠른 속도로 근절되고 있다. 뿐만 아니라, 종種의 장벽을 넘어서 다른 종에 대한 동정심과 동물의 권리를 주장하기 시작했다. 2003년의 이라크 침공을 막지는 못했을지라도, 전 세계의 수천 명이 이것을 막기 위해 저항했다. 이전에는 전혀 이런 일이 없었다. 만일 인류 역사 어느 다른 시기에 유럽, 아메리카, 아시아, 아프리카의 사람들이 이라크인들에게 관심을 가지려고 했다면, 이것은 터무니없는 생각이었을 것이다.

인간은 실패를 더 잘 인식함으로써 놀랄 만한 발전을 이룰 수 있었지만, 이것은 매우 부정적인 집단적 자기 이미지를 만들었다. 오늘날 대부분의 사람들은 인간 존재를 전쟁을 좋아하고, 공격적이며, 이기적이고, 착취적인 기생 동물로 보고 있다. 또한 이러한 인간 존재가 전염병처럼 지구를 오염시켰다고 생각한다. 이것은 인간 본성의 불쾌한 면을 기꺼이 직시한다는 점에서 칭찬할 만하다. 그리고 변화를 하려면 이러한 직시는 필연적이다. 그러나 이것은 인간의 일면에 관한 평가로, 잘못하면 냉소주의나 무관심의 태도를 낳을 수 있다. 그리고 이것은 진화의 능력에 대한 믿음을 약화시킨다.

부정적인 자기 이미지를 의식적으로 바꾼 사회단체의 지도를 따라야 한다. 흑인 공동체는 도전적으로 '검은 것이 자랑스럽다black and proud'라고 선언했다. 남성 동성애 공동체는 뱃심 좋게 '동성애가 자랑스럽다gay and proud'라고 하였다. 지금 우리는 모든 것을 총괄해서 '인간임이 자랑스럽다humanity and proud'라고 주장할 필요가 있다. 왜냐하면 우리는 실제로 그렇게 해왔기 때문이다. 우리는 짧은 시간 동안에 먼 길을 왔지만, 중단의 어떤 기미도 보이지 않았다. 대부분의 인간 존재는 놀랄 만큼 친절하고 자애롭다. 당연한 것으로 여기는 협력의 수준은 놀랄 만한 것이다. 우리는 뉘우치기도 해야 하지만 자랑스러워하기도 해야 한다. 우리는 여전히 분리와 이기심이라는 무서운 꿈속에 빠져 있지만, 그러나 또한 하나 됨과 사랑을 일깨우고 있다. 이에 대해 착각해서는 안 된다.

분명히 올라가야 할 산이 기다리고 있지만, 실망할 이유는 없다. 과거를 보라. 그러면 이미 과거에 올라왔던 거대한 산들을 보게 될

제2부 소중한 것(The Baby)

것이다. 이미 우리가 그 산들을 올라 왔다면, 우리 앞에 놓인 산도 오를 수 있다. 만일 우리가 이전부터 지금까지 얼마나 많이 올라왔는지를 안다면, 다가올 도전에 마주할 힘을 물려받았다는 것을 느낄 수 있을 것이다. 또 그래야 할 필요가 있다. 왜냐하면 여전히 극복해야 할 많은 문제들이 있고, 앞으로도 잠재된 더 압도적인 큰 문제가 기다리고 있기 때문이다.

더 발전하기 위해서는 권력에 굶주린 정치가들의 이야기가 아니라, 의식의 진화에 관련된 과거의 역사를 알아야 한다. 그리고 이 진화의 과정에 대해 자신을 가져야 한다. 불과 몇 십 년 전만 해도 노예제도는 다른 면에서 보면 친절하고 예의바른 여자와 남자들조차 허용할 수 있는 것으로 보았지만, 이제는 노예제도를 적법하다고 생각할 수 없다. 마찬가지로 오늘날 허용되는 혐오스러운 것이 내일에는 생각할 수 없는 것으로 바뀌게 될 것이다. 이렇게 되기 위해 필요한 것은 우리가 보다 더 자각적인 존재가 되는 것이다.

더 나은 것을 만들 수 있는 우리의 창조적인 능력에 대해 자신을 가져야 한다. 몇 세기 전만 해도 인간이 날 수 있다는 것을 불가능하다고 생각했지만, 그 가능성에 주의를 기울이기 시작하면서, 이제는 점보 비행기를 타고 있으며, 그리고 달나라로 여행하는 우리 자신을 볼 수 있게 되었다. 만일 우리가 깨어나서 미몽의 삶을 보다 나아지게 만들고 전반적으로 많은 것을 즐기기를 원한다면, 우리가 해야 할 것은 우리의 의식에 주의를 기울이는 것뿐이다.

12. 위대한 생각

하나 됨을 깨달은 사람들은 분명히 소수지만, 그렇다고 해서 이 것이 우리를 실망시키지는 않는다. 오히려 우리를 격려한다. 최첨단에 서 있는 것은 어느 것이나 정의상 소수일 수밖에 없다. 문제는 하나 됨과 사랑을 옹호하는 사람들이 분리의 선동자처럼 도전적으로 외치기보다는 공손하게 속삭이는 경향이 있다는 것이다. 그러나 이제 우리가 아는 것을 실세로 실행하고, 우리가 하나 됨을 표방하는 특사가 될 수 있는 시대가 되었다. 겸손하게 표현을 삼가는 것은 칭찬할 만한 일이지만, 그러한 행동은 어떤 것도 변화시킬 수 없다. 철학자 버트란드 러셀은 이러한 곤경을 완전히 파악하고 다음과 같이 조롱했다.

이 세상의 문제는, 어리석은 자는 확신에 가득 차 있는 반면에 현명한 자는 의심으로 가득 차 있다는 것이다.

문자주의 종교를 선전하는 복음전도의 뻔뻔함에 질려서, 영지주의 관점을 가진 사람들은 종종 그들의 깨달음을 개인적인 문제로 간주했다. 그리고 여기에는 훌륭한 지혜가 담겨 있다. 왜냐하면 영지주의의 위대한 사상을 사람들의 얼굴에 들이 밀면서 깨닫게 만들지 않으며, 단지 그의 삶 안에서 스스로 큰 사랑을 실천함으로써 깨닫게 만들기 때문이다. 그러나 선택은 공격적인 복음전도와 침묵의 과묵함 중에 있는 것이 아니다. 우리는 다른 사람들의 자율성

제2부 소중한 것(The Baby)

을 모두 존경할 수 있으며, 기꺼이 타협하지 않고 살 수 있으며, 우리가 아는 것을 말할 수 있다.

이제 우리는 깨달음의 여행에서 앞으로 의미심장한 큰 걸음을 내디딜 수 있는 미증유의 기회에 직면해 있다. 그러나 우리는 또한 우리의 깨달음을 몇 십 년 전으로 되돌릴 수 있는 반동적인 역전의 가능성에 직면해 있기도 하다. 자각하지 못한 사람들은 자신들에 필요한 모든 것을 가지려고 하지만, 자각한 사람들은 어느 것도 하지 않는다. 문제를 일으키는 쪽이 아니라, 해결하려는 쪽을 선택하는 것, 자비를 우선시하고, 깨어 있는 삶을 사는 것은 각자에게 달려 있다. 우리는 우리 모두가 깨닫기를 바라는 마음으로 이 책을 썼다. 이것은 새로운 진실을 위한 선언이다. 당신은 깨어나서 여기에 참여하지 않겠는가?

이교도만이 농담으로 받아들이다

우리가 TV 뉴스라고 하는 혼란과 갈등의 하루 분량을 보면, 삶은 파티처럼 보이지 않는다. 마치 거대하고 아름다운 정원에 쓰레기 더미를 모아 놓고, 정원이 엉망진창인 것을 불평하는 것 같다. 삶은 뒤죽박죽이며, 우리는 이것을 반드시 정리해야 한다. 그러나 정원을 돌보며 그 가치를 인정하는 것을 잊지 말아야 한다. 이것은

12. 위대한 생각

매우 훌륭한 것이다. 있는 그대로의 삶을 즐기는 것을 망각한다면, 우리는 핵심을 잃어버리는 것이다. 삶의 가치를 인정하고 개선하도록 노력하자. 지나가는 신비한 매 순간들을 존중해야 한다는 것을 기억하자. 왜냐하면 살아 있다는 것은 신비한 것이기 때문이다.

우리 자신을 존경하고 서로를 칭찬하자. 우리는 경이로운 존재이며, 당신도 경이로운 존재다. 당신은 존재의 신비가 표현된 것이다. 당신은 웅장한 우주를 상상하는 우주적 정신이다. 그리고 당신은 삶의 찬가에 당신의 시를 바칠 기회를 가진 훌륭한 인간이다. 이 세상에 당신보다 위대하거나 열등한 존재는 아무도 없다. 당신은 불가사의한 존재다. 당신 전부를 표현할 적절한 말이 없다.

이제 엄숙하게 사는 것을 멈추고, 우리 존재 자체를 축하하자. 그렇게 삶을 두려워하지 말고, 낙관적 믿음pronoid의 관점을 채택하자. 마음 편하게 살며, 우리가 처한 곤경을 즐기자. 삶은 블랙코미디처럼 아이러니해서 대부분의 사람들은 농담을 이해하지 못한다. 볼테르가 비아냥댄 것처럼 '신은 너무 두려워서 웃지 못하게 하는 역할을 하는 코미디언이다.' 이제, 마음을 가볍게 하고 쇼를 즐기자. 그러면 영지주의에서 말하는 예수가 웃은 이유를 이해할 것이다. 왜냐하면 삶은 재미있기 때문이다. 그러나 오직 이교도만이 농담을 이해한다.

만일 삶을 사랑하는 주요한 생명의 충동을 실행하길 원한다면, 더 많이 웃고, 걱정을 덜 해야 한다. 이교도 영지주의자 루시안

제2부 소중한 것(The Baby)

Lucian의 다음과 같은 충고를 유의해야 한다.

살아가는 최상의 방법은 현재 순간에 존재하는 것이며, 사물의 재미있는 면을 보려는 노력을 하면서, 할 수 있는 최선을 다하는 것이다.

그의 '정신적 실천'처럼 영지주의적 천재이며, 알콜 중독자인 왓츠Alan Watts는 매일 아침 일어나, 벌거벗은 채 거울 앞에서 10분간 웃었다. 스스로 웃는 것을 배울 수 있다면, 당신은 즐거운 일생을 보낼 것이다. 그리고 당신 자신을 그렇게 너무 진지하게 대하지 않는다면, 다른 사람을 잘 대하는 것이 보다 쉬워질 것이다. 우리는 하나의 인간 가족이다. 이제 기분 좋게 노는 것을 배우자.

철학적 연습

 철학적 연습

깨어나는 것은 다른 일들과 마찬가지로 연습을 필요로 한다. 깨달음을 얻고자 하는 여행과 같은 삶을 살고자 하면, 철학적 연습을 하기 위한 모임을 만드는 것이 좋다. 여기서 체력 단련을 하는 프로그램과 마찬가지로 규칙적으로 연습할 수 있다. 우리가 이 책에서 탐구했던 깨달음을 추구하는 삶을 살도록 한 영지주의의 가르침에 근거하는, 단순하지만 많은 방법들이 있으며, 이 방법들을 철학적 연습에 포함할 수 있다. 개개인의 특성에 맞는 모임을 만들어서 자신에게 적당한 연습을 하도록 하라. 고대인들은 그들이 연구하는 장소였던 대학을 '체육관'으로 불렀다. 이러한 연습을 통해서 깨달음을 요구하는 정신적 근육들을 훈련시킬 수 있는 자신의 철학적 체육관을 만들 수 있다.

지금 깨닫기

이것은 깨달음을 추구하는 모든 주요한 가르침에 들어있는 간단한 방법으로, 어느 때, 어느 장소에서도 사용할 수 있다. 실제로 우리는 언제나 이것을 할 수 있다. 깨달음은 의식상의 운동이지만, 이 연습에서 우리는 이 운동을 보다 쉽게 기억하고 실천할 수 있는 단계들로 나누었으므로, 당신이 다른 단계보다 더 쉬운 단계를 발견하지 못할 것이라는 걱정은 할 필요가 없다. 그리고 깨어남은 항상 상대적인 경험이라는 것을 기억하라. 그러므로 연습을 하자마자 영지의 깊은 상태로 들어갈 수 있다고 기대해서는 안 된다. 그렇다고 이러한 가능성을 배제할 필요는 없다. 어느 것도 가능하기 때문이다. 연습 과정을 통해서 무엇이 일어나는지 살펴보라.

- 깨어남 : 깨어남의 첫 단계는 당신이 잠들어 있다는 것과 깨어나기를 원하고 있다는 것을 인정하는 것이다.
- 관조 : 두 번째 단계는 현실에 등장하는 '자신'이라는 개별자로부터 벗어나고, 의식적으로 당신이 경험하고 있는 모든 것을 관조함으로써 자신의 관점을 바꾸는 것이다.
- 모두를 사랑하는 일자되기 : 세 번째 단계는 자비로운 의식으로 모든 것을 포용하는 것이다. 그리고 위대한 사랑 안에서 모두와 하나가 되는 것이다.

- **통찰과 향상** : 조건 없이 삶을 있는 그대로 인식하는 자각의 상태를 유지하라. 또한 현실의 삶에서 일어나는 당신의 경험에 주의를 기울여라. 세상은 미몽의 삶에 빠진 집단적 혼수상태와 같은 상황이다. 어떻게 이러한 세계와 우리 자신을 사랑으로 변화시킬 수 있는가?

영적 교감과 자비

이것은 언제라도 깨어 있는 상태를 유지하도록 하는 또 다른 매우 간단한 기술이다.

- 호흡에 의식을 집중하라.
- 일체의 모든 존재와 하나라는 의식을 가지고 모든 존재와 교감하면서 숨을 들이쉬어라.
- 조건 없는 자비심을 가지고 모든 존재를 포용한다는 의식을 가지고 숨을 내쉬어라.

앉기

많은 정신적 전통에서 이 방법은 '명상' 혹은 '묵도黙禱'로 알려져 있다. 그러나 우리는 단순히 '앉기'로 부르는 것을 더 선호하는데, 이 방법은 많은 의미를 함축하고 있다. 앉기는 관조의 상태로 들어가기 위한 좋은 방법이다. 고요하고 평온한 상태는 미몽의 삶에 빠져있는 우리를 덜 산만하게 만든다. 앉기는 우리 자신을 점검해 볼 수 있는 매우 훌륭한 방법이다. 철저하고 집중적인 훈련 과정은 영지에 대한 경험을 깊게 하는 데 큰 도움이 된다. 이 방법을 천천히 지속적으로 실천하면, 진행 중인 토대 위에서 보다 더 깊이 깨달은 상태로 나아가게 한다.

- 방해 받지 않는 조용한 곳에 편안히 앉는다. 이상적이지만 우리는 스트레스를 받거나 둔한 상태로 있기보다는 편하고 기민한 상태에 있기를 바란다. 눈을 감는 방법이 졸음을 불러올 수도 있지만, 이 방법은 우리의 감각 경험을 제한하는 데 도움을 준다. 만일 눈을 뜬 채 앉는다면 촛불이나, 흰 벽 혹은 지면의 어느 한 지점을 응시하는 것이 좋은 방법이다.
- 느끼는 것, 듣는 것, 보는 것, 그리고 냄새 맡는 것, 어느 것이든지 관조하라. 그리고 모든 지각은 의식 안에 존재한다는 것을 받아들여라.

- 이제 생각이 나고 드는 것을 관조하라. 개별자로서의 '당신'은 사고의 주체자가 아니다. 스스로 자발적으로 일어나는 생각들을 관찰하라. 의식은 푸른 하늘과 같으며, 생각은 의식의 수평선에 뜨고 지는 구름과 같은 것이다.
- 사고의 신비한 근원과 일체가 되라. 일어나는 모든 생각을 관조하라.
- 관조를 하면 할수록 몸과 마음이 점점 더 평안해질 것이며, 자각의 상태에 있는 것이 쉬워진다. 그러나 일어나는 사고에 빠져 자각의 상태에서 벗어날 수 있다. 만일 이렇게 된다면 인내심을 가지고 다시 시작하라.
- 순간의 경험을 외양의 흐름에 대한 관조를 자각하는 상태로 바꿀 때, 의식은 이것이 관조한 모든 것과 하나가 됨을 인식하라.

당신이 앉아 있는 동안에도 모든 종류의 다양한 생각과 경험이 일어날 수 있다. 어떤 정신적 전통에서는 이들을 정신을 산만하게 하는 것으로 보아 무시하라고 충고한다. 그러나 우리는 양자를 모두 선택하는 방법을 제시한다. 당신이 앉아 있는 동안 어떤 생각들이 일어나는가를 면밀히 살펴보는 것을 즐기되, 관조를 멈추게 하는 생각에 빠지지 마라. 매우 편안한 상태가 되면 숨 쉬는 느낌이 즐거움이 될 것이며, 존재 자체가 얼마나 아름다운지 알아차리게 될 것이다. 일어나는 생각을 음미하되, 당신이 관조하고 있기 때문에 이러한 생각이 일어난다는 것을 인정하라. 만일 눈을 감고 있다면, 상상 속에 일어나는 환영을 보게 될 것이다. 그러나 그들을 음미해보되, 그 생각에 빠지지 말라. 그 환영들이 당신에게 무엇을 말하고 있는지를 알게 될 것이다. 그러한 생각이 일어나더라도 그 생각을 주의 깊게 관찰하며 관조를 멈추지 말라.

앉아 있는 동안에 세계가 의식으로부터 완전히 사라지기 시작하는 내성內省을 경험할 수 있다. 때때로 이것은 완전히 평안하다는 축복받은 느낌, 밝은 빛 그리고 떨리는 소리를 동반하기도 한다. 이러한 체험은 '깊은 잠'처럼 무의식적으로 경험하는 상태를 자각의 상태에서 경험하기 때문에 발생하는 것이다. 당신은 의식적 자각과 무의식적 자각이 만나는 지점을 찾고자 노력해야 한다.

앉기가 비활동적인 방법이라, 어떤 생각이나 꿈에 빠진 채 졸고 있을 수 있다. 즉 잠시 잠에 빠져 졸 때처럼 머리를 앞뒤로 움직이며 졸고 있을 수도 있다. 이것이 반드시 잘못된 것만은 아니다. 오히려 이것은 실제로 많은 가르침을 줄 수 있는 매우 재미있는 상태다. 자신의 생각에 빠져 있는 자신을 보라. 그리고 다시 관조의 상태로 되돌리려는 심리적인 노력을 생각해 보라. 앉아 있는 동안 하는 이러한 연습은 보다 쉽게 현실의 삶에서 깨어 있는 삶을 살도록 만들어 준다. 왜냐하면, 미몽의 삶에 빠지는 것과 조는 것은 동일한 심리적 타성이며, 당신을 깨어나게 하는 것과 졸음에서 깨어나게 하는 것도 동일한 심리적 노력이다. 깨어나는 것은 노력이 필요

# 철학적 연습

없는 것이지만, 깨달음의 과정은 의지가 확고한 노력을 필요로 한다.

근원으로 향하는 사다리 오르기

일자를 깨닫기 위해서는 관점의 근본적인 변화가 필요하다. 만일 한번에 변화하는 데 어려움이 있다면, 한 단계씩 변화하는 것이 보다 쉬울 것이다. 모든 것의 원천인 의식의 근원으로 돌아가기 위해서는 사다리를 올라가는 것처럼, 우리의 경험을 구성하는 양극을 통해 올라가야 한다. 실제로 이러한 목적을 성취하기 위해 매우 천천히 아래와 같은 연습을 하도록 하자.

- 만일 현실의 삶에 나타나는 당신의 경험을 살펴본다면, 이 경험은 신체의 감각과 신체가 존재하는 이 세계에 대한 지각임을 인정할 수 있을 것이다. 당신은 신체와 세계라는 근본적인 양극을 경험하고 있으며, 감각과 지각을 경험하고 있다.
- 이제 감각과 지각이 근원적 단일체의 두 양극이라는 점을 받아들이자. 왜냐하면, 이들은 감각 경험의 양 측면이기 때문이다.
- 만일 통일된 전체로서 당신의 모든 감각적 경험을 살펴본다면, 당신의 경험 안에 또 다른 근원적인 양극성이 있다는 것을 알 수

있을 것이다. 이것은 상상과 감각이다. 당신은 지금 감각의 '외적' 세계와 사고의 '내적' 세계 양자를 경험하고 있다.
- 이제 내적 세계와 외적 세계는 또한 근원적 단일체의 양극이라는 것을 받아들이자. 왜냐하면, 그들은 당신이 경험하는 두 측면이기 때문이다.
- 만일 통일된 전체로서 당신의 모든 경험을 조사한다면, 당신은 현실 세계의 흐름을 관조하는 것이 의식임을 알 수 있을 것이다.
- 마지막으로, 의식은 이것이 관조하는 대상과 분리되어 있지 않으며, 존재하는 모든 것과 하나라는 것을 받아들이자. 이것이 바로 영지다.

명상

영지주의 철학을 지적으로 이해하면 할수록 말의 참된 의미를 이해하는 것, 영지를 경험하는 것이 더욱 쉬워진다. 깨어 있는 삶의 가르침을 파악하기 위해서는 반복해서 영지주의의 가르침을 들어야 한다. 그러면 발전적인 측면에서 더욱더 깊이 그 의미를 통찰할 수 있다.

- 영지주의 가르침을 담은 책을 선택하고 흥미 있는 부분부터 읽

철학적 연습

어 나가라.
- 잠시 멈춰서 당신이 대면하게 된 관념들을 심사숙고하라.
- 부분적인 이해에 만족하지 말라. 당신이 심사숙고하는 것이 무의미한 것이 아닌지를 여러 측면에서 분석해 보라. 당신의 가정假定을 의심해 보라. 철두철미하게 생각해보라.

명상의 토대를 제공하는 10가지의 영지주의 아이디어가 있다. 이 각각의 아이디어는 끊임없는 통찰로 가득 차 있다:

- 당신은 이원적 속성을 가지고 있다. 당신은 한 사람으로 현실 세계에 등장하지만, 본질적으로 당신은 하나의 의식이다.
- 깨어 있는 삶은 외양적 속성과 본질적 속성 모두를 포용하는 관점을 채택한다.
- 의식으로서의 당신은 세계를 포용하는 광대한 공허와 같다. 당신은, 우리가 '시간'이라고 부르는 경험의 흐름을 관조하는 무한한 존재다.
- 삶은 하나의 의식이 다양한 형태로 무한하게 표출되는 꿈과 같은 것이다.
- 우리는 무의식적인 상태에서는 하나이지만, 의식적인 상태에서는 다수로 나타난다. 영지는 모든 존재가 본질적으로 하나라는 것을 알아차리는 것이다.

- 일자를 깨닫는 것은 위대한 사랑을 경험하는 것이다. 모든 존재와 하나라는 것을 안다는 것은 자신이 모든 존재를 사랑해야 한다는 것을 깨닫는 것이다.
- 삶의 목적은 지금 이 순간을 사랑하는 것이다. 오로지 다른 욕망만을 추구한다면 요점을 잃어버리게 되고, 미몽의 삶에 빠지게 된다.
- 미몽의 삶에 무의식적으로 빠지게 만드는 요인은 자신을 고립된 개별자로 생각하도록 왜곡하는 당신 자신의 속성에서 기인한다.
- 현실에 등장하는 자신이라는 한 사람을 사랑하는 방법은 비인격적인 본질적 본성인 의식을 알아차리는 것이다.
- 깨어 있는 삶은 활력 있는 상태이다. 이것은 인간됨을 사랑하는 것이다.

조건 없는 사랑

이 방법은 10장에서 우리가 탐색한 철학적 연습으로, 보다 쉽게 기억과 실천을 할 수 있도록 4가지 단계로 줄인 것이다. 이것은 자비롭게 생각하는 습관을 길러 주어서, 모든 존재에 대해 조건 없는 사랑을 실천하도록 할 것이다. 우리가 생각하는 방법을 바꿈으로써 우리가 지각하는 것을 변화시킬 수 있다.

- **이 순간을 사랑하라** : 존재의 기적을 깨달아라. 이 세상은 경이로운 것이다. 육체로서의 당신은 이 세계 안에 존재하지만, 의식으로서의 세계는 당신 안에 존재한다. 놀라운 일이다!
- **타인을 사랑하라** : 타인은 당신의 본질인 의식 안에 존재한다. 친구든 적이든 모든 사람을 위대한 사랑으로 포용하라. 만일 어떤 특정한 사람을 사랑하는 것이 어렵다면, 사랑은 어느 특정한 사람을 좋아하는 것과 무관하다는 것을 기억하라. 당신이 사랑하기 어렵다는 사람을 생각하면서, 그들의 개인 특성을 통해서 그들의 본질적 본성에 이르도록 하라. 그들의 본질적 본성은 또한 당신의 본질적 본성이다.
- **자신을 사랑하라** : 당신은 경이로운 존재다. 육체로서의 당신은 가시적인 대상이지만, 의식으로서의 당신은 신비스러운 주체다. 위대한 사랑으로, 당신 개인에 대해 스스로 좋아하고 싫어하는 모든 것을 포용하는 의식이 되라.
- **사랑하며 살아라** : 이 순간에 일어나는 세상의 고통과 즐거움을 생각해 보라. 그리고 이 모든 것을 위대한 사랑으로 포용하라. 만일 오늘 사랑하며 산다면, 당신의 삶이 어떻게 변할지를 자신에게 물어보라.

사랑으로 바라보기

이 방법은 모든 존재가 하나라는 것을 깨달은 삶과, 고립되고 분리된 개별자로서의 삶이 어떤 차이가 있는지를 파악하는 데 도움이 될 것이다.

- 주의를 집중할 대상을 선택하라. 당신과 분리된 대상을 볼 때 어떻게 느끼는지를 인지하라.
- 이제 당신의 본질적 본성이 의식이라는 것을 알아차려라.
- 이 대상이 의식으로서의 당신 안에 존재한다는 것을 알아차려라.
- 의식으로서의 당신이 그 대상과 하나라는 것을 받아들여라.
- 이 대상을 위대한 사랑으로 포용하는 의식의 일자가 되라.
- 분리된 대상을 바라보는 고립된 개별자와 '보는 자와 보이는 대상이 하나'라는 깨달음을 통해 사랑으로 보는 자의 차이점을 파악하라.

한번 사랑으로 바라보는 경험을 할 수 있다면, 사랑으로 접촉하고, 사랑으로 듣고, 사랑으로 맛보며, 사랑으로 생각할 수 있다.

연결하기

우리를 분열시킨 피상적인 분리를 넘어서, 당신이 보는 것을 도와줄 친구와 함께 연습하는 것은 훌륭한 방법이다.

- 파트너의 맞은편에 앉아서 그의 눈을 보라. 파트너의 눈을 육체의 눈으로 보지 말고, 차라리 당신의 본질적 본성으로 파트너의 외양적 본성을 포용하는 광대한 의식이 되라.
- 당신이 파트너를 볼 때, 당신이 실제로 보는 것은 모두 다 그의 형태와 그의 옷 색깔일 뿐이다. 만일 그의 눈동자에 초점을 맞춘다면, 말 그대로 그의 검은 눈동자만 보게 될 것이다.
- 당신은 파트너의 본질적 본성을 볼 수 없다. 왜냐하면, 미몽의 삶에는 당신이 존재하는 것 이상으로 그들이 존재하지 않기 때문이다. 그들은 바로 당신처럼 현실 속의 한 사람으로 나타난다. 그러나 주체라는 입장에서 보면, 그들 또한 미몽의 삶을 관조하는 의식이다.
- 개인person이란 단어는 원래 '가면mask'을 의미한다. 파트너인 상대방의 외양적 가면을 꿰뚫고 의식의 신비를 보라.
- 당신의 외양적 특성과 파트너의 외양적 특성은 분리되어 있지만, 의식으로서의 당신과 파트너는 하나다. 당신을 한 개인으로 드러내는 정체성은 하나의 의식에 의해 씌워진 또 다른 가면이

라는 것을 깨달아라.

사랑으로 듣기

고대 세계에서 철학적 파트너와 함께 사상을 탐구하는 것은 하나의 전통이었다. 서로를 깨우는 훌륭한 이 방법은 대화를 통해 격식을 차리지 않고 할 수 있다. 또한 이 방법은 사랑으로 듣기라는 단순한 기술을 사용하는 철학적 대화를 형식화하는 데 효과적이다.

- 먼저 파트너를 정하라. 그런 다음에 '사랑은 무엇인가', '나는 누구인가', '깨어남을 못하게 하는 것은 무엇인가'처럼 서로 탐구하기를 원하는 의미 있는 문제를 선택하라.
- 파트너 맞은편에 앉아서 현재의 의식을 알아차리도록 하라.
- 먼저 한 사람이 파트너에게 질문을 던져라.
- 질문을 받은 사람은 어떤 생각이든지 자연스럽게 대답한다. 당신의 대답에 대해 비난하지 말고, 단지 생각의 흐름을 따라가라. 만일 대답하지 못해 일어날 수 있는 침묵을 불편하게 생각하지 말라.
- 질문을 던진 사람은 조용히 관조하고, 파트너를 무조건적인 위

대한 사랑으로 포용하라. 만일 침묵이 길어져 다시 질문하는 것이 직관적으로 괜찮다고 생각한다면, 당신은 다시 질문을 던질 수 있다. 그러나 그렇지 않다면 침묵을 유지하라. 당신의 견해를 말하는 것으로 진행을 방해하지 말라. 만일 생각할 시간을 준다면 파트너가 자신의 직관적인 지혜를 발휘할 능력이 있다는 것을 믿고 기다려라.

- 당신이 파트너의 말을 듣고 있을 때, 당신은 자신의 생각에 사로잡혀 있을 수 있다. 만일 이러한 일이 일어난다면, 다시 사랑의 마음을 가지고 들어라. 종종 당신의 경청 태도가 파트너의 사고 흐름에 직접 영향을 줄 수 있음을 목격하는 일은 흥미로운 일이다. 당신이 주의가 산만해지면, 파트너는 말을 멈추거나 혼란스러워 할 것이다. 그러나 한눈팔지 않고 사랑의 마음으로 집중한다면, 그들의 말은 점점 더 명료해지고, 설득력을 가지게 될 것이다.
- 5분에서 10분 정도 실행한 후에 역할을 바꿔라. 그리고서 다음에는 다시 역할을 바꾸도록 한다. 이러한 방식으로 원하는 만큼 반복한다.

처음에는 약 20분 정도 실행하는 게 좋지만, 몇 시간 동안 실행하면 놀랄만한 결과를 가져올 수도 있다. 이 훈련이 오랫동안 지속되면, 주어진 문제에 대해 피상적인 대답을 하지 않게 될 것이며, 놀랄만한 통찰력을 얻게 될 것이다. 이 연습을 지속하면 때때로 말이 적어지게 되지만, 만일 집중한 상태로 있게 되면 침묵이 말하는 것보다 더 현명한 것일 수 있다.

깨닫기 모임

당신 주위에 깨달음의 모험을 도와줄 사람들이 있으면 많은 도움이 된다. 이것은 같은 생각을 가진 사람들과의 연결을 통해 자연스럽게 이루어질 수 있다. 그러나 '깨닫기 모임'을 통해 이것이 형식을 갖추게 된다면 즐거운 일이 될 것이다. 참여한 사람들에게 적합한 깨닫기 모임을 운영할 자신만의 독창적인 방법을 찾아내는 것이 필요하다. 여기에 우리가 행했던 간단한 방법이 있다.

- 당신이 만나고자 하는 시간과 장소를 정하라. 실험적인 이벤트로 시작할 수 있지만, 만일 참여한 사람들이 즐거워한다면 정기적인 모임을 시작할 수 있다.
- 참여자들이 탐구하고자 하는 문제를 가져오게 한다. 당신이 주제를 정할 수도 있고, 주제 선정을 다른 사람들에게 맡길 수도 있다. 우리는 개인적인 문제보다는 철학적인 문제를 선택할 것을 참여자에게 요구했다. 이러한 방법은 이 모임이 집단적인 치유

를 목적으로 하는 것을 피할 수 있게 해준다. 집단 치유는 사람들을 활기차게 만들 수 있지만 출발하는 적절한 단계가 아닐 수 있다.

- 모자 안에 질문지를 모두 넣은 다음, 하나를 꺼내서 크게 읽어라. 그리고 그 질문자에게 질문에 대해 설명하도록 한다.
- 다음에는 다른 사람들에게 조언을 하도록 한다. 단, 정답을 찾는 것이 아님을 환기시켜야 한다. 왜냐하면, 정답은 존재하지 않기 때문이다! 참여자들은 그 문제에 대해 보다 더 깊은 대답을 할 수 있는 집단적인 지혜를 공유하고 있다. 참여자들이 사랑을 가지고 들을 수 있는 연습을 하도록 환기시킨다. 서로 간의 다른 생각은 흥미로운 것이며, 만일 그들이 서로 신뢰하고 존경하는 분위기라면 이러한 차이가 모임을 보다 활기차게 만들 것이다. 즐거운 분위기가 유지되도록 한다.
- 한 문제가 해결됐다고 생각하면 다음 문제로 넘어가자. 만일 한 번의 모임에서 모든 문제를 다루었다면 이것은 대단한 일이다. 만일 그렇지 않다면 다음 기회에 나머지 문제들을 다루도록 하자.

소통

소통은 앞에서 말한 연결하기의 파트너 훈련이 집단적으로 이루어지는 방법이다. 우리의 경험에 따르면, 당신이 운영하는 깨닫기 모임의 목적을 발전시킬 수 있는 좋은 방법이며, 이 모임의 사람들이 할 수 있는 매우 효율적인 연습이다. 이것은 집단 명상의 형태로, 대부분 다른 명상 단체에서 하는 것과는 다른 뚜렷한 강점이 있다. 일반적으로 명상을 할 때 서로에게 주의를 기울이지 않고, 눈을 감는다거나, 촛불과 같은 명상의 대상에 의식을 집중한다. 그러나 여기서 말하는 것은 서로에게 의식을 집중하는 방법이다. 이것은 우리의 외양적 분리를 넘어서 서로를 사랑으로 연결한 채, 관조를 행할 수 있는 방법이다.

- 서로의 눈을 볼 수 있도록 둥글게 앉는다.
- 모자 안에 참여자의 이름을 적어 놓고, 한 번에 하나씩 꺼낸다.
- 한 사람의 이름을 부르면, 참여자 모두 호명된 사람의 눈을 바라보면서 그에게 집중한다. 그리고 광대한 의식과 위대한 사랑 안에서 그를 포용한다.
- 이름이 호명된 사람은 참여한 모든 사람과 차례로 잠시 동안 눈맞춤을 하면서, 외양의 장막을 넘어서 의식의 신비에 이르도록 한다.

 철학적 연습

- 참여자가 모두 할 때까지 하나 됨과 사랑 안에서 실행한다.
- 일자이면서 다자가 되는 경험을 즐기는 동안에 고요함을 유지한다. 이것이 깨어 있는 삶이다.

전체의 부분되기

여러분들은 깨어 있는 삶의 연합체the Alliance for Lucid Living 구성원이 되는 것으로 깨달음을 추구하는 다른 사람들과 연결될 수 있다. 깨어 있는 삶의 연합체ALL는 영지를 탐구하는 우리의 경험적인 세미나에 대한 정보를 제공한다.

정보를 제공받기 원한다면, www.timothyfreke.com이나 아래 주소로 연락하기 바란다.

The Alliance for Lucid Living

P.O.Box 3733

Glastonbury

Somerset

BA69WZ

England

주

1부는 역사적 사실에 대한 논증을 제공하므로 적당하다고 생각했을 때 주를 달았고, 2부는 철학적인 여행을 하는 것이므로 독자들에게 불필요한 혼란을 주지 않기 위해 주를 달지 않았다.

1. 영지주의자의 영성과 문자주의자의 종교

1 2 Corinthians 3.6.

2 The Apocalypse of Peter NHC(The Nag Hammadi Codex), The Second Treatise of the Great Seth NHC, Robinson J.M., The Nag Hammadi Library Harper Colins paperback 1978), 377, 365를 볼 것.

3 The Gospel of Truth 22:13-20 Jonas, H의 Gnostic Religion: The Message of Alien God(Bacon Press 1958)에서 인용. Hans Jonas는 인간 조건에 대한 영지주의의 비유에 관해 언급한다: '가장 지속적이고 널리 사용하는 것은 아마 잠의 이미지일 것이다. 영혼은 육체에 빠져 있다.' 'Numbness, sleep, intoxication', 68-73을 볼 것.

4 Apocryphon of James, NHC, 29.

5 The Concept of Our Great Power, NHC, 311.

6 The Teaching of Silvanus, NHC, 379.

7 The Gospel of Truth, NHC, 38.

2. 종교의 해악

1 Maalouf, A., The Crusades Through Arab Eyes(Al Saqi Books 1984), 37 인용.

2 같은 책, 39.

3 Samuel Usque, Netanyahu, B., The Origins of the Inquisition in Fifteenth Century Spain(Random House 1995), xiv-xv에서 인용.

4 Kertzer, D. I., Unholy War: The Vatican's Role in the Rise of Modern Anti-Semitism(Pan Books 201), 282. Kertzer는, 유대인에 대한 나치의 박해는 가톨릭이 몇 세기 동안 자행한 박해의 연속에 지나지 않는다는 것을 입증할 수많은 증거를 제시한다. 그는 근대에 일어난 반유대주의 운동의 주요 주장을 검토했다: 세계를 정복하려는 유대인의 비밀스러운 음모가 있다; 유대인들은 이미 오스트리아, 독일, 프랑스, 이탈리아의 재정센터를 장악했다; 유대인들은 본성이 사악하다; 유대인들은 돈만 안다; 유대인들이 언론을 통제한다; 유대인들은 은행을 통제하며, 기독교인들의 경제적 파산에 책임이 있다; 유대인들이 공산주의를 초래했다; 유대인들은 기독교의 어린아이들을 죽이고 그들의 피를 마신다; 유대인들은 기독교를 파괴하려고 한다; 유대인들은 비애국적이다; 유대인들은 격리되어야 한다; 유대인들의 권리는 제한되어야 한다. Kertzer는 이렇게 말한다. '근대 반유대주의의 주요한 주장을 선전하는 데 교회가 주요한 역할을 하였다. 이러한 주장들은 교황을 포함하여 지고한 교회 권력자들의 비호를 받았다. 만일 교회가 근대 반유대주의의 정치적 운동에서 제시된 12개의 주요 이론적 주장과 13번째 사도는 근원이 다르다는 것을 세뇌시킨 것에 대해 주요 책임을 인정하지 않는다면, 우리는 교회가 영향력을 행사한 지역에서 근대 반유대주의가 성행했다는 것에 교회는 책임이

전혀 없다고 결론 내려야 하는가?' 우리는 여기서 이 주제를 다루었지만, 근대 반유대주의의 흥기와 반유대주의가 유대인 대량학살에 끼친 영향력에 대해 교회가 한 역할을 의심한다면, 반드시 Kertzer의 책을 읽어봐야 한다.

5 John 15.6.

6 Matthew 27.25, John 19.15, John 8.44, Revelation 2.9.

7 'God Gave U.S. "What We Deserve"' by John F Harris, Washington Post staff writer. Friday, September14, 2001;pageC03.

http://www.washingtonpost.com/ac2/wp-dyn?pagename=article&contentId=A28620-2001Sep14&notFound=true.

8 Ali, T., The Clash of Fundamentalisms: Crusades, Jihads and Modernity (Verso 2002), 157-165.

9 같은 책, 162-165.

10 같은 책, 251.

11 http://www.propl.org/inaugur/85reagan/85rrarm.htm. '대통령이 소련에 대한 그의 정책을 시행하기 위해 아마겟돈의 이념을 실제로 용인했는지는 믿기 어렵다', 뉴욕타임스는 사설에서, '그러나 마지막 전쟁에 대해서 계속 언급하고, 러시아를 사탄으로 그린 것은 그가 처음이다'라고 하였다.

12 http://www.propl.org/inaugur/85reagan/85rrarm.htm

13 마태 16.28 예수는 이렇게 주장했다. '진실로 너희에게 이르노니 여기 섰는 사람 중에 죽기 전에 인자가 그 왕권을 가지고 오는 것을 볼 자도 있으리라.' 마태 24.34 그는 청중들에게 이렇게 말한다. '내가 진실로 너희에게 말하노니 이 세

대가 지나가기 전에 이 일이 다 이루리라.' 누가 21, 12-36 예수의 주장은 지나쳐 보이기도 한다.

14 Torrey, R.A (ed.), The Fundamentals: A Testimony to the Truth, 1909.

15 John Shelby Spong, Leedom, T.C.(ed.), The book Your Church Doesn't Want You to Read(Kendall/Hunt Publishing Company 1993), 16.

3. 신의 말씀?

1 Jeremiah 8.8

2 Thompson, T.L., The Bible in History: How Writers Create a Past(Pimlico 1999), 서문 xv과 164.

3 Finkelstein, I., Silberman, N.A., The Bible Unearthed: Archaeology's New Vision and the Origin of Its Sacred Texts(The Free Press 2001), 36, 175.

4 Exodus 12.37. Finkelstein, I., Silberman, N.A., The Bible Unearthed, 같은 책, 51-60을 볼 것.

5 '…그 이야기는 13세기에 일어난 일을 묘사한 것이 아니라는 유력한 증거들 중 하나' Sturgis, M. It Ain't Necessarily So: Investigating the Truth of the Biblical Past (Headline 2001), 54.

6 확인 가능한 인터넷 사이트.
http://www.library.cornell.edu/colldev/mideast/jerques.htm

7 Sturgis, M., It Ain't Necessarily So, 같은 책, 7.

8 같은 책, 129.

9   같은 책, 132-133.

10 같은 책, 128-129.

11 Thompson, T.L., The Bible in History: How Writers Create a Past(Pimlico 1999), 205.

12 Thompson, T.L., The Bible in History, 같은 책, 206 그리고 Sturgis, M., It Ain't Necessarily So, 같은 책, 133을 볼 것.

13 Daniel Lazare, "False Testament: Archaeology refutes the Bible's Claim to History," Haper's March 2002, vol.304, no.1822:40.

14 Davies, P.R., In Search of 'Ancient Israel'(Sheffield Academic Press 1992), 58 Sturgis, M., It Ain't Necessarily So, 같은 책, 82.

15 Davies, P.R., In Search of 'Ancient Israel' 같은 책, 60.

16 Ze'ev Herzog가 Sturgis, M, It Ain't Necessarily So, 같은 책, 58 인용.

17 Thompson, T.L. Early History of the Israelite People: From the Written and Archaeological Sources(Brill undated), 418.

18 Bickerman, E.J., The Jews in the Greek Age(Harvard University Press 1988), 6.

19 Momigliano, A., Alien Wisdom: The Limits of Hellenization(Cambridge University Press 1975), 78.

20 Hengel M, Jews, Greeks, and Barbarians: Aspects of the Hellenization of Judaism in the Pre-Christian Period (SCM Press 1980), 17.

21 Pseudo-Aristeas. Bickerman, E.J. The Jews in the Greek Age(Harvard

University Press 1988), 149 참조.

22 2 Maccabees 4 v 7ff. 고위급 제사장 제이슨이 김나지움을 세우고, 곧 제사의 의무에 대한 그들의 열정이 더 이상 나타나지 않은 이유를 알려 준다.

23 Josephus, Against Apion, 1.165.

24 Clement, Stromata, 1.72.4.

25 Josephus, Against Apion, 2.163-168.

26 Eusebius, Praeparatio Evangelica, 13.12.1. 또한 Clement, Stromata, 1.22를 볼 것. '그리고 Aristobulus는 프톨레마이오스에게 바친 그의 첫 책에서 이렇게 말했다. "플라톤은 우리에게 주어진 법을 따랐으며, 그 법을 일목요연하게 모두 연구했다."' Aristobulus는 모세의 말로부터 연유하는 우주창조에 대해 심사숙고하는 신성한 목소리를 언급한 사람 중에 피타고라스, 플라톤과 함께 소크라테스를 포함시켰다.

Eusebius, Praeparatio Evangelica, 13, 12, 3-4.

27 In On The Sublime9.8, Attrubuted to Longinus.

28 Isaiah 66.19. Bickerman, E.J., The Jews in the Greek Age, 같은 책, 14.

29 Eusebius, Praeparatio Evangelica, 9.26.1. Gruen, E.S., Heritage and Hellenism: The Reinvention of the Jewish Tradition(University of California Press 1998), 153 참고.

30 같은 책, 9.9.27.3-4.

31 같은 책, 9.27.6 Gruen, E.S., Heritage and Hellenism, 같은 책, 155.

32 1 Maccabees 8.17. Momigliano, A., Alien Wisdom, 같은 책, 113을 볼 것.

Alexander Polyhistor ap., Eusebius, Praeparatio Evangelica 9.17.1-9를 볼 것.

33 같은 책, 9.17.8 Gruen, E.S., Heritage and Hellenism, 같은 책, 148을 볼 것.

34 같은 책, 9.18.1.

35 Josephus, Antiquities of the Jews, 11.304-339.

36 Daniel 8.21.

37 E.J.Bickerman은 이것을, 비슷한 그리스 신화의 원형을 유대교화한 바보 같은 이야기라고 부른다. Bickerman, E.J., The Jews in the Greek Age 같은 책, 5. E.S. Gruen은 이것을 알렉산더 대왕이 동방에서 거둔 승리에 대한 예언이 델피나 도도나 디디마가 아닌 유대의 신에게서 왔다고 강조하기 위해 완전히 날조된 것이라 한다. Gruen, E.S., Heritage and Hellenism, 같은 책, 195-196. M.Hengel은 이것의 역사적 가치는 기껏해야 알렉산더 대왕이 성스러운 도시를 방문했다는 전설과 가자지구 점령 이후에 사원에서 그가 치른 희생에 대한 이야기에서야 찾을 수 있다고 단정 짓는다. Hengel M, Jews, Greeks, and Barbarians 같은 책, 7.V Tcherikover는 이것이 알렉산더 대왕을 유대교와 직접적으로 연관시키고 그 둘을 기리기 위해 조작된 역사적 신화라는 데 동의한다. Tcherikover, V. Hellenestic Civilization and the Jews(The Jewish Publication Society of America 1959), 45. Tcherikover은 또한 이 자료는 역사학도가 아니라 문학도에게나 가치 있을 만한 것이라고 말을 잇는다.

38 알렉산더의 방문은 Arrian, Diodorus, Crutius나 Plutarch도 언급하지 않았다. Gruen의 설명처럼, 알렉산더가 원주민의 신을 존경해서 희생제의를 공적으로 시행한 성스러운 장소나 문제를 풀 수 있는 성전에 그의 도착을 정기적으로 보고

한 것처럼, 그러한 성스러운 도시를 방문하는 것을 금지시켰다는 그리스의 원전은 믿을 수 없는 것이다.

Gruen, E.S., Heritage and Hellenism, 같은 책, 195 참조.

39 같은 책, 192.

40 Wallis, R.T., Neoplatonism and Gnosticism(State University of New York Press 1992), 111ff를 볼 것. 여기서 이교도를 공격하기 위해 작성된 많은 기독교 문헌에서 발견된 내부 증거로부터 포르피리의 논증을 재구성했다. Tyre의 Methodius, Laodicea의 Apollinaris, Caesaria의 Eusebius 그리고 Philostorgius 등을 포함하는 기독교 작가들은, 포르피리의 책이 지적한 도전적인 명백한 증거에 대응해서 많은 책을 썼다. 로마가 기독교 국가가 되면서 그의 책은 금지되고 불태워졌으며, 바로 440s(the 440s)처럼 여전히 금지되었다. Wallis, R.T., Neoplatonism and Gnosticism(State University of New Your Press 1992), 126과 Lane-Fox, R., Pagans and Christians(Alfred A.Knopf 1987), 586을 볼 것.

41 예를 들면, 예루살렘 사원이 제거된다는 예수의 예언. 이 예언에 나타나는 믿음의 부족에 근거해서 대부분의 성서학자들이 따르는 고등비평Higher Criticism에서는 마가복음서를 70년 이후에 작성된 것으로 간주한다. 135년까지 사원이 완전히 해체되지 않았다는 사실은 마가복음서의 작성이 적어도 70년 이후라는 것을 알려준다.

42 Letter of Aristeas, 201.

43 Marlowe, J., The Golden Age of Alexandria(Victor Gollancz 1971), 83.

44 Davies, P.R., In Search of 'Ancient Israel'(Sheffield Academic Press 1992),

26.

45 Thompsom, T.l., The Bible in History, 같은 책, preface xv, 254, 293.

Davies, P.R., In Search of 'Ancient Israel' 같은 책, 154.

46 Josephus, Antiquities of the Jews 13.249.

47 Thompsom, T.L., The Bible in History, 같은 책, 297. 'Yehud 목회의 서기들은 이미 다윗과 솔로몬이 지배했고, 창세기에서 아브라함에게 약속했던 "강 저편"의 지역에 대한 통치권을 주장하면서, 그들의 조그마한 영토가 한 때 강성했던 제국의 자취라고 주장한다. 이러한 주장은, 페르시아 왕이 보증한 것으로 만들고 후에 하스몬가의 유대 왕들이 Idumaea와 Transjordan의 "반쪽 유대인"을 그들의 왕국에 포함시켜 역사적 이스라엘의 경계 확장을 꾀하기 위한 가공의 주장에 근거하는 것이 아닌가? Davies, P.R., In Search of 'Ancient Israel' 같은 책, 87을 볼 것.

48 Thompsom은 이렇게 말했다. "성서학자들의 최근의 책보다 많은 책들이 편협한 종교인들 중에서도 탈레반 같은 핵심적인 근본주의자들 주위에 급진적인 종교적 성향의 정당들이 만들어질 가능성을 조사했다. 이러한 연구는 매우 촉망받는 것이다." Thompsom, T.L., The Bible in History, 같은 책, 297. Hyrcanus의 군사적 정복에 대한 요세푸스의 설명은 열왕기 하편의 이야기들을 반영하며, 종교적인 정치적 환경에서 강요된 대화의 진실성을 생각하게 한다.

49 Davies, P.R., In Search of 'Ancient Israel' 같은 책, 56.

50 Josephus, 같은 책, The Jewish War1.305-316. Hengel, M., Jews, Greeks, and Barbarians, 같은 책, 73.

51 Number 31. 모세가 파라오로부터 도망치는 도중에 양치기를 도와 물을 주었던 미디안 땅에 머물렀다는 출애굽 2.15의 이야기처럼 이것은 매우 불공평하다.

52 2 Maccabees 2.13 '…그리고 유다는 흩어졌던 모든 책을 모아왔다'
Davies, P.R., In Search of 'Ancient Israel' 같은 책, 151을 볼 것.

53 몇 세대의 문제를 넘어서는 "전통"의 발전은 다소 동시적이기는 하지만, 학자들이 미래에 헌신하기를 희망하는 하나의 모델이다. 'Davies, P.R., In Search of 'Ancient Israel' 같은 책, 124. 4Qtestimonia, 사해문서는 서로 다른 문헌의 내용을 짜깁기해서 새로운 문헌을 만드는 방법을 보여주는 좋은 예이다. 사해문서는 문헌들이 계속 진화했다는 것을 보여준다. 그리고 4Qtestimonia는 새로운 문헌이라고 봐도 무방하다. Thompsom, T.l., The Bible in History 같은 책, 275를 볼 것. 사해문서는 상당히 복잡한 문학적 발전이 짧은 시간 안에 일어날 수 있다는 것을 보여준다. Davies, P.R., In Search of 'Ancient Israel' 같은 책, 97을 볼 것.

54 Thompsom, T.L., The Bible in History, 같은 책, 270.

55 Table of dates modelled after that of Thompsom, 같은 책, 73-75.

56 Turcan, R., Cults of the Roman Empire(Blackwell Publishers 1992), 18-19.

57 같은 책, 28.

58 Exodus 6.3.

59 Thompsom, T.L., The Bible in History, 같은 책, 210과 271.

60 매카비1서는 스파르타와 유대는 아브라함을 조상으로 하는 혈족관계라고 주장한다. 이 이야기는 서사시, 드라마, 혹은 낭만적인 픽션에서도 나타나지 않지만, 대신에 이것은 겉치레에 지나지 않는 기록물이나 외교적인 서신에서 나타난다.

친근한 도시나 국가 간의 연대는 종종 공동의 전승이나 조상으로부터 연유하는 것으로 고대 그리스 민속의 주요 항목이었으며, 유대인들은 꾸며낸 이야기에 쉽게 빠져버렸다.

61 Thompsom, T.L., The Bible in History, 같은 책, 256.

62 랍비교수이자 Leo Baeck대학의 총장인 Jonathan Magonet은 이름을 혼동하는 것이 성경의 원본으로부터 시작된다고 한다. Sturgis, M., It Ain't Necessarily So, 같은 책, 170을 볼 것.

63 예루살렘의 고고학 박물관이 소장한 페르시아 시대의 문장紋章과 청동기는 아테네, 헤라클레스, 사티로스 그리고 다른 그리스 신성을 보여준다. Momigliano, A.의 'Alien Wisdom' 79를 보라. 대영박물관이 소장한 페르시아 시대의 동전은 'Judea(YHD)'라는 명문이 새겨져 있고, 디오니소스의 마스크를 마주 대하는 날개 달린 옥좌의 모습을 하고 있다. Kanael, B.의 The Biblical Archaeologist, 26(1963), 40과 그림 2를 보라. 예루살렘에서 40마일도 안 떨어진 고대 유적지에서 발견된 동전에는 야훼를 엘레우시스 미스테리아의 창설자로 묘사하였다. Macchioro, V.D.의 From Orpheus to Paul(Constable and Company 1930), 189를 볼 것.

64 Jeremiah 11.13

65 볼테르는 오르페우스 찬가는 그리스인들 사이에서 비밀스러운 일신교적인 교리가 있었다는 것을 증명한다고 주장했다(1760년). Bickerman, E.J., The Jews in the Greek Age(Harvard University Press 1988), 227을 볼 것. 오르페우스교는 피타고라스학파와 동일한 의미를 가지고 있으며, 플라톤주의는 피타고라스학파

를 철학적으로 체계화한 것이다. 이러한 철학적 경향은 종종 드러나지 않기도 했지만, 그리스-로마 세계의 위대한 모든 사상가들에게 지대한 영향을 행사한 고대 세계의 Freemason주의라고 생각해야 한다. 기독교가 가정하고 있는 자신들의 독창성을 내세우기 위해 이 전통을 압살하려는 의도가 선전에 의해서 성공적으로 이루어졌다.

66 '지혜로운 자는 그가 제우스의 이름으로 기꺼이 불려지든 그렇지 않든 간에 외로운 일자다.' 헤라클리투스의 경구는 일신론의 관념으로 가득 차 있다. 예를 들면 '모든 존재에서 하나로, 하나에서 모든 존재로', 그리고 '자신에 귀 기울이지 말고, 로고스를 따름으로 인해서, 모든 존재가 하나라는 것을 받아들인다는 것은 지혜로운 일이다'와 같은 언급들이다.

67 크세노파네스를 추종하는 안티스테네스는 대중의 신은 다수이지만 신은 본성상 하나라고 선언했다. Cicero, On the Nature of the Gods 1.13.32. 또한 이러한 정서는 소크라테스에 의해 정교하게 다듬어졌다. 스토아학파는 견유학파로부터 이 사상을 물려받았다. 그리고 틀에 박힌 독단적인 교리를 만들어 내지 않고 단수의 의미로 '신'을 사용함으로써 일신론을 당연한 것으로 받아들였다. Arnold, E.V., Roman Stoicism(Routledge & Kegan Paul Ltd 1911), 220을 볼 것.

68 Hengel, M., Jews Greeks, and Barbarians, 같은 책, 96을 볼 것. Exodus 3.14에서의 야훼의 자기 정의는 나는 나 자신이다 'ego eimi ho on'로 대체된다.

69 Josephus, Contra Apionem 2.163-168.

70 성경도 솔로몬이 그의 외국인 부인들과 외국 신들을 좋아했다는 것을 기록하고 있다. 그가 숭배한 신은 시돈인의 여신인 Astrate였다. 1 King 11.1-6.

71 Diana Edelman, Sheffild University의 성경연구학과의 고고학자.

Sturgis, M., It Ain't Necessarily So, 같은 책, 180을 볼 것.

72 성서는 왕 요시야가 아쉐라에 대해 특별한 마음을 품고 있었기 때문에, 그녀에 대한 의례를 탄압했다고 말한다. 성서 다른 구절에서는 '하늘의 여왕'을 더 이상 숭배하지 못하게 해서 이스라엘 사람들이 고민을 했으며, 그녀에 대한 숭배 금지가 지금의 고통을 야기했으므로 이에 대해 비난하고 있다고 전한다. Strugis, M 의 It Ain't Necessarily So, 같은 책, 186, 그리고 Jeremiah 17-19를 볼 것.

73 According to the Qur'an, Sad 15-25

74 Philippians 3.5-6. 바울은 결점이 없는 '법'의 권위 있는 정의에 근거한 유대법-팔일 안에 할례를 받은 이스라엘의 족속이요, 베냐민의 지파요, 열성적인 바리새인-에 따라 그의 정당성을 충분히 설명하였다. 놀랍게도 같은 장 8절에서 그는 이 유대의 성스러운 모든 경전을 '배설물'(KJV translation)로 간주하였다. 그리스어 'skubalon'은 동물의 배설물을 포함하는 쓰레기의 의미가 있는 것처럼, 어떤 독자한테는 불쾌감을 줄 수도 있지만 '배설물'로 표현하는 것이 정당하다고 생각한다. Hebrew 8.13에서 바울은 "'새' 언약이라 말씀하셨으매 첫 것은 '낡아지게 하신 것'이니 낡아지고 쇠하는 것은 없어져 가는 것이니라"고 하였다.

4. 생존치 않았던 가장 유명한 사람

1 Hippolytus, Elenchos 5.9.5. Segal, R.A., The Gnostic Jung(Princeton University Press 1992), 70을 볼 것.

2 Justin Martyr, First Apology 54와 Dialogue with Trypho, chapter 69.

Justin은 사악한 악마가 인류를 속이고 엇나가게 하기 위해 예수가 말한 것을 모방했다고 주장했다. Guthrie WKC, Orpheus and Greek Religion(Princeton University Press 1952), 266과 King, C.W., Gnostics and Their Remains (David Nutt London 1887), 122-123을 볼 것.

3 악마는 진실을 왜곡하고 성스러운 의식을 모방한다. 그는 그를 믿는 자들에게 세례를 하고 성스러운 샘에서 그들이 지은 죄를 사할 것을 약속한다. 그는 그렇게 함으로써 신도들을 미트라교에 입문시킨다. 이렇게 그는 신도들이 빵을 봉납하는 것을 격려하며 부흥을 도모한다. 우리는 마땅히 성스러워야 할 것들을 모방하는 악마의 교활함을 알아야만 한다. Kingsland, W., The Gnosis(Phanes Press 1937), 99에서 Tertullian 인용.

4 Gibbon, E., The Decline and Fall of the Roman Empire(Penguin Classics), 529 footnote 36. 기본은 '오리게네스와 유세비우스의 시대 중간에' 만들어진 위작으로 간주했다.

5 Schweitzer, A., The Quest of The Historical Jesus, quoted in Wilson, I., Jesus: The Evidence(Harper San Francisco 1997), 37.

6 Graham, P., The Jesus Hoax(Leslie Frewin 1974).

7 '요셉의 아들이자 예수의 형인 James.' 이 납골당은 고고학자에게 발견된 것도 아니고 출처가 분명하지도 않다. 목격자는 이것을 1970년대에 예루살렘의 골동품 시장에서 봤다고 주장하지만, '예수의 형'이라는 2번째 명문 부분은 없는 것이었다. 고대 아람의 비문이 숙련가에 의해 위조된 것과 같이, 이스라엘 고대 유물국에서 이 명문은 거짓이라고 판명하였다.

http://www.bibleinterp.com/articles/Official_Report.htm을 볼 것.

8 Wells, G.A., Did Jesus Exist?(Pemberton Publishing 1975), 20. Stanton, G., Gospel Truth? (HarperCollins 1995), 131을 볼 것. 여기서 Stanton은 '예수의 가르침과 행동에 대해 보다 더 자주 언급하고 장황하게 설명하는 바울의 실수는 이해하기 어렵다'고 지적한다.

9 Wells, G.A., Did Jesus Exist?(Pemberton Publishing 1975), 20-21.

10 Galatians 1.12.

11 Colossians 1.25-28.

12 Galatians 3.26-29.

13 Romans 6.4-6.

14 Romans 6.6.

15 Marcion은 '대조법'이라는 논문을 작성하였는데, 이것은 신구약을 대조하여 구약의 '정의의 신'과 신약의 '선한 신'은 동일한 신일 수 없다는 것을 논증하기 위해 계획된 것이다.

16 '무릇 율법 행위에 속한 자들은 저주 아래에 있나니,' Galatians 3.6-11. '그리스도께서 율법의 저주에서 우리를 속량하셨으니,' Galatians 3.13-14. 영지주의자들에 대한 것처럼, 바울이 생각하기에 그리스도의 고통과 부활의 공유를 통해서 입문한 기독교인은 율법으로부터 구원받아 자유롭게 될 수 있다는 것이다. 바울은 이렇게 말했다. '이제는 우리가 죽었으므로, 우리를 얽매였던 율법에서 벗어났다' Romans 7.6.

17 2 Corinthians 3.6.

18 Joseph and Aseneth, 한 이집트 소녀가 유대교로 개종하는 이야기를 담은 이 소설은 서기 1세기 혹은 2세기에 쓰인 것으로 여겨진다. Momigliano는 이 소설을 현존하는 최고最古의 그리스 소설이라고 생각했다. Momigliano, A., Alien Wisdom, ibid, 117을 볼 것. 이 소설은 초기 기독교인들 사이에서 아주 유명했다.

19 이교도들은 유대인들이 안식일날 일을 하려 하지 않는 것, 그들의 할례풍습, 미신으로 여겨지는 특정 먹을거리에 대한 터부 등을 비난했다. 그들은 특히 유대인들을 그들과 관계 맺고 있는 이교도 이웃들하고 구분 짓는 규율들과 그들의 신을 인정하는 것에 가혹했다. Balsdon JP, Romans and Aliens(University of North Carolina Press 1980) 67을 볼 것. Apul. Flor6, Strabo 16, 2, 35ff, 760f, Horace Sat 1, 4, 143 Plutarch, On Superstition을 볼 것. Rhodes의 Apollonius Molon은 서기 1세기에 유대인들을, 그리스 도시에서 그들의 삶의 방식에 비추어 비논리적인 자들, 염세주의자들이라고 불렀다. 그는 유대인들을 야만인들 중 가장 무식하고 살아가는 데 필요한 단 하나의 발명조차 하지 못하는 사람들이라고 주장했다. 아래 참고도서에 이와 비슷한 비난이 실려 있다.

Apion, Josephus, Contra Aionem 2.148과 135, Celsus in Origen Contra Celsus 4.31.

Hengel, M., Jews, Greeks, and Barbarians, 같은 책, 80을 볼 것.

20 Cicero, Pro Flacco 28.67

21 Exodus 21.24-26

22 John 8.44.

23 Luke 11.52.

24 영지주의가 동방에 퍼지는 대가에 관한 토론을 볼 것.

Deconstructing Jesus(Prometheus Books 2000), 24ff.

25 Lacarrière가 Lacarrière, J., The Gnostics(City Lights 1989), 100에서 인용.

26 Pagels, E., The Gnostic Gospels(Random House 1979), 121-122.

Hippolytus와 Irenaeus와 다르게 Tertullian은 시복 받지 않았는데 그것은 아마 그가 207년에 몬타누스주의에서 변절했기 때문일 것이다. Gibbon, E., The Decline and Fall of the Roman Empire, 같은 책, 523을 볼 것. 여기서 Gibbon은 Tertullian이 배교 후에 그가 이전에 굳게 옹호하던 교회의 도덕들을 어떻게 공격하게 되었는지 기록하고 있다.

27 Irenaeus, Adverses Haereses 1.1.

28 Second Treatise of the Great Seth, 60, 20. Robinson, J.m., The Nag Hanmadi Library(HarperCollins paperback edition 1978), 362

29 Irenaeus, Adverses Haereses 1.11.8.

30 Breslau 대학의 Wilhelm Wrede(1859-1906) 교수는 최초로 초기의 마가서가 이론적으로 광범위하게 다시 쓰이고 편집되어 왔었다는 것을 추정적으로 보여 주었다. 1919년에 Karl Ludwig Schmidt는 마가서가 작가 자신의 발상에 의존해 이어 붙여진 여러 텍스트들의 조합에 불과하다는 것을 논증했다.

31 Wilson, I., Jesus, 같은 책, 36.

32 Mary Magdalene에 대한 더 많은 정보를 위해: Author of the Fourth Gospel? Ramon K. Justino의 웹사이트 참고 www.beloveddisciple.org

33 130여 개나 되는 많은 영지주의 학교들에는 Helen, Salome, Mary, Marcellina

  Martha등과 같이 여자이름이 붙여졌다. Hoffmann, J., Celsus on the True Doctrine(Oxford University Press 1987), 42를 볼 것.

34 Wilson, I., Jesus, 같은 책, 39.

35 Lüdemann, G., Heretics(SCM Press 1995), 196. 이레네우스는 시몬 마구스를 출발점으로 하여 모든 이교도를 추적하고, 이교도들은 베드로에 의해 충분히 논박되었다는 것을 보여주기 위해 사도행전을 인용한다. 그러나 유스티누스는 반복적으로 시몬 마구스에 대해 언급하지만 이상하게도 사도행전를 언급하지 않았다. Lüdemann은 유스티누스와 이레네우스 사이에 갑자기 사도행전이 출현하는 이유는 '자명'하다고 주장한다. 독일의 신학자 Hans van Campenhausen은 Lüdemann, G., Heretics (SCM Press 1995), 315에서 인용하면서, '이레네우스 이전에 사도행전이 있었다는 것을 입증할 수 없다'고 진술하였다. 하르낙의 관점은 통찰력을 보여주는 것으로 이렇게 언급한다. '사도행전은 가톨릭 경전을 이해하는 열쇠이며, 동시에 이것의 "진기함"을 보여준다.' 터툴리아누스는 사도행전은 이교적인 것으로 거부되었다는 것을 인정하였다.

36 Wells, G. A., Did Jesus Exist?(Pemberton Publishing 1975), 141. 12사도는 사도행전 첫 장에서 언급되었고, 9장에서 그들이 예루살렘 교회의 지도자들이라고 이야기한다. 15장에서는 그들이 장로들과 함께 지도하는 것으로 나타나며, 16장 이후부터는 더 이상의 언급이 없으며, 예루살렘 교회는 제임스와 '장로들'이 운영하는 것으로 언급하고 있다.

37 Acts 1.21f. Lüdemann, G., Heretics, 같은 책, 104를 볼 것.

38 바울의 예루살렘 방문에 대한 행전의 설명은 그의 갈라디아서에 나타난 바울 자

신의 고백과 모순된다. 행전에 따르면, 다마스커스로 가는 도중에 일어난 환상 체험 후에 그는 자신에게 무엇을 해야 할지를 알려준 사도 아나니아라는 다마스커스 사람을 찾았으며,(Act 9.10) 그리고 그는 바나바가 사도들에게 자신을 소개한 예루살렘으로 갔다.(Act 9.27) 예루살렘의 사원에서 그는 예수를 환영 속에서 만나는 두 번째 체험을 한다. 그리고 그는 이방인들에게 전도하라는 사명을 받게 된다.(Act 22.17-21) 그러나 이러한 이야기는 바울 자신의 설명과는 아주 다르다. 그는 아나니아에 대해서 언급한 바가 없으며, 아라비아로 갔다고 한다. 또한 그는 회심한 후 3년 동안 예루살렘에서 기독교인들과 아무 관계없이 지냈다고 주장한다.(Galatians 1.15-17) 그는 강조해서 이렇게 말하기까지 했다. '내가 쓴 것은 평범한 진리다; 신 앞에서 나는 거짓말을 하지 않는다.' 그러면 누가 거짓말을 하는 것인가?

39 John 1.42. 예수는 사도들에게 별명을 지어주지 않았는데, 왜 시몬에게 별명을 지어주었는지 설명할 수 없다. 더욱 설명할 수 없는 일은, 귀찮은 일임에도 그에게 케파(Cephas)라는 별명을 지어주었으면서도 다시는 이 이름을 언급하지 않았다는 것이다.

40 Wells, G. A., Did Jesus Exist? 같은 책, 124ff를 볼 것. 웰스의 언급처럼, '바울이 언급한 케파라는 인물이 복음서에서 베드로라고 지칭되며, 예수와 관계를 맺은 인물임을 입증할 수 있는 증거가 바울의 편지에는 없다.'

41 Pagels, E., The Gnostic Paul, 1975. 104.

42 페이젤은 이레네우스가 영지주의에 반대하는 '사도들에게 권위를 부여할 것을 주장하는 그의 논문(디모데서와 디도서를 인용한)을 숨기지 않고 노골적으로 공

개한 점'을 지적한다. 페이젤, 위의 책, 5. 터툴리아누스는 이교도들이 사도들의 정당성을 비난하는 것을 용인했지만 갈라디아서와 디도서는 모두 '동일인인 바울'이 쓴 것이라고 주장했다.

43 1 Timothy 6.20. 마르시온은 행전과 사도들을 인정하지 않았다. Lüdemann, G., Heretics 같은 책, 196을 볼 것.

44 1 Timothy 6.13

45 이레네우스는 영지주의의 스승인 마르쿠스가, 그의 집사의 와이프를 포함해 많은 바보 같은 여자들을 유혹해왔다는 것을 인정한다. 하지만 그는, 그것은 마르쿠스가 악마 같은 유혹자이지만 똑똑했기 때문이라고 주장한다. 아무튼 그는 이후에 마르쿠스파가 '모든 것에 앞서 있는 여성'과 신성한 존재가 내포하고 있는 여성적 요소를 숭배하는 것과, 여성들이 사제처럼 행동하며, 여성들의 예언을 장려하는 것은 분명히 그럴만한 이유가 있다는 것을 인정했다. Irenaeus, Adverses Haereses, 1.13.5, 1.13.1-2, 그리고 Hippolitus, Refutationis Omnium Haerasium 6.35. Pagels, E., The Gnostic Gospels(Random House 1979), 80을 볼 것. 터툴리아누스는 이렇게 말했다. '이 이교도 여성들은 얼마나 어처구니가 없는가! 그들은 가르치며, 논쟁하고, 귀신는 일을 행하며, 치료행위까지 하고 있다. 아마 세례도 베풀지 모를 일이다.'

46 1 Timothy 2:11-12

47 교서들, 데살로니가후서, 고린도 3서 그리고 다른 기록들은 사도 자신들의 이름으로 영지주의/바울의 교리를 논박하기 위해 위조된 것이다. Lüdemann, G., Heretics 같은 책, 201.

48 2 John 7.

49 1699년에 영국의 이신론理神論운동의 지도자였던 존 톨랜드가 그가 관찰한 사실을 이렇게 말했다. '공정하지 않게 사도들의 작품으로 간주하였고, 그리고 실제로 반대자들에 의해 위조되었기 때문에, 고대 작가들 중 어느 누구로부터 거부당하지 않는 단 하나의 단 일한 신약성서는 존재하지 않는다.' Metzger, B. M., The Canon of the New Testament(Oxford University Press, 1987), 13을 볼 것.

50 Malachi 3.25.

51 Tertulian, De Praescriptione Haeresicorum, 1장.

52 Lane Fox R., Pagans and Christians(Penguin Books 1986), 439.

53 Pagels, E., The Gnostic Gospels, 같은 책, 106. 순교에 열광적인 자들은 단순히 '우리는 기독교인이다'라고 말하지만 '그리스도가 누구인지'를 모르는 '어리석은 자'다. 그들은 '무의미한 순교자다. 왜냐하면 그들은 단지 자신에 대해서만 관찰하기 때문이다.' 그들의 순교는 단지 한 '인간의 죽음'일 뿐이며, 그들이 기대한 구원으로 인도하지 못한다. 왜냐하면 '이 문제는 이러한 방식으로 해결되지 않기 때문이며', '그들은 그들에게 생명을 준 말씀을 이해하지 못하기 때문이다.'

54 Apocalypse of Peter 78.1-2.

55 Turcan, R., Cults of the Roman Empire(Blackwell Publishers 1992), 126, Eunapius, Lives of the Sophists 인용.

56 Fideler, D., Jesus Christ, Sun of God(Quest Books 1993), 180. 게다가 아우구스티누스는 이렇게 말했다. '만일 가톨릭교회의 권위가 강요하지 않았다면, 나는 성서를 믿지 않았을 것이다.' 같은 책, 320을 볼 것.

5. 무함마드: 신비주의자에서 폭도로

1 Qur'an Sura 2 The Cow verse 79.

2 Armstrong, K., Islam: A Short History (Modern Library 2000), 15.

3 하르낙은 '유대종교는 영지주의적인 유대-기독교에 의해 변화되었고, 이 유대종교가 가진 아랍적인 토양에서 나타난 종교가 이슬람'이라고 정의하였다. Adolf von Harnack, Dogmengeschichte 11.537, Corbin, H, Cyclical Time and Ismaili Gnosis(Kegan Paul International 1983), 66 인용.

4 Qur'an Sura 4 verses 156-15.

5 엘카지파Elchasiates는 에비욘파와 유사한 유대 영지주의다. 그들은 할례를 주장하고 안식일을 지켰으며, 침례 의식을 실천했다. 모든 시대에 걸쳐 가장 뛰어난 영지주의자인 마니는 216년에 메소포타미아에 있는 아람어를 말하는 부족에서 태어났다. 교부인 Epiphanius는 5세기에 Mohabites와 Nabataeans에 Elchasaios의 추종자들이 있었다고 입증했다. 그러므로 무함마드가 태어나기 1세기 전에 무함마드가 태어난 곳인 Nabateaeans에 영지주의자들인 유대 기독교가 번성했다는 것이다.

6 Armstrong, K., A History of God(Alfred A. Knopf 1993) 184. Armstrong, K., Islam, 같은 책, 14.

7 Pelican, J. (ed), The Qur'an(Princeton University Press 1988). xiv.

8 Sura 96 The Clot. 이것이 처음에 있어야 한다.

9 Ruthven, M., Fundamentalism: The Search for Meaning(Oxford University Press 2004), 81.

10 Shaikh, A., Farith and Deception(The Principality Publishers 1996), 65.

11 Sura 2 The Cow 2.

12 Sura 2 The Cow 1. 여기서부터 영어로 번역되지 않는 부분은 번역하지 않았다.

13 Sura 4 The Women 82.

14 만지 1에서 이에 대한 만지의 언급을 볼 것. The Trouble with Islam: A Wake-up Call for Honesty and Change(St. Martin's Press 2004), 45.

15 Sura 16 The Bees 101.

16 Sura 2 The Cow 106.

17 Sura 111 Abu Lahab 1-5.

18 Hadith Sahih Bokhari vol. 4. Jame Tirmzi vol.2.

19 Sura 3 The Family of Imran 110.

20 Sura 43 Ornaments of Gold 1-4.

21 Hadith 5751 Mishkat vol 3. Shaikh, A., Islam: The Arab Imperialism(The Principality Publishers 1998), 113을 볼 것.

22 같은 책, 94.

23 Sura 8.The Spoils 69.

24 The Spoils 67.

25 Sura 33 The Allied Troops 50.

26 Hadith 5500 Mishkat vol. 3.

27 이 정보를 준 Connecticut대학의 Medieval Spanish 교수인 Benjamin Liu에게 감사드린다.

28 Sura 42 The Consultation 13.

29 Sura 2 The Cow 121.

30 Sura 2 The Cow 256.

31 Sura 3 The Family of Imran 19.

32 Sura 48 Victory 28.

33 Cattle 30. The Cow 75.

34 Sura 22 The Pilgrimage 28, Sura 3 The Family of Imran 67을 볼 것.

35 Shaikh, A., Faith and Deception(The Principality Publishers 1996), 138.

36 Jame Tirmzi vol. 2. Shaikh, A., Islam, 같은 책, 1998), 93-94.

37 Sura 4 The Women 51-53.

38 Sura 2 The Cow 141-143.

39 Bokhari 147 vol.1.

40 Sura 9 Repentance 17.

41 Sura 8 The Spoils 55.

42 Sura 9 Repentance 29.

43 Sura 9 Repentance 123.

44 Sura 48 Victory 29.

45 Sura 5 The Feast 57.

46 Sura 9 Repentance 23.

47 Sura 58 The Disputant 22.

48 Sura 8 The Spoils 65.

49 Hadith 4363.

50 Hadith 4366. Shaikh A, Islam, 같은 책, 140을 볼 것.

51 Hadith 4364. 같은 책, 96을 볼 것.

52 Sura 5 The Feast 33.

53 '이제, 무슬림은 서로에게는 자비로우나 비무슬림에게는 잔인하다는 것이 이슬람의 근본 원리라는 것을 알 수 있다. 이것은 극단적인 사회 갈등을 불러일으키는 교리다. 그럼에도 무함마드는 전 인류에게 자비를 전하는 전달자라고 주장한다!' Shaikh, A., Faith and Deception(The Principality Publishers 1996), 96.

54 같은 책, 94.

55 Ali, T., The Clash of Fundamentalisms: Crusades, Jihads and Modernity (Verso 2002), 163.

56 Sura 33 The Allied Troops 36.

57 Shaikh, A., Islam, 같은 책, 72.

58 Sura 82 The Splitting 19.

59 Sura 3 The Family of Imran 77.

60 Sura 98 The Clear Proof 6.

61 Sura 4 The Women 56.

62 Sura 22 The Pilgrimage 19-22.

63 Sura 14 Abraham 16-17.

64 Sura 8 The Spoils 24.

65 Sura 83 The Defrauders 20-25.

66 Sura 78 The Announcement 31-34.

67 Hadith Tirmzi vol.2 35-40.

68 Hadith Mishkat vol.3 83-97.

69 Hadith Tirmzi vol.2 138. Shaikh, A., Faith and Deception 같은 책, 50을 볼 것.

70 Hadith 6390, 같은 책, 89.

71 Hadith 4621.

72 Sura 39 The Small Groups 36-37.

73 Sura 6 The Cattle 125.

74 '무슬림이 싸워서 유대인을 죽이지 않는다면, 종말은 오지 않을 것이다.' Hadith 6985.

75 Shaikh, A., Islam, 같은 책, 142-145.

76 Sura 33 The Allied Troops 21.

77 Manji, I., The Trouble with Islam, 같은 책, 58.

6. 깨어나야 할 꿈

1 같은 책, 162.

2 Ali, T., The Clash of Fundamentalisms, 같은 책, 324.

3 Excerpts of Theodotus 35.와 Foerster, W., Gnosis: A Selection of Gnostic Texts(Clarendon Press 1972), 222-233을 볼 것.

4 Einstein, A., The World as I See It(Philosophical library 1949), 24-28.

5 Kirk and Raven, The Presocratic Philosophers(Cambridge University Press

1957), 168. In Phaedrus 243, 플라톤은, 호머가 장님이 된 것은 그러한 신화를 만드는 이교적 행위에 대한 벌이라고 넌지시 알려준다.

6 Kirk and Raven, The Presocratic Philosophers, 같은 책, 168-169.

7 같은 책, 179.

8 Pagels, E., Adam, Eve, and the Serpent(Random House 1988), 124.

9 Freke and Gandy, The Hermetica(Piatcus Books 1997), 12를 볼 것.

10 Maalouf, A., The Crusades Through Arab Eyes(Al Saqi Books 1984), 54.

11 Armstrong, K., Islam, 같은 책, 47.

12 같은 책, 59.

13 같은 책, 88.

14 Copernicus, De Revolutionibus Orbium Coelestium, AetiusⅢ 13, 1-3, 피타고라스학파의 Philolaus, Heraclides 그리고 Ecphantus의 태양중심설 인용. Guthrie WKC, History of Greek Philosophy(Cambridge University Press 1962), 327을 볼 것.

15 Joshua 12-13.

16 Carl Jung, Collected Works 2. 148.

17 The Treatise on the Resurrection NHC. Robinson, J.M., The Nag Hammadi Library, 같은 책, 54.

18 Theodotus, Excerpta ex Theodoto, 57. Foerster, W., Gnosis, 같은 책, 222-233을 볼 것.

더 읽어야 할 책 Suggested Further Reading

Judaism

Davies, P.R., In Search of 'Ancient Israel', Sheffield Academic Press, 1992

Finkelstein, I., and Silberman, N.A., The Bible Unearthed : Archaeology's New Vision and the Origin of its Sacred Texts, Free Press, 2001

Sturgis, M., It Ain't Necessarily So Investigating the Truth of the Biblical Past, Headline, 2001

Thompson, T.L., Early History of the Israelite People : From the Written and Archaeological Sources, Brill, 1992

—. The Bible in History : How Writers Create a Past, Pimlico, 1999

Christianity

Doherty, E., The Jesus Puzzle : Did Christianity Begin with a Mythical Christ?, Canadian Humanist Press, 1999

Freke, T., and Gandy, P., The Jesus Mysteries : Was the Original Jesus a Pagan God?, Harmony Books, 1999

Jesus and the Lost Goddess : The Secret Teachings of the Original Christians, Harmony Books, 2001

Price, R.M., The Incredible Shrinking Son of Man : Reliable Is the Gospel Tradition?, Prometheus Books, 2003

Robinson, J.M., The Nag Hammadi Library, HarperSanFrancisco Paperback, 1978

Wells, G.A., Did Jesus Exist?, Prometheus, 1986

—.The Jesus Legend, Open Court, 1996

—.the jesus Myth, Open Court, 1999

Islam

Armstrong, K., Islam : A Short History, Modern Library, 2000

Manji, I., The Trouble with Islam : A Wake-up Call for Honesty and Change, Mainstream Publishing, 2004

Shaikh, A., Faith and Deception, The Principality Publishers, P.O. Box 918, Cardiff, UK CF5 2N, 1996.

—. Islam : The Arab Imperialism, The Principality Publishers, P.O. Box 918, Cardiff, UK CF5 2N, 1998.

Gnostic Scientists

Wilber, K.(ed), Questions : Mystical Writings of the World's Great Physicists, Shambhala, 1984

색 인

ㄱ

가나안 49, 50, 56, 63
가톨릭교도 31
가톨릭교회 30
게바 131
게토 30
계시 113
공상문학 72
공상문학제작소 74
공포 272
과학 327, 330, 333
과학자 326
관조 298
구세주 107, 116
구약 50, 119
구약성서 32
구원 188
권위주의적 종교 129
궤 84, 85, 86
그리스 67, 85
그리스도 41, 301
극단주의 119
근본주의 27, 32, 36, 43, 200
근본주의자 27, 33, 35, 36, 40, 199
기독교 영지주의자 114, 225
기독교 20, 41

깨달음 204, 259, 262, 264, 321, 338
깨어 있는 삶 284, 294
깨어남 239, 240

ㄴ

나치 30, 31
낙관적 믿음 288, 289, 291, 292
남신 91
노아 49, 79, 93

ㄷ

다니엘서 72
다윗 53, 57, 59
다윗왕 75, 95
도마복음서 242, 277
독단론 204
디오니소스 102, 121

ㄹ

랍비 81
로마 74
로마교회 45, 216
루미 190

색 인

ㅁ

마리아 111, 128
마이스터 에크하르트 246
매카비서 78
매카비우스 74, 75
메시아 33, 108, 116, 323
메카 171
모세 5경 81, 82
모세 50, 55, 83
무관심 269
무지 269
무함마드 24, 44, 149, 150, 155
문자주의 기독교 121, 275
문자주의 18, 19, 30, 44, 112, 181, 353
문자주의자 18, 21, 25, 27, 43, 99, 105, 125
미몽의 삶 243, 247, 301
미스테리아 신화 104

ㅂ

바그다드 210
바빌로니아 86
바빌론 85
바울 98, 111, 112, 131, 133
발렌티누스 285
배타성 119
버트란드 러셀 381
베드로 130, 133
복음서 42, 118

본질적 속성 305
부활 102, 275, 278
부활론 243, 278
부활절 196
분리 199, 282, 287
분리된 자아 272
분리의 환상 366
브루노 217
비교적 193
빌립복음서 246

ㅅ

사도행전 129, 133
사마리아지 65
사원 51
삶의 꿈 252
성서 43, 45, 59, 93
성전 173, 175
세라피스 121
소크라테스 313
솔로몬 50, 60, 75
수준 낮은 자아 280
시몬 130
신 34, 44, 49, 87, 89, 345, 348
신비 232
신비종교 102
신비주의 211
신약 116
신약성서 32, 192
신인 신화 103
신플라톤주의 214

435

신화 52, 63, 121
심상 261
십계 96

ㅇ
아랍 163
아마겟돈 39, 41, 195
아브라함 49, 54, 71, 93
아쉐라 91
아우구스티누스 209
아인슈타인 202, 334, 344
아카데미 215
아테네 88, 207
악마 28
알라 24
알렉산더 66, 72
알렉산드리아 73
앗시리아 64, 85
야훼 82, 88
양극 256, 289, 306
언약의 궤 60, 84
엘 83
여신 90, 91, 92
여호수아 56, 76, 116
역사 52
영성 18, 337
영적 195, 202
영지 17, 221
영지주의 기독교 296
영지주의 철학 224
영지주의 15, 18, 19, 99, 125, 218,

222, 338, 354
영지주의자 99
예루살렘 51, 53, 61, 68, 154
예수 356
예언자 149, 178
오르페우스 70
오시리스 102, 121
외양 256
외양적 속성 287, 292
요세푸스 67, 69, 71, 90, 108
요한복음서 127, 128
요한행전 282
욕망 273
우상숭배 46
우주적 정신 329
움마 164
웃고 있는 예수 14, 280, 284
위대한 사랑 250
유대 영지주의 214
유대 영지주의자 115, 116
유대교 문자주의자 114
유대교 20
유대인 50, 64, 68, 69
유목민 51
유물론 330, 331, 333
유세비우스 143
유스티누스 105
의식 235, 241, 247, 278, 298
의식의 공성 278
이교도 여신 196
이교도 20, 29, 101, 104, 124, 210

이스라엘 52, 57, 62, 75
이스마엘 94
이슬람 150
이슬람교 20
이슬람의 근본주의자 186
이슬람의 영지주의자 160
이집트 50, 51, 60, 61
이집트인 64, 86
인격적인 신 351
인문정신 117
일신론 89
일신론자 88
일자 277, 299, 305

ㅈ

자각 21
자각몽 227
자아 264
자유의지 300
전설 52
정체성 47
정화 307
종교 44
종교개혁 45
종교재판소 29, 30, 217
종교적 근본주의자 95
종교적 문자주의 196
종교적 문자주의자 364
죄 296

지혜 91, 360
직관적 343
진리 복음서 277
집단적인 혼수상태 341

ㅊ

창조 347, 349
천국 277
출애굽 83
침례 100

ㅋ

칼리프 162
켈수스 124
코란 37, 38, 155, 156, 211
코페르니쿠스 216
콘스탄티누스 141, 143
크레쉬 161, 162, 168
크레투스 107
크리스트 279
크세노파네스 206

ㅌ

타나크 50, 52, 54, 70, 74, 79, 95, 137
타리오의 법칙 117
터툴리아누스 105

ㅍ

팔레스타인 50, 61, 62, 67
페르시아 65, 85
페르시아인 121, 138
포르피리 214, 235
프로타고라스 207
플라톤 68, 89, 193, 287
플로티누스 233, 249
피타고라스 88, 115, 211, 360
필로 115

ㅎ

하갈 94
하나됨 376, 381
하디스 155
하스몬가 75, 76, 78, 116
할례 97, 149
헤르메스 70
헬레니즘 79, 88
호머 68
혼몽 283
홍수이야기 82
환상 295
환생 260
회개 296, 297
히르카누스 77
히브리 단어 58
히브리어 52, 70

저자 : 티모시 프리크, 피터 갠디

티모시 프리크
티모시 프리크는 철학박사로, 『Lucid Living』(Books for Burning, 2005)을 포함하여 세계 영성에 관한 20여 권의 책을 저술하였다. 그는 세계 영성에 관한 강의와 세미나를 열고 있다. 더 많은 정보를 얻으려면, www.timothyfreke.com을 보라.

피터 갠디
피터 갠디는 고대 문명에 대한 연구로 석사학위를 받았으며, 고대 이교 미스테리아 신앙과 초기 기독교에 대해 세계적으로 인정받은 전문가다.
프리크와 갠디는 이 책에 앞서 5권의 저자이며, 이 중 『The Jesus Mysteria』(예수는 신화다), 『Jesus and the Lost Goddess』(예수와 잃어버린 여신)는 세계적인 베스트셀러다.

역자 : 유승종

동국대학교 철학과를 졸업하고, 동국대학교 대학원 철학과에서 석·박사학위를 취득하였다. 현재는 대진대학교 철학과 교수로 재직 중이다.
논문은 「공자의 天觀에 관한 연구」, 「선진유가의 天思想 연구」, 「중국 고대 천관의 종교성」, 「중국소수민족 종교문화연구」, 「도교의 종교성 연구」, 「영지주의의 종교적 의미」, 「영지주의와 동양종교의 상관성」 등이 있다.

웃고 있는 예수
종교의 거짓말과 철학적 지혜

초판 1쇄 발행일 2009년 9월 30일
초판 2쇄 발행일 2009년 12월 16일

지은이 티모시 프리크 · 피터 갠디
옮긴이 유승종
펴낸이 박영희
편집 이선희
표지 강지영
교정·교열 이은혜
책임편집 강지영
펴낸곳 도서출판 어문학사
   132-891 서울특별시 도봉구 쌍문동 525-13
   전화: 02-998-0094 / 팩스: 02-998-2268
   홈페이지: www.amhbook.com
   e-mail: am@amhbook.com
   등록: 2004년 4월 6일 제7-276호

ISBN 978-89-6184-078-1 93100

정가 20,000원

※ 잘못 만들어진 책은 교환해 드립니다.